Rolf Peter Sloet

Im Schatten des Doms zu Regensburg

Rolf Peter Sloet

Im Schatten des Doms
zu Regensburg

Morde und andere Verbrechen
Kriminalgeschichten aus Regensburg

Ich danke unseren Freunden Anita, Christine, Otto, Petra und Roswitha, die ihre Namen für Kriminalgeschichten zur Verfügung stellten.

Bibliografische Information der Deutschen Nationalbibliothek

Die Deutsche Nationalbibliothek verzeichnet diese Publikation in der Deutschen Nationalbibliografie; detaillierte bibliografische Daten sind im Internet über http://dnb.dnb.de abrufbar.
ISBN 978-3-86646-325-7

1. Auflage 2015
ISBN 978-3-86646-325-7

© MZ-Buchverlag in der H. Gietl Verlag & Publikationsservice GmbH, Regenstauf
www.gietl-verlag.de

Alle Rechte vorbehalten.

Titelbild: Regensburger Dom, savusavu – pixelio.de

Inhaltsangabe

Zietta (Tantchen)	7
Hooknose (Hakennase)	31
Eynatten	43
Der Primar (Bürgermeister)	56
Der Penner	69
Mensch ärgere Dich nicht	74
Das Handy	91
Der Golem	106
Anita	116
Roswitha	125
Otto	142
Petra	153
Christine	171
Nie wieder!	184
Knapp mangelhaft	207
Stinkefinger	218
Die Holzkästchen	231
Burgmann	238
Anglerglück	250
Jenny	272
Als Zugabe: Der Turboschranzen-Drehmomentknarzer	289

Die meisten Geschichten, ihre Personen und Orte der Handlungen sind frei erfunden. Einige Geschichten beinhalten einen wahren Kern; auch eigene Erlebnisse habe ich verarbeitet. In ihnen habe ich die Personen und Orte der Handlung so verändert, dass keine Rückschlüsse auf lebende oder verstorbene Personen gezogen werden können.
Ähnlichkeiten mit lebenden oder verstorbenen Personen sind rein zufällig und unbeabsichtigt.

Zietta

Als ich aus dem Hausflur ins Vorzimmer trat, war Gundi schon da. Sie blickte von der Zeitung auf und wies mit dem Kopf auf mein Büro. „Da sitzt eine Dame, Bert. Sie will dich sprechen." Und dann fügte sie hinzu: „Viel Spaß!"

Gundi erledigt die Büroarbeit. Sie arbeitet halbtags, denn eine Ganztagskraft kann ich mir gar nicht leisten. Aber sie ist unverzichtbar für meine Arbeit. Sie bringt morgens die Zeitung mit, kocht Kaffee und besorgt Kleinigkeiten zum Frühstück. Natürlich geht sie auch ans Telefon, wenn jemand anruft und sie stellt die Rechnungen aus, sofern es welche auszustellen gibt.

„Wieso dieses *viel Spaß*, Gundi?", wollte ich wissen.

„Das finde selbst heraus, Bert."

Sie drehte sich um und warf die Kaffeemaschine an.

Ich ging in mein Büro. Vor meinem Schreibtisch, mit dem Rücken zu mir, saß eine junge Dame. Ich registrierte lange, schwarze, leicht gewellte Haare, ein dunkelrotes, erstklassig sitzendes Kostüm und hochhackige Pumps in passender Farbe, soweit ich es aus dieser Perspektive erkennen konnte. Auf der rechten Seite meines Schreibtisches stand, natürlich ebenfalls in passender Farbe, eine Handtasche, die sehr teuer ausschaute.

Alles, was sich da vor meinem Schreibtisch versammelt hatte, sah teuer aus.

Die junge Dame drehte sich um und sah mir forschend ins Gesicht. „Sie sind Bertholf Kleines?"

Ich blickte in ein schmales, perfekt geschminktes Gesicht, mit bemerkenswerten Augen. Ja, wie soll ich die Augen beschreiben? Schwarz? Pechschwarz? Unergründlich schwarz? Auf jeden Fall waren die Haarfarbe und die Farbe der Augen ebenfalls perfekt aufeinander abgestimmt.

„Ja, der bin ich persönlich. Bertholf Kleines. Bertholf. Mit f hinten und nicht mit d. Aber meine Freunde sagen Berti zu mir."

Sie reichte mir die Hand, blieb dabei sitzen. Ihr Rock war weit über die Knie gerutscht, sie hatte die Beine elegant zusammengepresst und zur Seite gekippt. Sie saß so da, wie man es in der Schule für Vorstandssekretärinnen von den Lehrgangsteilnehmerinnen erwartet. Obwohl sie saß, erkannte ich, dass sie (darin bin ich Fachmann) ein sehenswertes Fahrgestell besaß. Ihre Strümpfe, ich hätte wetten können, dass sie Strümpfe mit Straps und keine Strumpfhose trug, schimmerten perlfarben im Licht der beiden Neonröhren, die Gundi eingeschaltet hatte. Es regnete draußen in Strömen und durch das Fenster, ein Nordfenster mit Bäumen davor, fiel praktisch kein Licht in mein kleines, karges Büro.

Ich ergriff ihre Rechte und schüttelte sie vorsichtig. Ihre Hand war schmal, auf jedem Finger steckte ein Ring und die Fingernägel waren mindestens fünf Zentimeter lang, leicht gekrümmt und sie besaß sicherlich einen Waffenschein dafür. Deren Farbe wollen Sie wissen? Die war selbstverständlich passend zum Kostüm, zu den Schuhen und der Handtasche. Ihr Händedruck war kühl und überraschend fest.

„Angenehm, Herr Kleines", sagte sie. Ihre Stimme war tief und besaß einen Klang, bei dem sich meine Härchen auf den Unterarmen aufstellten. „Hätten Sie etwas Zeit für mich, Herr Kleines?"

Ich ging um den Schreibtisch herum und rutschte in meinen grauen Ledersessel. Beide Möbelstücke hatte ich aus dem Fundus der Bundeswehr ersteigert.

Dann setzte ich mein bestes Lächeln auf. „Selbstverständlich habe ich Zeit für Sie. Es ist meine Aufgabe, dass ich Zeit für meine Klienten habe. Damit verdiene ich mein Geld. Und mit wem habe ich die Ehre?"

„Oh, entschuldigen Sie bitte, Herr Kleines." Tatsächlich überzog eine leichte, flüchtige Röte ihr Gesicht.

„Ich heiße Lucretia Maria Trinci-Marenzi."

Mir war sofort ein leichter Akzent aufgefallen. Jetzt war mir klar, die Dame war Italienerin. Ich sage bewusst nicht mehr „junge Dame". Von hinten hatte ich sie auf Ende zwanzig geschätzt, aber jetzt stellte ich bei dem ungünstigen Licht der Neonröhren fest, dass sie älter war. Sie musste Ende dreißig sein. Doch was ich da vor mir sah, war das beste Exemplar einer Dame, das ich jemals in dieser Altersklasse vor mir sitzen gehabt hatte. Sie war eine Wucht! Ihre Kostümjacke war geöffnet und mein Blick fiel auf eine schwarze Seidenbluse, die, je nach Lichteinfall, regenbogenfarbig schimmerte. Die beiden obersten Knöpfe der Bluse waren geöffnete. Sie gaben den Blick frei auf ein tiefes Tal zwischen ihren beiden, in schwarze

Spitze gezwängten Hausberge (ein besseres Wort fällt mir nicht ein), gegen die der Watzmann auf dem Kalender neben der Tür nur wie ein Hügelchen wirkte.

„Sind Sie zufrieden mit dem, was Sie sehen?", fragte sie fröhlich.

Ich räusperte mich. „Eh, ja. Also Frau ..."

Sie half mir: „Lucretia Maria Trinci-Marenzi."

„Also Frau Trinci-Marenzi. Was kann ich für Sie tun?"

„Sprechen Sie Italienisch?"

„*Un pocino, Signora.*" Ein bisschen war leicht untertrieben. Mein Italienisch ist recht passabel.

„*Eccellente.*" Sie wechselte wieder ins Deutsche, was mir durchaus recht war. „Ich möchte Ihnen einen Auftrag erteilen. Ich hoffe, Sie können ihn noch in Ihren Terminen unterbringen."

Ich hätte sie umarmen können. Unterbringen in meinen Terminen! Seit zehn Tagen hatte ich nichts mehr zu tun und ich machte mir wirklich Sorgen, ob ich Gundi am Monatsende ihr Gehalt überweisen konnte.

„Sicherlich werde mir die Zeit für Sie nehmen können", erklärte ich. „Aber zuerst benötige ich ein paar persönliche Angaben von Ihnen. Wenn es Ihnen recht ist."

Sie nickte und ihre Ohrringe klimperten leise.

Ich zog das Formular „Vertrag über Dienstleistungen durch eine Privatdetektei" aus der Schublade und trug ihren Namen ein. „Geburtsdatum?", fragte ich. Das hätte ich besser bleiben lassen sollen.

Sie funkelte mich an. „Das meinen Sie doch nicht ernst! Man fragt eine Dame nicht nach dem Alter."

Ich entschuldigte mich und dachte dabei an ihre Fingernägel. „*Scusa!* Ist auch nicht so wichtig." Die restlichen Angaben, Wohnort, Telefon, Mail-Adresse und so weiter bekam ich anstandslos.

„Wir sind ja fast Nachbarn", stellte ich fest. „Sie wohnen nur eine Straße weiter. Dort liegt doch dieses extrem teure italienische Restaurant. Das ... wie heißt es noch?"

„*Caruso*", sagte sie. „Es ist das *Caruso* und es gehört mir. Waren Sie schon mal bei uns?"

„Nein", antwortete ich wahrheitsgemäß. „Es ist so schwer, bei Ihnen einen Tisch zu bekommen."

Das war untertrieben. Für jemanden wie Sie und mich ist es unmöglich, einen Tisch dort zu bekommen. Es sei denn, man hat ein „von" vor seinem Namen, ist ein Freund eines bekannten, ehemaligen Münchner Fußballstars, der jetzt in Kitzbühel wohnt und sich als weltweiter Botschafter des Fußballs engagiert. Oder man kennt jemanden aus der Staatskanzlei, hat mit dem Oberbürgermeister dort gespeist oder …

Wenn ich dort anrufe und ernsthaft sage: „Hier ist Bertholf Kleines. Ich hätte gerne am Donnerstag nächster Woche einen Tisch für vier Personen", höre ich erst einmal gar nichts. Dann raschelt Papier und jemand hustet leise.

„Waren Sie schon mal bei uns, mein Herr?", ist dann die Frage, die unweigerlich folgt. Wenn Sie sich jetzt nicht auf ein Filmsternchen, einen Ministerialdirigenten, einen Vorstandsvorsitzenden oder auf den besagten Ex-Fußballer berufen können, ist die Sache gelaufen.

„Wir sind leider ausgebucht, *Signore* Kleines. *Mi dispiace!* Rufen Sie bitte in einem halben Jahr noch einmal an. *Buonasera!*"

Und wenn ich den Tisch bekommen hätte: Keine Vorspeise unter vierzig Euro, Hauptgerichte kosten mindestens zweihundert, der Espresso fünfzehn und die billigste Flasche Hauswein einhundertfünfzig Europataler. Das multipliziert mit vier und ich wäre für den Rest des Quartals ruiniert.

Sie lachte. Es klang wie ein Glöckchen unterm Tannenbaum. „Wenn wir uns einig werden, Herr Kleines, dann bekommen Sie einen Tisch. Mit mir zusammen immer. Ich mag es, mit gutaussehenden Männern zu dinieren."

Das ging mir runter wie Olivenöl. Okay, ich sehe nicht schlecht aus. Einsneunundachtzig groß, neunzig Kilogramm und kein Gramm Fett am Körper. Ich erteile fünfmal in der Woche Kampfsportunterricht und den schwarzen Gürtel bekommt man nicht, ohne richtig fit zu sein.

Die kleine, kahle Stelle am Hinterkopf – das beginnende Alter eben – konnte sie von vorne ja nicht sehen.

„Danke, Frau Trinci-Marenzi. Ich werde auf Ihr Angebot zurückkommen. Aber jetzt müssen Sie mir sagen, was ich für Sie tun kann."

Lucretia Maria Trinci-Marenzi saß erst seit zehn Minuten in meinem Büro und schon hatte sie mich um ihren Finger gewickelt, ohne dass ich es bemerkte. Ich hatte von Anfang an überhaupt keine Chance!

„Sie müssen meinen Neffen, Enrico, suchen. Er ist der Sohn meines verstorbenen Bruders und seit dessen Tod wohnt er bei mir. Er studiert Betriebswirtschaft hier in Regensburg und soll später einmal das Restaurant übernehmen."

„Aha." Ich machte mir Notizen. „Haben Sie ein Bild von ihm?"

„Ich habe alles dabei." Sie öffnete ihre Handtasche, griff blind hinein und zog die Unterlagen heraus. „Hier ist ein Bild. Die Kopie seiner Immatrikulationsbescheinigung und eine Kopie seines Reisepasses."

Jede andere Frau hätte erst einmal in ihrer Handtasche gesucht, den Lippenstift und weitere Kosmetikartikel, Papiertaschentücher und ... herausgezogen, um dann die Papiere zu finden. Bei ihr genügte ein Griff und das Gesuchte war da.

Das Bild zeigte einen jungen, schlanken, schwarzgelockten Italiener, der hinter einer Bar stand und freundlich in die Kamera lächelte.

„Ich behalte das Bild vorläufig. Ist Ihnen das recht?"

Sie nickte. „Ich habe es extra für Sie kopieren lassen."

Ich schaute mir die Unterlagen an. Enrico Marenzi war dreiundzwanzig und studierte im vierten Semester Wirtschaftswissenschaften an der Universität Regensburg. Laut Reisepass war er einssiebenundsiebzig groß, besaß schwarze Augen und war in Pozzuoli, Kampanien, geboren.

„Wo liegt dieses Pozzuoli?", wollte ich wissen.

„Das liegt am Golf von Neapel. Von dort legen die Fähren nach Ischia und Capri ab."

„Aha. Wann haben Sie Ihren Neffen zum letzten Mal gesehen?"

Lucretia zog einen kleinen, in rotes Leder gebundenen Kalender aus der Handtasche und schlug ihn auf. „Er ist heute vor vier Wochen mit dem Auto nach Italien gefahren. Seine Großmutter mütterlicherseits war gestorben und er musste zu ihrer Beerdigung. Eine Woche wollte er bleiben. Das Semester begann bereits wieder und er nimmt sein Studium sehr ernst. Seit drei Wochen gibt es kein Lebenszeichen von ihm. Er antwortet auf keine Mail und sein Handy hat er wohl ausgeschaltet. Niemand weiß, wo er geblieben ist. Sie müssen mir helfen, Herr Kleines", bat sie, zog ein weißes, besticktes Taschentuch, natürlich mit Perlmuttschimmer, aus der Tasche und tupfte sich die Augenwinkel ab. „Bitte! Egal, was es kostet."

Damit war der Auftrag angenommen.

Ich überschlug im Kopf meine Kostentabelle und führte ein Update durch. „Ich bekomme sechshundertdreißig Euro am Tag, plus Steuer macht das siebenhundertfünfzig. Im Ausland kommen fünfhundert pro Tag dazu. Sie tragen alle meine Spesen, die ich durch Rechnungen nachweisen kann. Das Auto kostet fünfzig Eurocent pro Kilometer. Keine versteckten sonstigen Kosten."

Das ließ ich sie erst einmal schlucken. Über Rabatte konnte man immer noch reden.

Sie atmete tief ein und aus. „Ich bin so froh, dass Sie den Auftrag annehmen, Herr Kleines. Da fällt mir ein Stein vom Herzen. *Grazie!*"

Sie legte ihre Hand auf meine und drückte sie. Dann zog sie (mit einem Griff) einen Umschlag aus ihrer Handtasche und gab ihn mir. „Hier sind zehntausend als Anzahlung. Ich hoffe, das reicht fürs Erste."

Ich nickte und ließ den Umschlag in der Schublade verschwinden.

Sie erhob sich. „Wir sehen uns heute Abend im *Caruso*. Ich lade Sie zum Essen ein und wir werden Weiteres besprechen. Um acht Uhr, wenn es Ihnen passt."

Es passte mir.

Ich bekam erneut einen kühlen, festen Händedruck und sie stöckelte hinaus. Ihr Hinterteil war erstklassig und, als sie auf ihren zehn Zentimeter hohen Stilettos hinausschwebte, führte ihre Rückseite, das kann ich beschwören, ein sensationelles Eigenleben. *Mamma mia*, was für eine Frau!

Zurück blieb ein sanfter, damenhafter Duft. Später, als alles vorbei war, hatte ich den Duft noch lange in der Nase.

Ich ging ins Vorzimmer. Gundi sah mich mit gerunzelter Stirn an. „Deine Augen glupschen raus. Zieh sie wieder ein, sonst meine ich noch, du schaust mir in den Ausschnitt."

Das holte mich in die Wirklichkeit zurück. Ich warf ihr den Briefumschlag auf den Schreibtisch. „Wir haben einen Auftrag. Hier sind zehntausend. Zahle sie aufs Konto ein und bringe morgen eine Flasche Prosecco mit."

„Tue ich glatt", war die Antwort meines Vorzimmerdrachens. Gundi war fünfzig, schleppte neunzig Kilo Body-Building-Muskeln mit sich rum und besaß einen leichten Damenbart. Sie war absolut zuverlässig und eine Seele von Mensch, sofern sie einen mochte.

Um Punkt acht betrat ich das *Caruso*. Ich hatte mich in meinen einzigen Anzug gezwängt, trug mein Sonntags-Nachmittags-Ausgeh-Poloshirt, das mit dem aufgenähten Krokodil, war frisch rasiert und hatte sogar meine Schuhe geputzt.

Das Lokal liegt sehr versteckt in einer der kleinen Gassen hinter der Weinlände, einer Straße, die entlang der Donau verläuft. Die meisten Regensburger werden das *Caruso* gar nicht kennen. Man läuft daran vorbei, ohne es zu bemerken. Keine Reklameschrift über dem Eingang, keine Speisekarte an der Hausmauer. Nur eine wuchtige, alte Holztür, die tief in einer mächtigen Hauswand verbaut ist. Seitlich, an der Mauer, ist ein kleines Aluminiumschild angebracht. Darauf steht:

Ristorante Caruso
Inh. L. M. Trinci-Marenzi.
Öffnungszeiten nach tel. Vereinbarung

Sonst nichts.

Ein Bediensteter, Typ schreitender Smoking, Kellner wage ich ihn nicht zu nennen, erschien. Er betrachtete mich von oben bis unten und ich könnte wetten, dass er sofort sah, dass ich meinen Anzug bei der Galeria Kaufhof von der Stange gekauft hatte.

„Dürfte ich Ihren Namen wissen, werter Herr?" Sein italienischer Akzent war unüberhörbar.

„Kleines. Bertholf Kleines."

Daraufhin klappte er zusammen zu einer tiefen Verbeugung. „Seien Sie willkommen im *Ristorante Caruso*. Signora Trinci-Marenzi erwartet Sie bereits. Wenn Sie mir bitte folgen würden, *Signore* Kleines."

Er schritt (nicht ging) voran und ich folgte ihm.

Im Vorbeigehen zählte ich zehn Tische für jeweils vier Personen. Sie waren mit weißen Damast-Tischdecken und passenden Servietten gedeckt. Die geschliffenen Gläser und das Silberbesteck waren bestimmt nicht im Gastro-Bedarf gekauft worden.

„Nicht viel los", bemerkte ich.

„Die Herrschaften kommen immer erst gegen einundzwanzig Uhr", gab der schreitende Smoking zu bedenken.

Die Ausstattung des Lokals war schlicht. In den Ecken standen Amphoren, die von winzigen LEDs angeleuchtet wurden. Es gab keine Fischernetze an der Decke, keine bauchigen Weinflaschen, keine kitschigen Wandmalereien. Leise Musik durchfloss den Raum und das indirekte Licht ließ eine private, fast intime Stimmung aufkommen.

Lucretia Maria Trinci-Marenzi saß in einer Nische, die durch eine Mauer vom Rest des Lokals abgetrennt war. Dort hatte man einen Tisch für zwei Personen mit Kristall und Silber gedeckt, Kerzen brannten und in einer Vase standen drei gelbe Rosen. Farblich passend zum Kostüm. Sie hatte ihre Kleidung gewechselt und trug nun Gelb. Die Bluse war weiß und über diese huschte ein leichter Schimmer, als sie mir ihre Hand entgegenstreckte. Natürlich waren die beiden oberen Knöpfe geöffnet, selbstverständlich trug sie darunter weiße Spitze und, Sie werden es vermuten, mir fielen beinahe meine Augen in ihr Dekolletee. Und dieses Parfüm dazu, das brachte mich fast um den Verstand. Ich musste schlucken und krampfhaft meine Augen von dem lösen, was sie mir da entgegenstreckte.

„Guten Abend, Frau Trinci-Marenzi", sagte ich, „für die Einladung möchte ich …"

„Nennen Sie mich doch einfach Lucretia. Und ich sage Bert zu Ihnen, wenn es Ihnen recht ist."

Es war mir recht.

An die Speisenfolge kann ich mich nicht mehr wirklich erinnern. Essen und Getränke waren erstklassig und es dauerte bis nach dreiundzwanzig Uhr, bis wir den Espresso und einen weichen, vollmundigen Brandy serviert bekamen.

Ich lehnte mich zurück. „Und jetzt müssen Sie mir mehr über Ihren Neffen erzählen, Lucretia." Irgendwann mussten wir ja zum Geschäftlichen kommen.

„Er nennt mich *Zietta* und ich ihn Rico."

„*Zietta?*"

Sie lachte. „Das heißt auf Deutsch soviel wie …", Lucretia überlegte, „wie Tantchen. *Zietta* ist der italienische Kosename für *Zia*. Für Tante."

„Aha. Und er wohnt bei Ihnen in der Wohnung?"

„Nicht direkt. Oben …", sie blickte zur Decke, „gibt es ein größeres Apartment und ein kleineres. Er bewohnt das kleinere. Zumeist ist er aber bei seiner Freundin und bleibt dort über Nacht."

„Ich brauche den Namen und die Adresse der Freundin."

Sie zog einen Zettel aus ihrer Handtasche (ohne suchen zu müssen) und reichte ihn mir.

Eine Nathalie Soundso aus Burgweinting. Adresse, Telefon- und Handynummer waren vorhanden. Ich nahm mir vor, am nächsten Tag bei ihr vorbeizuschauen.

„Gehen wir noch ein Stück spazieren. So als Verdauungsspaziergang. So heißt das doch auf Deutsch. Oder?"

Ich half ihr in den Pelzmantel und wir liefen los. Ich weiß nicht, wie sie es schaffte, auf dem holprigen Kopfsteinpflaster mit ihren Pumps zu laufen. Wahrscheinlich schwebte sie, obwohl das deutlich Klack-Klack ihrer Absätze das Gegenteil vermuten ließ.

Lucretia hakte sich bei mir unter und flüsterte: „Der Wein ist mir zu Kopf gestiegen." Wie zufällig drückte sie meinen Arm, während sie mit mir redete und zu mir hinaufschaute (trotz der Stilettos war sie einen Kopf kleiner als ich), gegen ihre weichen, von Spitzen gezähmten Rundungen.

Glauben Sie mir, das ist eine der besten Arten spazieren zu gehen.

„Wir fahren mit dem Zug nach Neapel und dort leihen wir uns ein Auto", erklärte sie.

„Mit dem Zug? Warum fliegen wir nicht?"

„Ich fliege nie. Die Dinger da oben sind mir zu unsicher. Sie fallen immer runter. Ich fliege NIE!"

Damit war das Thema erledigt.

„Wir können auch mit dem Auto fahren, Lucretia."

„Bert, das ist viel zu unbequem. Wir fahren nach München, steigen um in den Nachtzug. Ich habe für uns ein Schlafwagenabteil reserviert. Man hat zwei Betten und ein *Bagno* mit Dusche. Wir trinken *Vino* und schlafen die ganze Nacht. Am Morgen, gegen neun Uhr dreißig, steigen wir ausgeruht in *Napoli Centrale* aus, lassen uns zum Hotel bringen und dorthin bekommen wir den Leihwagen geliefert. Das ist viel praktischer."

Mit Lucretia eine Nacht in einem Schlafwagenabteil zu verbringen erschien mir doch sehr reizvoll und so sah ich sofort ein, dass die lange Autofahrt wirklich zu unbequem sein würde.

„Gut, Lucretia. Sie sind meine Klientin und Sie bestimmen. Fahren wir also mit dem Zug."

Bei unserem lebhaften Gespräch machte mein Arm immer wieder intensive Bekanntschaft mit ihren Hausbergen, was mir wirklich nicht unangenehm war.

Wir hatten den Arnulfsplatz erreicht, schlenderten am Theater vorbei und bogen in die Gesandtenstraße ein. Um die Zeit, es war kurz vor Mitternacht, war dort nicht besonders viel los. Lucretia lehnte ihren Kopf an meine Schulter und massierte meinen Arm noch intensiver mit ihren Hügeln. Der Neupfarrplatz war ungewohnt unbelebt und in der Residenzstraße trafen wir nur ein anderes Pärchen, das uns entgegenkam und ganz verliebt tat.

Am Domplatz standen zwei Taxis, auf die Lucretia zusteuerte.

„Ich bin müde", sagte sie. „Lass mich dir einen Kuss geben, Bert."

Das Du kam wie selbstverständlich von ihren Lippen, mit denen sie mir dann einen Kuss auf die Wange hauchte.

„Danke für den schönen Abend", flüsterte sie. „Ich freue mich schon auf die Zugreise."

Sie öffnete die Fahrertür des ersten Taxis, beugte sich hinein und steckte dem Fahrer etwas zu. „Bringen Sie bitte den Herrn nach Hause. Der Rest ist für Sie."

„*Ciao, Bello*", sagte sie, blickte mir noch einmal tief in die Augen, stieg elegant ins zweite Taxi und war verschwunden, noch ehe mein Taxifahrer seinen müden Diesel gestartet hatte. Der fuhr mich wortlos nach Harting, ließ mich wortlos aussteigen und dieselte davon.

Ich wohne bei meinem Bruder im Haus. Unter dem Dach reichen mir fünfundvierzig Quadratmeter: eine Wohnküche, ein winziges Schlafzimmer und ein noch kleineres Bad. Aber ich habe einen eigenen Eingang. Darauf lege ich großen Wert, denn mein Bruder muss es ja nicht immer sofort mitbekommen, wenn ich gelegentlich Besuch mitbringe.

Lucretia, das war mir klar, konnte ich auf keinen Fall zu einem Besuch einladen.

Am nächsten Morgen erreichte ich Nathalie unter ihrer Festnetznummer. Sie klang verschlafen und überlegte einen Moment, bis sie meinem Besuch zustimmte.

„Aber bitte erst in einer Stunde", sagte sie etwas zögerlich. „Ich bin gerade erst aufgestanden."

Sie wohnte in einem der neuen, sterilen Wohnblocks in diesem neuen, sterilen Stadtteil südlich der Autobahn. Sechs Parteien im Haus, Tiefgarage, zwei winzige Rasenstücke und die beiden obligatorischen Bäume, Kugelahorn, vor dem Haus.

Das Mädchen war eine zierliche, langhaarige Blondine mit einem klaren Gesicht und strahlend blauen Augen. Sie war wirklich ein hübsches Kind.

Enrico und sie kannten sich seit einem Jahr. Sie hatten sich an der Uni kennengelernt. Nein, sie war keine Studentin, sie arbeitete in der Bibliothek. Sie wusste, dass er wegen einer Beerdigung nach Italien fahren wollte und dass er vorhatte, nicht länger als eine Woche zu bleiben. Seit drei Wochen wartete sie auf einen Anruf, eine SMS oder eine Mail. Ihre Anrufe gingen nicht durch. Wahrscheinlich war sein Handy defekt. Sie machte sich große Sorgen um ihn. Außerdem musste sie alles mit dem Bus erledigen, denn sie besaß keinen Führerschein. Enrico hatte sie immer mit seinem Wagen gefahren, wenn sie etwas zu erledigen hatte.

Als ich ging, saß sie mit untergeschlagenen Beinen auf dem Sofa und weinte. Sie tat mir leid. Am Nachmittag rief ich sie noch einmal an, weil ich etwas vergessen hatte. Die Auskunft, die sie mir gab, war sehr interessant für mich.

Am folgenden Tag, kurz vor neunzehn Uhr, saßen Lucretia und ich in der ersten Klasse des Regionalexpresses nach München. Heute trug sie Jeans, einen leichten Kaschmirpullover, blaue Pumps und eine schlichte Lederjacke. Ihr Gepäck bestand aus einem riesigen Rimowa-Trolley, einem Aktenkoffer der gleichen Firma und einer Handtasche der Marke *Hermès Kelly Bag*. Es war eine Sonderanfertigung in der Farbe Jeansblau.

Um einundzwanzig Uhr machten wir es uns in unserem Schlafwagenabteil bequem und es lag eine lange Nacht vor uns. Der Zug sollte *Napoli*

Centrale, den Hauptbahnhof von Neapel, am nächsten Morgen gegen zehn Uhr erreichen.

Wir gingen in den Restaurantwagen und nahmen ein leichtes Abendessen ein. Lucretia bestellte eine Auswahl an Getränken in unser Abteil und, als wir zurückkamen, waren die beiden Sitzbänke zu Betten verwandelt und bezogen worden. Die Getränke befanden sich in dem kleinen Kühlschrank unter meinem Bett. Im Bad lagen frische Handtücher und diverse Toilettenartikel.

„Mach den Champagner auf, während ich kurz ins Bad gehe", flötete Lucretia und verschwand. Die Tür schloss sie nicht ab.

Im stilvollen Öffnen von Champagnerflaschen besitze ich ein Diplom.

Lucretia erschien in einem langen, weißen Nichts, das alles zeigte und nichts verhüllte. Ich möchte nicht indiskret sein, liebe Leser, darum sehe ich von einer präzisen Beschreibung ab. Ich kann Ihnen bloß eines sagen: Ihnen wären die Augen aus dem Kopf gefallen!

„Prost", sagte sie und unsere Gläser stießen mit einem leisen Klirren aneinander. Wir tranken einen Schluck, dann meinte sie: „Warum gehst du nicht auch ins Bad, bevor wir die Flasche leeren?" Dabei strahlte sie mich an und drückte ihre beiden Hügel gegen mich.

Ich gab Vollgas und hüpfte unter die Dusche. Man soll eine Dame nicht warten lassen.

Zwei Stunden später, ihre Kondition war deutlich besser als die meinige, lagen wir auf dem schmalen Bett und sie hatte ein Bein quer über meinen Unterleib gelegt. Wir waren nur mit unseren Champagnergläsern bekleidet.

„Wie bist du eigentlich Privatdetektiv geworden?", fragte sie. „Du hast doch sicherlich vorher etwas anderes gemacht."

Jetzt musste ich meine Story erzählen. Von der Abiturklasse, in die Gregor und ich gemeinsam gingen. Von unserer rivalisierenden Liebe zu Judith, dem schönsten Mädchen der Klasse. Und dass ich das Wettwerben verlor. Judith nahm den Gregor, weil er aus reichem Elternhaus kam, sein Vater war ein bekannter Rechtsanwalt und zur Abiturfeier mit seinem Porsche vorfuhr, während ich mit Bus und Rad unterwegs war. Später studierten sie zusammen Jura in Regensburg, während ich zur Polizei ging. Ich hatte einfach keine Chance gegen Gregor.

Zehn Jahre später, ich war Oberkommissar bei den Uniformierten, wurde ich mit einer Kollegin an Heiligabend zu einem Familienstreit gerufen. Gregor war in der Mitte sehr füllig geworden, hatte das Studium abgebrochen und lebte vom Geld seiner Eltern. Judith war dreifache Mutter und durfte nicht als Rechtsanwältin arbeiten, weil Gregor ihr das schlichtweg verbot.

Ich erkannte sie zuerst kaum wieder. Ihr Gesicht war verquollen, Blut lief aus ihrer Nase, ihre strähnigen Haare waren kurz geschnitten und ihre Figur war beim Teufel. In der Ecke des Wohnzimmers saßen die drei Kinder. Die Älteste, sie war sieben, sagte unter Schluchzen, als sie mich und meine Kollegin in Uniform sah: „Papi schlägt immer die Mama, wenn er getrunken hat."

„Ich werde dich mitnehmen müssen, Gregor." Mit diesen Worten begrüßte ich ihn.

Als er mich erkannte, sagte er das, was er hätte besser nicht sagen sollen: „Verpiss dich, du Loser!"

Ich bat meine Kollegin, Judith und die Kinder hinauszubringen. Als wir alleine waren, verprügelte ich Gregor nach allen Regeln der Kunst. Er lag drei Tage im Krankenhaus, ich bekam ein Jahr auf Bewährung, wurde entlassen und meine ganzen Ersparnisse gingen drauf.

„So war es gewesen." Mit diesen Worten beendete ich meine Geschichte.

„Und du hast ihn so richtig *bastonare*? So heißt verprügeln auf Italienisch."

Ich nickte. Meine Hand strich dabei langsam ihren Rücken rauf und runter.

Sie erbebte leicht. „Du musstest doch wissen, dass man dich verurteilt und entlässt."

Lucretia richtete ihren Oberkörper auf und ihre Rundungen schaukelten vor meinem Gesicht hin und her. Sie können mir glauben, das war ganz großes Kino!

„Ich wusste es. Aber es war mir in diesem Moment egal."

„Du bist ein *Eroe*, ein Held", flüsterte sie. „Helden müssen belohnt werden."

Sie belohnte mich noch dreimal, ehe wir in *Napoli Centrale* einliefen.

In Deutschland herrschte herbstliches Dreckwetter. Neapel empfing uns mit Sonnenschein und angenehmen zwanzig Grad. Ein Taxi brachte uns ins Grand Hotel Vesuvio, das direkt unten am Hafen liegt. Ich bekam ein Zimmer im vierten Stock und dann erfuhr ich, dass Lucretia bei ihren Verwandten wohnen würde und ich alleine nach Enrico suchten sollte.

„Hier sind die Unterlagen, die du benötigst. Die Adresse seiner Großeltern, seine Lieblingsbar in Pozzuoli, Name und die Telefonnummer seines besten Freundes. Rufe mich jeden Abend gegen neunzehn Uhr an zum *Resoconto*", flötete sie und entschwand.

„Gut, Lucretia!", rief ich ihr nach. „Der *Resoconto*, der Bericht, kommt pünktlich abends um sieben."

Nach einer Dusche legte ich mich aufs Ohr. Eine Stunde später klingelte das Telefon. Es war die Rezeption. *„Signore*, Ihr Auto ist da."

Der Mann von AVIS übergab mir die Papiere für einen Fiat, ließ mich eine paar Formulare unterschreiben und verschwand. Der dunkelblaue Punto stand in der Tiefgarage. Der Wagen war für deutsche Verhältnisse klein und untermotorisiert, aber gut geeignet für den chaotischen Verkehr in Neapel. Wie ich schnell feststellte, gab es Tausende von blauen Punto. Leider fiel er durch seine Kennzeichenhalterungen als Leihwagen auf.

Als es Abend wurde, ging ich spazieren. In einer dunklen Ecke des Hafens standen in einem abgesperrten Bereich Wagen, die so ausschauten, als parkten sie dort schon länger. Sie waren bedeckt von Staub und Taubenscheiße. *Divieto di accesso*. Ein Schild drohte nach Paragraf soundso drei bis fünf Jahre Gefängnis an, wenn man den Zollbereich unerlaubt betrat.

Mein Leatherman-Tool knackte den Maschendraht in wenigen Augenblicken. Ich schlüpfte durch das Loch und eine weitere Minute später hatte ich beide Kennzeichenhalterungen von einem beschlagnahmten Auto abmontiert.

Die kamen an meinen Leihwagen. Nach dem Abendessen ging ich früh schlafen. Ich war echt kaputt!

Nach einem späten Frühstück besorgte ich mir für mein Smartphone eine italienische Prepaid Karte von Wind. Danach erstellte ich eine To-do-Liste.

Mein erster Besuch galt Enricos Lieblingsbar. Wenn man in Neapel westwärts am Meer entlangfährt, erreicht man über die Via Napoli Pozzuoli in weniger als einer halben Stunde. Mit dem Navi-App auf meinem Smartphone war das alles kein Problem.

Die Bar gehörte zum Restaurant Michele und lag in der Nähe des Doms. Es war eine typische italienische Bar: eine riesige, glänzende, fauchende Espressomaschine, Spirituosen auf Regalen an der Rückwand, zwei Zapfhähne für Bier, großformatige Kalender mit Radrennmotiven und eine lange Theke. Hinter der standen zwei Männer, ein Älterer und ein Jüngerer, und polierten mechanisch Gläser, während sie sich ein Fußballspiel anschauten.

Die Gäste, mehrere Männer unterschiedlichen Alters, hielten Biergläser in den Händen und diskutierten die Spielzüge ihrer Lieblingsmannschaft.

Der Jüngere bemerkte mich. „Guten Tag, *Signore*. Was hätten Sie gern?"

Ich bestellte ein Achtel Weißwein.

Er bemerkte sofort meinen Akzent. „Woher kommen Sie, *Signore*?"

„Deutschland."

„Ah! *Germania* ist kalt. Aber sauber und ordentlich. Die Polizei lässt sich nicht bestechen und die deutschen Autos sind die besten der Welt. Was machen Sie hier?" Er schenkte mir den Wein ein.

Ich legte das Bild von Enrico auf den Tresen. „Ich suche Enrico. Wissen Sie, wo ich ihn finden kann?"

Ein kurzer Blick, der viel zu flüchtig war, um sich das Bild genau anzusehen. Mir war sofort klar, er kannte ihn.

„Ich muss meinen Vater fragen. Der kennt alle Gäste."

Die beiden flüsterten einen Moment miteinander. Ich verstand nichts, weil sie zu leise redeten und außerdem der Dialekt in dieser Gegend für einen *Tedesco* wie mich unverständlich ist.

Der Vater kam. „*Signore*. Der ist, so glaube ich, schon ein- oder zweimal hier gewesen. Mehr wissen wir nicht." Danach polierte er seine Gläser weiter.

Ich trank den Wein aus und zahlte. Als ich hinausging und in mein Auto stieg, stand plötzlich der Sohn hinter mir. Er drückte mir einen Zettel in die Hand. „Rufen Sie dort an, Signore. Aber erzählen Sie keinem Fremden von mir."

„*Bene, grazie!*"

Ich fuhr los. Als ich in den Rückspiegel schaute, bemerkte ich, wie er etwas mit einem Kugelschreiber auf seinen Handrücken schrieb. Die Autonummer?

Unterwegs hielt ich an einer Pizzeria an und bestellte eine Pizza Mozzarella. Auf dem Zettel stand eine Handynummer. Ich rief sie an.

Eine Männerstimme antwortete: „Ich rufe zurück."

Als ich einen doppelten Espresso trank, klingelte mein Handy. „Ja?"

„Sie haben mich angerufen. Was wollen Sie?" Die Stimme klang ängstlich.

Ich erklärte ihm, dass ich Enrico im Auftrag seiner Tante suchte und man mir diese Telefonnummer gegeben hatte.

„Welcher Enrico? Und wer hat Ihnen die Telefonnummer gegeben?"

Die erste Frage beantwortete ich wahrheitsgemäß, bei der zweiten log ich. „Die habe ich von der Tante."

„Das kann nicht sein", war die Antwort und der Anrufer legte auf.

Ich wartete einen Augenblick und rief noch einmal an. „Legen Sie nicht auf", bat ich. „Ich habe dem Informanten versprochen, seine Identität zu schützen. Das ist ein Grundsatz in unserem Gewerbe."

„Wo sind Sie?"

Ich nannte ihm den Namen des Lokals.

„Bleiben Sie dort sitzen. Welches Auto fahren Sie und wie ist die Autonummer?"

Ich sagte es ihm.

Seine Antwort kam schnell. „Jetzt weiß ich, wer Ihnen meine Nummer gegeben hat. Er hat Ihnen ein Bier verkauft. Nicht wahr?"

„Nein. Ein Achtel Weißwein."

„*Signore Tedesco*. Bleiben Sie, wo Sie sind. Ich bin in einer halben Stunde bei Ihnen."

Zwei Espressi später rauschte eine 250er Vespa auf den Parkplatz und hielt neben meinem Wagen. Ein junger Mann winkte und fuhr los. Ich lege einen Spurt hin, sprang in den FIAT und folgte ihm. Er lotste mich auf einen großen Parkplatz unten am Hafen und ließ mich hinten aufsteigen. Kaum saß ich, brauste er los, befuhr einen Fußgängerweg, umkurvte ein paar zutiefst erschrockene, schimpfende Spaziergänger, bog gegen die Fahrtrichtung in eine Einbahnstraße ein und schoss durch zwei Pfosten hindurch in eine Fußgängerzone. Die fluchenden Leute interessierten ihn nicht die Bohne.

Wir landeten auf einem kleinen Platz direkt von einem Café. Draußen saß niemand. Es war den Italienern einfach zu kühl. Ein gelangweilter Kellner schlenderte heran. Ich bestellte zwei *Caffelatte*.

Unser Gespräch war kurz, doch seine Informationen waren brisant. Er hieß Paolo und war Enricos Halbbruder. Enrico war einen Tag nach der Beerdigung seiner Großmutter verschwunden und man hatte ihn wissen lassen, dass er sich aus der ganzen Sache raushalten solle. Enrico sei wieder in Deutschland und er solle seinen Mund halten.

Ich wollte wissen, wer der junge Mann in der Bar war. „Wir waren Klassenkameraden", sagte er zum Schluss, sprang auf die Vespa und zischte ab.

Danach probierte ich die Nummer, die mir Lucretia gegeben hatte. Eine Computerstimme teilte mir mit, dass der Teilnehmer zurzeit nicht erreichbar sei.

Am Abend rief ich Lucretia an. Sie hörte mir wortlos zu.

„Soll ich morgen bei seinem Großvater vorbeifahren?", wollte ich wissen.

„Tu das." Mit diesen knappen Worten legte sie auf.

Ich änderte meine To-do-Liste. Bevor ich ins Bett ging, versuchte ich noch mehrfach den „besten Freund" ans Telefon zu bekommen. Aber der Teilnehmer war nicht erreichbar.

Der nächste Morgen empfing mich mit Regen und einem unangenehmen Westwind. Ein Taxi brachte mich zur *Questura di Napoli*, dem Polizeipräsidium in der *Via Medina*. Es dauerte mehr als eine Stunde, bevor mich ein älterer, gestresst wirkender *Commissario* in sein Büro bat. Er machte mir ein Kompliment über mein gutes Italienisch, dann kam er gleich zur Sache.

„Sie suchen jemanden, *Signore*?"

Als ich ihm das Bild von Enrico vorlegte, stutzte er, dann befragte er seinen Computer. Er drehte den Bildschirm in meine Richtung. „Haben wir den gleichen Gedanken?"

Enrico war tot. Man hatte vor etwas mehr als zwei Wochen zwei unbekleidete, männliche Leichen auf einer Mülldeponie außerhalb von Neapel gefunden. Beide waren durch einen Schuss ins Genick getötet worden. Alle Fingerspitzen hatte man fachmännisch verätzt und jegliche Hinweise darauf, wer die Toten waren, fehlten.

„Die haben der Camorra in die Suppe gespuckt", erklärte der *Commissario*. „Und die hat beide auf die übliche Art und Weise bestraft."

Ich gab ihm die Telefonnummer von Enricos bestem Freund. „Er antwortet nicht", erklärte ich.

„Über die Nummer bekommen wir heraus, wer er war. *Grazie!*", bedankte sich der müde Polizist.

„Wo sind die Toten?", wollte ich wissen.

„Wir haben Spuren zum DNA-Abgleich gesichert. Die beiden Toten wurden verbrannt und in einem anonymen Urnengrab bestattet. Dort liegen schon Hunderte."

Ich stand auf und hielt ihm die Hand hin, die er schüttelte. „Viel Erfolg bei der Arbeit, *Commissario*."

Er lächelte gequält: „Die Leichen werden in einem Krematorium verbrannt, das der Camorra gehört. Und auch der Friedhof ist in ihrem Besitz. Sie machen noch Geld mit ihren Morden." Er zuckte mit den Schultern.

Polizist in Neapel zu sein, ist sicherlich ein absolut beschissener Job!

Am Nachmittag stand der Besuch bei Enricos Großvater, Arturo Marenzi, auf der Liste. Dessen Villa lag zwischen Weinbergen oberhalb von Pozzuoli, direkt am Fuß eines bewaldeten Hügels. Das Navi führte mich über kleine, schmale Straßen und später auf unbefestigten Wegen zu einem stattlichen Anwesen, das hinter hohen Mauern lag. Das große, schmiedeeiserne Tor war verschlossen. Langsam fuhr ich daran vorbei und erkannte, dass ich etwas besorgen musste. Das passende Geschäft hatte ich weiter unten gesehen und es dauert nur zwanzig Minuten, bis ich den Einkauf erledigt hatte und von der Straße in die Einfahrt einbog.

Der Punto kam vor dem Tor zu stehen und ich stieg aus. Wie aus dem Nichts erschien ein großer, fetter Mann, der einen riesigen Bierbauch vor sich herschob. Er trug die typischen Sachen eines Landarbeiters: blaue Arbeitshose, grobe Schnürschuhe, einen grauen, knielangen Kittel und eine flache Mütze mit Schirm.

Ich schaute an ihm vorbei zum Haus hinüber.

„*Vai a cacare!*", sagte er grob. Ich sollte mich verpissen.

Ich verpisse mich aber nicht gerne. So lächelte ich ihn an. „Entschuldigung, *Signore*", meinte ich freundlich. „Ich hätte gerne *Signore* Marenzi gesprochen. Ich ..."

„Ich habe gesagt, du sollst dich verpissen. Wenn du nicht sofort verschwindest, komme ich raus." Der Fette schien verärgert zu sein.

„Oh, Sie öffnen mir also das Tor. Das ist sehr nett von Ihnen."

Er schien nicht auf den Kopf gefallen zu sein und verstand meinen Sarkasmus. Jetzt tat er das, was ich mir erhofft hatte. Er öffnete das Tor und kam zielstrebig auf mich zu. Seine Miene verriet nichts Gutes.

Für einen Kampfsportler sind große, dicke Gegner sehr unangenehm. Wichtige Punkte für einen Tritt oder Schlag sind von Fettschichten bedeckt, der Hals ist in der Regel fleischig und kurz und man kann einhundertfünfzig Kilo nicht so leicht mit einem *Uki-goshi*, einem Hüftwurf, zu Fall bringen. Aber die Fetten besitzen zwei Schwachstellen: ihre Knie. Die werden jahrzehntelang vom Körpergewicht belastet und sind in der Regel vorgeschädigt.

Als er in Reichweite kam, brachte ich beide Arme in Abwehrstellung, was er mit einem Grinsen quittierte. Als er zu einem Schwinger ausholte, trat ich zu.

Man darf nicht frontal gegen die Kniescheibe treten, das tut nur weh. Man muss unter oder seitlich gegen die Kniescheibe treten und zwar möglichst fest. Die *Patella* verlässt durch den Tritt augenblicklich ihren Stammplatz im Knie, was die Blutgefäße, Sehnen, Bänder und Menisken überhaupt nicht vertragen. Das Knie stellt daraufhin sofort seine Arbeit ein und beschwert sich bei seinem Besitzer durch einen ungeheuren Schmerz. Der fällt um, gelegentlich auch in Ohnmacht.

Der Fette kippt sofort um, er stöhnte, aber seine Sinne verließen ihn nicht. Er lag auf der Seite und griff unter seinen Kittel. Ich ahnte, was er hervorholen wollte: eine Lupara. Das ist eine abgesägte Pumpgun mit einem Revolvergriff, ungefähr unterarmlang und auf kurze Entfernung eine mörderische Waffe. Zur Abwechslung trat ich nun gegen seinen rechten Ellbogen, der das mit einem Knirschen quittierte und ebenfalls seine Arbeit einstellte. Ich bückte mich, zog die Lupara hervor, entlud sie, steckte die 10er Patronen in die Tasche und schleuderte die Waffe weit über den Zaun.

Der Fette lag da und stöhnte nun richtig laut. Aber er war nicht am Ende. Plötzlich pfiff er mit zwei Fingern seiner Linken und dann kam sein vierbeiniger Freund, ein Mastino Napoletano, herangestürmt. Ein massiger Kampfhund, fast so hoch wie eine Dogge und mit achtzig Kilo ähnlich schwer. Den hatte ich bei der ersten Vorbeifahrt gesehen und meine Hosentaschen steckten voller Würstchen. Scharf dressierte Mastinos sind eine tödliche Waffe, aber sie haben eine Charakterschwäche: Diese Hunde sind völlig verfressen.

Ich zog meine Glock 17, eine österreichische Pistole, aus dem Schulterholster und zwei Würstchen aus der Tasche. Das Biest kam auf mich zu, während ich still stehenblieb und ein Würstchen fallen ließ. Der Fette befahl etwas, aber der Hund reagierte nicht, weil ich, sein Opfer, schließlich nicht versuchte fortzulaufen. Ganz im Gegenteil. Ich blieb stehen und außerdem roch es so verführerisch nach Würstchen. Der Form halber knurrte er mich an: tief, rasselnd und drohend. Dann ging sein Kopf runter und er fraß sabbernd das Würstchen.

„Guter Hund", sagte ich leise. „Du bist ein guter Hund." Ich ließ das zweite Würstchen fallen. Das verschwand mit einem dumpfen Schnapp. Das Ungeheuer schaute mich mit feuchten Augen an, während der Sabber aus seinem riesigen Maul triefte. „Guter Hund", wiederholte ich und hielt ihm meine Hand hin. Er schnüffelte daran. Sie roch nach Würstchen. „Magst du noch eins?"

Er nickte mir zu. (Es sah wirklich so aus.).

Vorsichtig holte ich das nächste Würstchen aus der Tasche und hielt es ihm hin. Jetzt fraß er mir aus der Hand. Er setzte sich und starrte mich an. „Bitte noch ein Würstchen", hieß das wohl.

„Komm!", befahl ich und wedelte mit dem nächsten Leckerchen. Ich ging los und das Riesenvieh folgte mir. Wir waren gute Freunde geworden.

Ich konnte meine Glock vorläufig wieder einstecken.

Als ich die Haustür erreichte, öffnete sie sich wie von Geisterhand. Eine Frau mit Häubchen und Küchenschürze stand dort und blickte mich mehr verlegen als erschrocken an. Ich machte eine höfliche Verbeugung. „*Signora*. Ich würde gerne *Signore* Marenzi sprechen. Es geht um seinen Enkel. Um Enrico."

Bevor ich das Haus betrat, drehte ich mich noch einmal zu dem Fetten um. Der zog sich gerade mit schmerzverzerrtem Gesicht an dem Eisentor hoch und schaute mir nach.

Sein Weltbild war urplötzlich ins Wanken geraten.

Signore Marenzi war dreiundachtzig. Er saß im Rollstuhl, eine dicke Decke lag ausgebreitet über seine Knie und unten schauten die Spitzen von Filzpantoffeln heraus. Seinen mageren Oberkörper verhüllten zwei Strickjacken und um seinen Hals war ein Wollschal geschlungen. Die Heizung stand auf gefühlte vierzig Grad. Nach zwei Minuten schwitzte ich wie ein Schwein.

„Es tut mir leid, dass ich Ihren Gärtner verletzt habe, aber er war dabei, seine Lupara gegen mich zu ziehen." Die 10er Patronen, gefüllt mit grobem Blei, klapperten auf den Tisch. „Ich wollte doch mit Ihnen nur über Enrico reden, Signore Marenzi."

Seine Stimme klang wie grobes Schmirgelpapier und sein Mundgeruch war bestialisch. „Was wollen Sie von Enrico?"

Es blieb mir nichts anderes übrig, als von Lucretia und ihrem Auftrag zu erzählen. Und davon, was ich bei der Polizei herausgefunden hatte.

Hinter mir schluchzte die Haushälterin.

„Woher weiß ich, dass Sie nicht lügen?"

Ich zog mein Handy aus der Tasche, wählte Lucretias Nummer und reichte es ihm.

Der Alte schaute wie der Mann im Mond. „Mit solch einem neumodischen Ding habe ich noch nie telefoniert. Das kann man zu leicht abhören", nuschelte er.

Er kannte sich erstaunlich gut damit aus.

Das Gespräch dauerte nicht lange. Ich verstand fast nichts, weil sie Neapolitanisch sprachen. „Lucretia will mit Ihnen reden." Er reichte mir mein Handy.

Lucretias Anweisungen waren knapp, aber eindeutig. Wer zahlt, schafft an.

Ich machte eine tiefe Verbeugung und verließ diese Sauna. Der Fette saß neben der Haustür auf einer Bank. Er war bleich im Gesicht, ihm stand der Schweiß auf der Stirn und man sah deutlich, wie er versuchte, seinen Schmerz zu unterdrücken. Vorsichtshalber zeigte ich ihm die Glock. „*Ciao, Amico mio.*"

Er antwortete nicht, aber sein Blick sagte alles. Ich hatte mir einen Todfeind geschaffen. Der Hund lag friedlich auf dem Rasen und, als ich an ihm vorbeiging, warf ich ihm die restlichen Würstchen zu. Er freute sich sichtlich.

Ich fuhr zurück ins Hotel, stellte den Wagen in der Tiefgarage ab und montierte wieder die richtigen Nummernschildhalterungen. Die gestohlenen warf ich in einen Gully.

Der Mann von AVIS saß bereit in der Lobby. „Irgendwelche Probleme?", wollte er wissen.

Es gab keine und er verschwand nach meiner Unterschrift.

Am nächsten Morgen stand ein Opel Astra mit Regensburger Kennzeichen in der Tiefgarage. Es war Enricos Auto. Ich musste es nach Deutschland überführen. Lucretia würde, so hatte sie mir am Tag zuvor mitgeteilt, mit dem Zug nach Hause fahren.

Ich packte meine Sachen, unterschrieb die Hotelrechnung, empfing den Brief mit den Papieren und dem Autoschlüssel, tankte voll und düste los in Richtung *Germania*. Rund eintausenddreihundert Kilometer lagen vor mir.

Der Astra war mit seinen einhundertfünf PS nicht gerade übermotorisiert, das Fahrwerk war schwammig und das Radio kaputt. Weil es Sonntagmorgen war, herrschte nur wenig Verkehr und so kam ich noch am gleichen Abend in Regensburg an.

Wie ausgemacht, brachte ich den Astra nach Burgweinting und stellte ihn in die Tiefgarage auf den Stellplatz, der zu Nathalies Apartment gehörte. Ich klingelte, aber sie war nicht zuhause.

Ich rief ein Taxi und das brachte mich nach Harting.

Sicher werden Sie denken, dass die Geschichte jetzt zu Ende ist. Ist sie aber nicht!

Zwei Stunden später holte jemand Enricos Astra aus der Garage und stellte einen anderen Astra hinein. Der ähnelte dem ersten wie ein Ei dem anderen. Sogar die Nummernschilder waren gleich. Man nennt das im Polizeijargon eine „Doublette". Der Fahrer fuhr zum *Ristorante Caruso* und parkte den Wagen in der dazugehörigen Tiefgarage.

Am frühen Morgen wurde ein Schild an der Eingangstür angebracht:

Heute wegen einer privaten Feier
geschlossen!

Kurz nach Mitternacht stürmten drei Einsatzgruppen der Polizei das *Caruso*. Ein Hubschrauber setzte einige Schwarzgekleidete auf dem Dach ab, die zweite Gruppe brach die Eingangstür auf und ein Spezialist der dritten Gruppe öffnete mit einem Elektropick das Rolltor der Tiefgarage.

Zwei Männer, beide Kellner des *Ristorante*, luden gerade Kilopäckchen mit Kokain aus dem Astra. Es dauerte nur wenige Sekunden und sie lagen gefesselt auf dem Boden. Die Tür zum Treppenhaus stand offen und die Polizisten hatten keine Probleme zu Lucretias Apartment zu gelangen. Die Tür wurde geknackt und fünf bis an die Zähne bewaffnete Polizisten drangen in die Wohnung ein. Lucretia saß am Tisch und wog das Rauschgift ab. Man fand Tütchen mit Milchpulver (zum Strecken), Portionsbeutelchen, mehr als zwei Komma drei Millionen in bar und ein Buch mit vielen Adressen. Mit sehr interessanten Adressen.

Während der ersten Vernehmung von Frau Trinci-Marenzi betrat ich den Vernehmungsraum. Empört zeigte sie auf mich. „Der da hat das Auto ge-

fahren. Er hat das Rauschgift transportiert. Ihn müssen Sie festnehmen!"
Ihre Stimme überschlug sich vor Wut und ihre Hausberge bebten.

Ich nickte. „Stimmt. Aber ich möchte mich erst einmal vorstellen. Hauptkommissar Markus Gesstner vom Bayerischen Landeskriminalamt."

Lucretia starrte mich konsterniert an. Damit hatte sie nicht gerechnet.

Sie, verehrter Leser, auch nicht. Oder?

Man hatte mich gezielt auf Lucretia angesetzt und ich hatte ganz bewusst in der Nähe des *Caruso* eine Privatdetektei eröffnet. Gundi war eine Kriminalbeamtin und der Freistaat Bayern freute sich über die zehntausend Euro Anzahlung. Die durfte ich leider nicht behalten.

Nathalie hatte mit der Sache nichts zu tun. Enrico hatte sie einfach benutzt, um den Schmuggel-Astra dort abzustellen, während er mit dem Zwilling umherfuhr. Das Mädchen traf das tief. Aber so ist eben das Leben.

Ich weiß jetzt, was Sie denken: „Der steigt mit einer Drogenhändlerin ins Bett."

Nun, das gehört zu meinem Job und ich verrichte meine Arbeit stets mit vollem Einsatz. Bei jeder Gelegenheit und in jeder Lage.

Aber immer nur rein dienstlich!

Der Ort Puzzuoli liegt nur wenige Kilometer westlich von Neapel. Oberhalb des Ortes erstrecken sich Weinberge, in die kleine Dörfer und einzelne Gehöfte gebettet sind.
Die Villa der Familie Marenzi und das Restaurant Caruso existieren in Wirklichkeit nicht.

Hooknose

Als der Mann die Treppe zum Eisernen Steg hinaufgestiegen war, drehte er sich wieder zu seinem Verfolger um. „Verschwinden Sie endlich! Ich kenne Sie nicht und ich habe keine Lust, mich mit Ihnen zu unterhalten. Lassen Sie mich in Ruhe."

„Sie sind Hooknose. Sie waren einer von denen."

Wäre es nicht so dunkel gewesen, hätte der Verfolger gesehen, dass der, den er Hooknose genannt hatte, zu einem Schlag ausholte. Der traf ihn an der Brust und ließ ihn die wenigen Treppenstufen rückwärts hinabtaumeln. Auf dem Treppenabsatz fiel er auf den Rücken und Schmerzen schossen durch seinen Körper. Er stöhnte gequält auf und versuchte sich aufzurichten. Seine Hand stützte sich auf etwas Kantiges, was er aber erst nach einem Moment registrierte.

Hooknose kam die Treppe hinuntergestiegen und beugte sich zu dem Sitzenden runter. „Wenn Sie mich weiter belästigen, werden Sie es bereuen. Ich werfe Sie in die Donau."

Die Hand des Sitzenden krampfte um den faustgroßen Pflasterstein. Er schlug zu. Einmal, ein zweites Mal. Es knirschte und es erinnerte ihn an das Geräusch, das entsteht, wenn man einen Apfel halbiert. Hooknose fiel lautlos auf die Seite.

Unter Schmerzen richtete sich der Mann auf. Er hielt immer noch den Stein in der Hand, was ihn für einen Moment ratlos machte. Dann warf er ihn im hohen Bogen in den Fluss. Ohne sich um sein Opfer zu kümmern, ohne sich noch einmal umzusehen, humpelte der Mörder davon. Er musste sich beeilen. Er wollte nicht zu spät zum Galadiner kommen.

Es war ein fester, brauner Umschlag in einem Format, das in Deutschland nicht gebräuchlich ist. Jemand hatte ihn in den USA, in Boston, aufgegeben. Die Empfängeradresse lautete:

Polizeipraesidium Oberpfalz
93053 Regensburg
Bajuwarenstraße 2c
Germany

Der Brief wurde auf der Poststelle registriert und von einer Angestellten geöffnet. Er enthielt ein Anschreiben und einen weiteren verschlossenen und versiegelten Umschlag. Der Absender war ein Mr. George D. Kinderman, Seniorpartner einer Anwaltskanzlei aus Boston. In dem Anschreiben bat er, den beiliegenden Brief an die Mordkommission in Regensburg weiterzuleiten.

Die beiden Kriminalpolizisten kamen erst nach vierzehn Uhr dazu, endlich eine kleine Pause zu machen, sich hinzusetzen, eine Tasse Kaffee zu trinken und ihre Leberkäs-Semmeln zu essen.

Dann klingelte das Telefon. Polizeihauptmeister Schmied hob ab, meldetet sich und lauschte einen Moment. „Gut, er ist hier. Ich sage es ihm."

Er biss in seine Semmel und schaute seinen Chef an. „Georg, du sollst zum Präsidenten kommen. Sofort. Und nimm die Unterlagen über unseren Fall mit."

Hauptkommissar Georg Hagler, der die Ermittlungen im Mordfall Béla Szábo leitete, trank gerade einen Schluck Kaffee und verschluckte sich prompt, als er das hörte.

„Was soll das denn?", überlegte er laut. „Was hat der Präsident mit unserem Fall zu tun?"

Er erhob sich, schnappte sich den Aktenordner, der auf seinem Schreibtisch lag und ging, leise fluchend, zur Tür.

Schmied grinste und schluckte den letzten Bissen runter. „Du bist der Boss, Gerhard", rief er ihm nach. „Dann musst du auch zum Präsidenten. So ist das nun eben."

„Lesen Sie bitte den Brief, Herr Hagler." Der Präsident, ein umgänglicher, bei seinen Untergebenen beliebter Vorgesetzter, übergab ihm das Schreiben.

Der Anwalt aus Boston teilte der Polizei mit, dass sein Klient ihm einen Mord gestanden habe, den er am Heiligabend des Vorjahres in Regensburg am Eisernen Steg, einer Fußgängerbrücke über die Donau, begangen hätte. Das Opfer sei ein Ungar, Alter ungefähr fünfundachtzig Jahre, Nachname Szábo, besondere Kennzeichen eine Hakennase und ein verkrüppeltes linkes Ohr. Er habe Szábo durch zwei Schläge mit einem Stein gegen den Kopf ermordet. Sein Klient sei schwerkrank, wolle vor seinem Tod ein Geständnis ablegen und bittet um den Besuch eines ermittelnden Polizisten aus Regensburg.

Mit diesen Worten endete der Brief.

„Sie wollen doch wohl nicht, dass ich nach Boston …"

Der Präsident legte seine Fingerspitzen zusammen, nickte freundlich und sagte nur ein Wort: „Doch."

„Ich war zwei Jahre in Afghanistan und habe ungebildete Bauern zu unfähigen Polizisten ausgebildet. Seit drei Monaten bin ich wieder zu Hause. Meine Frau ist schwanger und macht mir die Hölle heiß, wenn ich …"

Der Präsident unterbrach ihn. „Sie fliegen hin, hören sich alles an, kommen zurück. Wenn der Fall abgeschlossen ist, können Sie Urlaub nehmen, Herr Hagler. Außerdem ist ihr Englisch perfekt."

Hagler resignierte. Er wusste, Widerspruch war zwecklos. In seinem Büro schrieb er seufzend eine Mail. Zehn Minuten später klingelte das Telefon. Es war Mr. Kinderman, der Anwalt aus Boston.

Nach dem Gespräch übersandte der Hauptkommissar dem Anwalt seine Daten und eine Kopie seines Dienstausweises per Mail. Anschließend buchte er die notwendigen Flüge. Und das alles innerhalb einer Stunde.

Schmied saß da und bekam seinen Mund nicht mehr zu.

Am Montag saß Hagler in einer Maschine der Lufthansa, die kurz vor zwanzig Uhr auf dem Logan International Airport von Boston aufsetzte. Nach seinem Gefühl war es drei Uhr nachts und er war todmüde. Er ließ sich von einem Taxi zu dem gebuchten Hotel in East Boston bringen und kroch sofort ins Bett.

Am nächsten Morgen übernahm er einen Leihwagen und ließ sich von seinem Navi auf der US 90, dem *Mass Pike*, aus der Stadt leiten. Sein Ziel erreichte er nach einer guten Stunde. Hagler fand die angegebene Adresse ohne Probleme. Es war eine ruhige Straße in einem ruhigen, sauberen Vorort von Framingham, einer kleinen Stadt westlich von Boston. Das Haus, aus roten Ziegeln gemauert, stand auf einem kleinen Grundstück am Ende einer Sackgasse. Eine kurze Einfahrt führte zu einer Doppelgarage. Der

Rasen vor dem Haus war erstklassig getrimmt und hinter dem Haus wuchsen dicht belaubte Bäume. Dahinter lagen ein Park und ein kleiner See. Das Anwesen machte einen gediegenen, gutbürgerlichen Eindruck.

Hagler klingelte. Man schien seinen Wagen bemerkt zu haben, denn die Tür wurde sofort geöffnet. Eine alte Dame, schlank, sehr konservativ gekleidet, begrüßte ihn. „Ich bin Mrs. Kinderman. Mein Mann erwartet Sie bereits, Mr. Hagler." Sie sprach Englisch, konnte seinen Namen aber korrekt aussprechen.

„Die spricht sicher auch Deutsch", dachte sich der Hauptkommissar.

Mrs. Kinderman führte ihn in ein kleines Zimmer im ersten Stock. Es war hell und freundlich tapeziert, das Fenster war geöffnet und Hagler konnte Vögel zwitschern hören. In einem Einzelbett lag ein sehr alter Mann, der seinen Besucher mit wachen Augen anblickte. Zwei Schläuche führten in seine Nase und versorgten den Kranken mit Sauerstoff aus einer großen, blauen Stahlflasche, die neben dem Bett stand.

„Ich bin Samuel Kinderman. Setzen Sie sich bitte, Herr Hauptkommissar." Er deutete auf den Sessel, der vor dem Fenster stand.

Er sprach leise, atmete schwer und röchelnd, aber sein Deutsch war gut verständlich. „Haben Sie Ihren Dienstausweis dabei?"

Damit hatte Hagler nun gar nicht gerechnet. Zum Glück, einfach aus Gewohnheit, hatte er ihn eingesteckt. Er holte ihn heraus und reichte dem Kranken den Ausweis. Der schaute sich diesen genau an, dann gab er ihn zurück.

„Ist der Anwalt aus Boston, dieser Mr. Kinderman, mit Ihnen verwandt?", wollte der Polizist wissen.

Der alte Mann im Bett nickte. „Er ist unser Sohn. Der Einzige, der uns geblieben ist. Der Krieg in Vietnam hat großes Leid in viele Familien getragen. Auch in meine, Herr Hauptkommissar." Er schwieg einen Moment. „Oder soll ich Herr Hagler zu Ihnen sagen?"

„Das wäre mir lieber, Herr Kinderman. Warum haben Sie mich hergebeten?"

„Das möchte ich Ihnen jetzt alles erzählen. Haben Sie Zeit für mich?"

Hagler nickte. „Dafür bin ich extra aus Regensburg nach Boston gekommen."

Der Kranke drückte auf einen Schalter an der Seite des Betts. Das Kopfende surrte nach oben und brachte ihn in eine fast sitzende Position. „Ich heiße Samuel Ari Kinderman und wurde neunzehnhundertsiebenundzwanzig in Ungarn geboren. Meine Eltern waren deutsche Juden. Damals schrieben wir Kindermann noch mit zwei n. Wir lebten in Budapest, weil mein Vater dort eine gutgehende Tuchweberei besaß. Wir fühlten uns als Deutsche, wir lasen deutsche Klassiker und hörten klassische Musik. Im Jahr 1941 enteigneten die Ungarn meine Familie, ließen uns aber in Ruhe. Anfang 1944 kam eine nazifreundliche Regierung an die Macht und die Deutschen beschlossen, die ungarischen Juden zu deportieren und auszulöschen. Meine Eltern wurden abgeholt und ich habe nie wieder von ihnen gehört. Meine beiden jüngeren Schwestern und ich wurden im Juni 1944 zum Arbeiten ins KZ Flossenbürg gebracht. Die beiden Mädchen überlebten die Anstrengungen nur wenige Wochen. Ich aber hatte Glück und fand Arbeit in der Verwaltung, weil ich Deutsch, Ungarisch, Englisch und auch etwas Russisch sprach."

Der alte Mann hustete und sank erschöpft zurück. Seine Hand suchte nach einem Kabel, an dessen Ende ein roter Knopf angebracht war, den er drückte. Wenige Sekunden später erschien eine junge Frau in einer Schwesterntracht. Sei grüßte leise und verabreichte dem Kranken routiniert eine Spritze. Mit einem „Goodbye", ging sie wieder.

„Warten Sie bitte einen Moment, bis die Spritze wirkt", flüsterte der Kranke. „Es dauerte nicht lange." Er schloss seine Augen.

Hagler sah durch das Fenster zu den Bäumen hinüber. Ein großer Vogel, der durch die Äste turnte, erregte sein Interesse. Es war ein Specht. Der hämmerte gegen einen dicken Ast und die Späne flogen nach allen Seiten.

„Es geht mir jetzt wieder besser." Kindermans Stimme klang wieder fester. Er hatte seine Augen geöffnet und schaute Hagler an. „Ich möchte fortfahren."

„Bitte. Aber wenn es Sie zu sehr anstrengt, lassen Sie mich es wissen", antwortete Hagler.

„Als sich die Amerikaner näherten, wurden wir von Flossenbürg aus zu Fuß nach Süden getrieben. Wer nicht mehr weitergehen konnte, den erschossen die Wachmannschaften. Ich war relativ kräftig und überstand den Marsch. Am 19. März 1945 erreichten wir, das heißt rund vierhundert

Häftlinge, Regensburg. Wir wurden im Ortsteil Stadtamhof, direkt an der Steinernen Brücke, in einem Gasthof, dem Colosseum, im ehemaligen Tanzsaal im ersten Stock untergebracht."

„Ich kenne die Geschichte", unterbrach ihn Hagler. „Heute gibt es dort einen Gedenkstein."

Der alte Mann wedelte mit der Hand. „Ich habe ihn gesehen. Er ist nur ein halbherziger Alibistein. Ein schwaches Bild, mit dem die Stadt Regensburg sich dort präsentiert."

Insgeheim stimmte ihm Hagler zu. Er beschloss, sich aber eines Kommentars zu enthalten. Schließlich war er Beamter. Später, als er wieder in der Domstadt war, ärgerte er sich über sein Schweigen.

„Flossenbürg war die Hölle", fuhr Kinderman fort. „Aber das Außenlager Regensburg war schlimmer. Lassen Sie mich Ihnen schildern, was ich dort erlebt habe."

Es war draußen noch dunkel. Mit einem Knall sprang die Tür auf, das funzlige Licht wurde eingeschaltet. Mehrere SS-Aufseher scheuchten die Häftlinge brüllend und mit Stockschlägen von ihrem kargen Lager. Über dreihundert Häftlinge lagen dicht an dicht auf fauligen, stinkenden Sägespänen in dem ansonsten leeren Saal.

„Hoch, ihr faulen Schweine!", brüllte ein älterer SS-Mann. Sein junger Kollege schwang seinen Stock und traf den Rücken eines Unglücklichen, der nicht schnell genug hochkam. Als der umfiel, prasselten weitere Schläge auf ihn nieder. Sein Körper zitterte, dann lag der Mann, ein Holländer, still. Ein Opfer mehr, aber das kümmerte hier niemanden. Die anderen Häftlinge waren froh, dass es nicht sie erwischt hatte und für ihre Peiniger war es ein Stück Dreck weniger, dem sie Essen geben mussten.

„Eines Tages bringe ich Hooknose um!", flüsterte Samuel.

„Und wenn du es nicht schaffst, werde ich es tun", flüsterte Zoltán zurück.

Sie nannten den jungen SS-Mann Hooknose, Hakennase, weil sein Zinken im Gesicht so gebogen war wie der Schnabel eines Raubvogels. Außerdem war sein linkes Ohr verkrüppelt und darunter schien der Siebzehnjährige aus der Ukraine zu leiden. Seinen Minderwertigkeitskomplex kompensierte er durch sein brutales Verhalten gegenüber den Häftlingen. Neben dem Kommandoführer, SS-Obersturmführer Plagge, war er der am meisten gefürchtete Aufse-

her im Colosseum. Er hatte mindestens zehn Häftlinge durch Schläge mit seinem Knüppel getötet.

Es war der 22. März 1945. Die Engländer hatten in der Nacht wieder den Bahnhof bombardiert und nach einer dünnen Suppe, die sie hastig im Stehen einnehmen mussten, wurden die Häftlinge in zwei langen Reihen zum Bahnhof geführt. Dort mussten sie die Gleise ausbessern und Blindgänger entschärfen und wegräumen.

Einer der Wachen teilte die Arbeit ein. Sein Knüppel zeigte auf Samuel: „Du räumst den Schutt auf der Treppe weg."

Samuel atmete tief durch. Der Aufseher, ein älterer Rumäne, mochte ihn. Er bekam immer die leichteste Arbeit zugeteilt.

„Die anderen räumen die Trümmer von den Gleisen und suchen nach Blindgängern!"

Stumm schleppten sich die Häftlinge zu ihren Arbeitsstellen. Die Bahnarbeiter warteten schon auf sie, um die Gleisanlagen wieder instand zu setzen.

Am Nachmittag passierte es: Zoltán und drei weitere Häftlinge mussten eine Bombe entschärfen, die mit einem Zeitzünder versehen waren. Es gab einen fürchterlichen Knall und dort, wo vorher die vier Männer in der gestreiften Kleidung gestanden hatten, gähnte nun ein tiefer Krater.

Der Explosionsdruck schleuderte Samuel die Treppe hinunter, die er fast vom Schutt befreit hatte. Als er sich wieder aufrappelte, sah er hinter sich in der Wand ein kleines Loch von der der Größe, dass sein Kopf gerade durchpasste. Dahinter lag ein dunkler Raum. Er besaß keine Lampe und konnte deshalb nicht sehen, was sich in ihm verbarg.

Am Abend waren die Wachen ungewöhnlich unruhig. Sie standen in kleinen Gruppen zusammen, hatten ihre Waffen geschultert und ihre Tornister gepackt. Der Wagen von Obersturmführer Plagge stand vor dem Colosseum. Die Wachen trieben die hungrigen Häftlinge, ohne die Abendsuppe auszugeben, die Treppe hinauf. Kaum lagen die erschöpften Häftlinge in ihrem Schlafraum, wurden sie durch das übliche Geschrei wieder hochgejagt.

„Draußen aufstellen!", brüllten die Aufseher und eine halbe Stunde später führte man alle gehfähigen Häftlinge in zwei langen Kolonnen über die Steinerne Brücke, durch die Stadt bis zum Bahnhof und von dort ging es nach Westen.

„Die Amerikaner kommen", flüsterte ein Häftling, der ganz vorne ging. „Ich habe die SS-Leute darüber reden gehört. Sie stehen vor der Stadt."
„Uns wird man töten. Wir müssen verschwinden", flüsterte ein anderer.
„Und wo willst du hin? In dieser Kleidung können wir uns nicht verstecken. Vielleicht können wir später in einem Waldgebiet fliehen."
Die erschöpften Männer stolperten in der Dunkelheit weiter. Hinter ihnen knallte es zweimal. „Denen geht es jetzt besser als uns", flüsterte ein Häftling.

Kinderman schwieg einen Moment und Hagler merkte, wie sehr die Erinnerungen dem alten Mann zu schaffen machten.

„Ich wollte nicht weiterlaufen", fuhr er mit brüchiger Stimme fort. „Am Bahnhof war es stockdunkel. Und als vor mir zwei Häftlinge zusammenbrachen und die Wachen sie erschossen, nutzte ich die Gelegenheit, verschwand auf dem dunklen Bahnhofsgelände, rannte die Treppe runter und zwängte mich durch das kleine Loch in den dunklen Raum. Es war ein Heizungsraum und in einem großen Behälter waren ein paar Liter rostigen Wassers. Das rettete mein Leben."

„Und was passierte dann?", fragte Hagler.

„Drei Tage später, am Nachmittag des 26. April 1945, entdeckten mich zwei GIs, als sie nach versteckten deutschen Soldaten suchten. Die Amerikaner gaben mir zu essen, versorgten mich medizinisch und später durfte ich in die USA einreisen."

Der Kranke schwieg. Er schien völlig erschöpft zu sein.

Die Krankenschwester kam und bat den deutschen Polizisten, Mr. Kinderman jetzt schlafen zu lassen. Er solle am nächsten Tag wiederkommen.

Am nächsten Morgen klingelte Hagler um Punkt zehn Uhr an der Haustür. Mrs. Kinderman öffnete ihm. „Kommen Sie herein, Mr. Hagler. Sie trinken sicherlich eine Tasse Tee mit mir. Mein Mann wird gerade gewaschen und angezogen."

Sie ging voran.

Sie saßen am Küchentisch, tranken Tee und schauten zu den Bäumen hinüber. Über ihnen hörten sie Geräusche.

„Mein Mann lässt sich heute in den Rollstuhl helfen. Er möchte am Fenster sitzen."

Hagler setzte seine Tasse ab. „Verstehen Sie Deutsch?", fragte er in seiner Muttersprache.

Mrs. Kinderman starrte ihn an. Sie überlegte lange. „Ja, ich spreche Deutsch."

Ihr amerikanischer Akzent war unüberhörbar. „Aber ich habe diese Sprache seit über fünfzig Jahren nicht mehr gesprochen." Sie beugte sich vor. „Aber ich habe heimlich viele deutsche Bücher gelesen. Bitte erzählen Sie es niemandem."

Hagler lächelte. „Nein, das werde ..."

Es klopfte an der Tür. Es war die Krankenschwester. „Mr. Kinderman ist bereit für Sie, Sir."

Samuel Kinderman saß in seinem Rollstuhl am Fenster und schaute hinaus. „Bitte setzten Sie sich in den Sessel."

Hagler nahm Platz. „Wie geht es ihnen heute?"

Kinderman drehte sich zu ihm um. „Ich bin heute Morgen aufgewacht. Ich lebe und werde vielleicht den Abend erleben. Also geht es mir gut."

„Was fehlt Ihnen, Herr Kinderman? Oder ist meine Frage zu indiskret?"

„Nein. Ich habe Krebs. Überall im ganzen Körper. Noch maximal einen Monat geben mir die Ärzte. Aber jetzt sollten wir weitermachen, bevor ich wieder zu schwach und müde werde."

Hagler öffnete seinen Notizblock und legte den Kugelschreiber bereit. „Ich höre."

Kinderman schloss das Fenster und drehte seinen Rollstuhl. „Ich erfuhr im Sommer, dass ich sehr krank war. Die Ärzte päppelten mich auf und meine Frau und ich beschlossen, noch einmal in das Land unserer Väter, nach Deutschland, zu reisen. Wir buchten eine Flusskreuzfahrt auf der Donau von Passau nach Würzburg. Am 23. und 24. Dezember lagen wir in Regensburg. Wir besuchten den Christkindlmarkt im fürstlichen Schloss und bummelten durch die wunderschöne Altstadt. Als es dunkel wurde, klagte meine Frau, dass sie müde sei und ich brachte sie zurück zum Schiff."

Er schwieg und sein Blick wanderte in die Ferne. Nach einer Weile hatte er seine Gedanken wieder gesammelt. „Und ich musste das tun, was ich mir vorgenommen hatte. Ich musste zum Colosseum. Ich wollte Gott dort danken, dass ich diesen schrecklichen Ort überlebt hatte. Ich lief also los. So gut, wie ein alter, krebskranker Mann eben loslaufen kann."

Der alte Herr verharrte kurz unter dem Brückenturm und blickte nach Stadtamhof hinüber. Er hatte sich davor gefürchtet, die Brücke zu überqueren, aber jetzt, als sie vor ihm lag, schien es ihm nichts mehr auszumachen. Vorsichtig tat er den ersten Schritt, dann den zweiten. Es regnete leicht und es wehte ein unangenehmer Nordwestwind. Ihn fröstelte und er zog seine Mütze tief in die Stirn. Es befanden sich kaum Leute auf der Brücke. Die wenigen waren Passagiere von den Schiffen, die unterhalb der Brücke festgemacht hatten. Sie standen an den Brüstungen und schauten ins Wasser hinab. Ein Mann kam ihm auf der Mitte der Brücke entgegen. Er war größer als der alte Herr, ging leicht gebeugt und hinkte etwas. Als das Licht der Lampen am Brückenturm auf sein Gesicht fiel, erkannte der alte Herr ihn wieder. Er konnte sich gar nicht irren: diese Hakennase, das verkrüppelte linke Ohr unter dem breitgekrempelten Hut. Es gab keinen Zweifel. Es war Hooknose, der Mörder.

Er kam aus Stadtamhof, ging an dem alten Herrn vorbei und bog nach rechts in Richtung Fischmarkt ab.

Das Wiedererkennen löste in ihm keinen Schock aus, keine Angst oder Beklemmung. Nur Empörung. Empörung darüber, dass Hooknose hier sein konnte. Hatte man ihn nicht gefasst? Nicht verurteilt und gerichtet? Und was hatte er in Stadtamhof gemacht? Den Ort seiner Verbrechen aufgesucht! Die Empörung wandelte sich in Wut.

Der alte Herr folgte ihm, überholte ihn und zog ihn am Arm. „Bleiben Sie stehen! Ich muss mit Ihnen reden", sagte er auf Russisch. Seine Stimme klang zornig.

Hooknose drehte sich um. Er sprach Deutsch. „Was bilden Sie sich ein? Fassen Sie mich nicht an! Ich habe keine Zeit. „Er riss sich los und ging weiter. Für jemanden, der Mitte achtzig war, legte er ein erstaunliches Tempo vor."

Sein Verfolger hatte Mühe nachzukommen. In der Keplerstraße hielt Hooknose plötzlich an und dann leuchtete eine kleine Flamme auf. Er hatte sich eine Zigarette angezündete.

Der Verfolger erreichte ihn erneut, legte eine Hand auf dessen Schulter. „Warten Sie doch." Diesmal sprach er Deutsch. „Sie waren einer der SS-Wachen im Colosseum. Wir nannten Sie Hooknose."

Der fegte die Hand von seiner Schulter. „Lassen Sie mich in Ruhe! Sonst ..."
Er lief wieder los, aber sein Verfolger ließ nicht locker. Am Eisernen Steg holte er ihn erneut ein und folgte Hooknose die Stufen hinauf.
Wieder drehte der sich zu seinem Verfolger um. „Verschwinden Sie endlich! Ich kenne Sie nicht und ich habe keine Lust, mich mit Ihnen zu unterhalten. Lassen Sie mich ..."

Kinderman schwieg und starrte Hagler ins Gesicht. „So wurde ich zum Mörder."

Der Polizist beendete seine Notizen. Dann blickte er auf. „Ich bin kein Richter, Herr Kinderman. Aber nach deutschem Recht gilt das als Totschlag. Und wenn Sie einen guten Rechtsanwalt haben, plädiert der auf Notwehr. Sie hatten einen Mörder vor sich, der Sie die Steinstufen hinabgestoßen hatte und gingen davon aus, dass er Sie töten würde, damit Sie ihn nicht verraten. Man würde Sie freisprechen." Er klappte sein Notizbuch zu.

„Was werden Sie jetzt machen, Herr Oberkommissar?", fragte Kinderman.

„Ich schreibe heute im Hotel ein Vernehmungsprotokoll. Ich komme morgen wieder und Sie unterschreiben es. Damit ist die Sache erledigt und wir schließen den Fall."

Hagler erhob sich. Er bemerkte, dass der Kranke große Schmerzen zu haben schien. Er war weiß wie die Wand und sogar aus seinen Lippen war jedes Blut entwichen.

Kinderman reichte ihm seine Hand. Sie war schmal, kalt und die Haut fühlte sich an wie Pergamentpapier. „Was denken Sie jetzt von mir, Herr Hauptkommissar?"

Hagler sagte es ihm.

Kurz vor Mitternacht klingelte das Telefon in Haglers Hotelzimmer. Es war der Rechtsanwalt aus Boston, der Sohn. „Mein Vater ist vor einer Stunde gestorben", berichtete er.

Hagler hörte ihn schluchzen. Er wartete einen Augenblick. „Ich möchte Ihnen und ihrer Familie mein Beileid aussprechen."

Der Sohn legte auf.

Am folgenden Abend saß Hagler zehntausend Meter über dem Atlantik in einer Maschine der Lufthansa und starrte durch das Fenster in die Nacht hinaus. Sie flogen über den Wolken und der Himmel war übersät mit Sternen.

Er dachte an den alten Mann, der glaubte, ein Mörder zu sein. „Ich kann Sie nicht verurteilen, für das was Sie getan haben, Herr Kinderman", waren seine letzten Worte an den Todkranken gewesen. „Ich hätte sogar dreimal zugeschlagen."

Im März 1945 wurden Häftlinge aus dem KZ Flossenbürg nach Regensburg getrieben; sie mussten am 19. März 1945 in der Gaststätte Colosseum in Stadtamhof das letzte Außenlager des KZ Flossenbürg errichten. Als die Amerikaner sich von Norden der Stadt Regensburg näherten, wurde das Lager in der Nacht vom 22. auf den 23. April 1945 geräumt und die Überlebenden nach Westen geführt.

SS-Obersturmführer Plagge wurde im Mai 1945 festgenommen, nach Polen ausgeliefert und dort zum Tode verurteilt. Er wurde am 24. Januar 1948 durch den Strang hingerichtet.

Nach meinen Recherchen gibt es mehrere Familien mit dem Namen Kinderman in den USA, aber keine in Boston.

Eynatten

Stellen Sie sich vor, Sie erben einen schönen Batzen Geld. Sie können es ausgeben, in den Safe packen, auf Ihr Sparbuch einzahlen oder bei Ihrer Hausbank anlegen. Die mickrigen Zinsen sind niedriger als die Inflationsrate und Geld anlegen ist so eine Sache für sich. Die Kurse gehen abwärts, Firmen in Konkurs, Dividenden fallen aus und, wenn Sie Pech haben, hat sich Ihr Guthaben bald halbiert.

Es sei denn, Sie legen Ihr Geld bei der Filiale der LAB, der Liechtensteinischen Anlage- und Vermögensverwaltungsbank, an. Wie? Sie kennen die Filiale der LAB in Regensburg nicht? Sie liegt im Obergeschoss einer herrschaftlichen Villa am Stadtpark. Ganze fünf Mitarbeiter verwalten die Einlagen. Diese sind in Fonds angelegt, die seit mehr als zwanzig Jahren jährlich eine Rendite von mindestens fünf Prozent erwirtschaften. Das wird Ihnen übrigens garantiert: durchschnittlich fünf Prozent per annum über einen Zeitraum von fünf Jahren. Jetzt wollen Sie natürlich sofort zu dieser Bank und Ihr Geld auch dort unterbringen. Ich gebe Ihnen gerne die Adresse. Bloß hat die Sache einen Haken: Die Mindestanlagesumme beträgt fünfzig Millionen Euro.

Der Filialleiter der Bank war Dr. Manuel Schmittleitner. Er, seine Frau Lea und ihr siebenjähriger Sohn Noah verschwanden im letzten Juni und ließen verunsicherte Kollegen, weinende Familienmitglieder und ratlose Freunde zurück. Und die Polizei steht, nach mehr als einem halben Jahr, noch immer vor einem Rätsel.

„Lea, heute spielen die Bayern gegen Atlético Madrid. Bernd und Sebastian kommen gleich und wir werden uns zusammen das Spiel anschauen. Musst du unbedingt heute in deine Yoga-Stunde?"

„Natürlich muss ich das!" Lea, seine Frau, schob angriffslustig ihre Unterlippe vor. Ihre Augen funkelten und sie holte tief Luft.

Schmittleitner kannte das. Wenn er jetzt nicht seinen Mund hielt, gab es Krach. Wenn Lea sich etwas vornahm, zog sie das durch und ihm blieb nichts anderes übrig als nachzugeben. Wie üblich! Insgeheim fluchte er.

„Bei Yoga zählt die Kontinuität. Unterbrechungen werfen einen zurück. Kon-ti-nui-tät …", sie buchstabierte das Wort fast, „ist unabdingbar, um die nächsthöhere Ebene zu erreichen. Du wirst doch wohl nicht glauben, dass ich wegen eures blöden Fußballspiels zuhause bleibe." Lea stieg aus ihrem Rock.

Auch wenn er jetzt nicht wollte, musste Manuel ihr festes, kleines Hinterteil bewundern. Jetzt zog sie auch noch den Pullover über ihren Kopf und er schielte auf ihren Busen. Ihre Figur war trotz der Schwangerschaft noch immer sehenswert.

Sie legte Rock und Pullover über ihren Arm und verschwand im Bad. In zwanzig Minuten würde sie wieder erscheinen: Erstklassig geschminkt und in knapp sitzende, farblich aufeinander abgestimmte Sportkleidung gewandet. Warum sich seine Frau für den Yoga-Abend immer so aufbrezelte, hatte Schmittleitner bisher noch nicht ergründen können.

Er drehte sich um, als er hörte, wie am Ende des Flurs die Kinderzimmertür geöffnete wurde. Noah stand dort und hielt seinen Teddy im Arm.

„Geht Mami heute wieder zum Sport?", wollte er wissen.

„Ja, mein Schatz. Heute ist Mittwoch und mittwochs geht Mami doch immer zum Yoga." Er ging zu seinem Sohn und nahm ihn auf den Arm. „Das weißt du doch, Noah."

„Ach Mann", meinte der. Seine Stimme klang weinerlich. „Mami liest mir doch jeden Abend Geschichten vor und dann kuscheln wir noch etwas."

„Ich lese dir auch eine Geschichte vor. Aber heute nur eine kurze. Bernd und Sebastian, du kennst sie ja, kommen und wir schauen uns Fußball an. Die Bayern spielen heute." Er setzte seinen Sohn wieder ab.

„Blöder Fußball. Ich mag keinen Fußball." Noah ließ seinen Kopf hängen und verschwand wieder in seinem Zimmer.

Schmittleitner seufzte. Sein Sohn war ein Mamikind. Wenn ihn Lea nicht zu Bett brachte, ihm nicht mindestens eine halbe Stunde eine Geschichte erzählte und sich danach noch zu ihm ins Bett legte, hatte der Junge Probleme einzuschlafen und wollte nicht in seinem Zimmer bleiben. Und ausgerechnet heute, wenn seine beiden Kollegen zum gemeinsamen Fernsehabend kamen, musste Lea zum Yoga-Kurs. Er ahnte: Das würde wieder ein Theater geben!

Die Badezimmertür öffnete sich und Lea kam heraus. Sie eilte ins Kinderzimmer und Schmittleitner hörte sie und Noah miteinander flüstern.

„Tschüss, mein kleiner Liebling." Sie erschien wieder, drückte ihrem Mann im Vorbeigehen einen gehauchten Kuss auf die Wange und eilte die Treppe hinunter. Unten im Flur raschelte die Designerjacke, der Schlüsselbund klimperte und schon war sie weg. Draußen sprang der Achtzylinder des BMW X5 an, der Wagen rauschte aus der Einfahrt und bog auf die Straße ab. Natürlich gab sie Vollgas. Wie immer.

Schmittleitner schaute auf seine Rolex: Neunzehn Uhr. „Geh ins Bad, Noah", rief er.

Gehorsam tat der Junge, was ihm sein Vater auftrug.

Neunzehn Uhr fünfunddreißig. In zehn Minuten kommen die beiden, dachte er. „Wo bleibst du Noah?"

„Bin schon da, Papi." Der Junge hüpfte in sein Bett, zog seinen Teddy heran und deckte sich bis zum Hals zu. „Jetzt musst du mir vorlesen, Papi." Er roch frisch und sauber nach Seife und Zahnpasta.

Papi hatte schon das Märchenbuch geöffnet und die kürzeste aller Geschichten herausgesucht: *Das Mädchen und der kleine Hund.*

„Die ist blöd. Die kenne ich schon", maulte Noah, als er die Überschrift hörte.

Aber es half nichts. Papi hatte sie ausgewählt und, als er den letzten Satz las, ging unten die Klingel. „Sie sind da. Ich muss jetzt runter. Schlaf schön, mein Sohn." Er küsste ihn auf die Stirn, schaltete das Licht aus und zog die Tür hinter sich zu.

Unten gab es ein großes Hallo, während der Junge in seinem Bett lag und leise vor sich hinjammerte: „Du hast mir versprochen, dass wir noch kuscheln, Papi."

Der Anstoß erfolgte pünktlich um acht. Die ersten Schlucke eiskalten Biers rannen die Kehlen hinunter und die Hände griffen in die bereitgestellten Schüsseln mit Knabbereien.

„In der Pause bringt der Catering-Service die Häppchen. Dann gibt es ein paar nette Kleinigkeiten." Das hört sich gut an, Manuel", grinste Bernd.

„Papi, ich kann nicht schlafen. „Noah stand urplötzlich neben seinem Vater. „Du hast nicht mit mir gekuschelt."

„Rabenvater!", kommentierte Sebastian und öffnete die zweite Flasche Beck's.

„Komm, ich bringe dich wieder ins Bett, Noah. Wir kuscheln auch noch etwas." Tief seufzend und fast schon verärgert erhob sich Schmittleitner.

Noah schien erleichtert zu sein. „Danke, Papi."

Schmittleitner nahm seinen Sohn auf den Arm und trug ihn in das Kinderzimmer. Er drückte den Jungen kurz an sich und legte ihn hin. „Jetzt gib bloß Ruhe", dachte er.

„Du musst auch mit in mein Bett kommen, Papi", flüsterte Noah.

Unten schrien seine Freunde „Tooor!"

Die Bayern führten 1:0. Und er hatte das Tor verpasst.

„Noah, du wirst jetzt schlafen." Schmittleitner versuchte, eine gewisse Strenge in seine Worte zu legen. „Meine Freunde sind da und ich muss mich um sie kümmern. Schlaf jetzt bitte. Sei ein braver Junge."

Noah fing an zu weinen. „Du hast es doch versprochen, Papi. Du musst in mein Bett kommen. Wenn wir nicht kuscheln, kann ich nicht einschlafen."

Schmittleitner holte tief Luft.

Von unten schrie Sebastian: „Manuel, Elfmeter für die Bayern. Komm schnell!"

Und sein Sohn heulte.

„Also Noah, wenn du jetzt nicht sofort schläfst, dann kommen die ...", Schmittleitner überlegte. „Dann kommen die Eynatten und nehmen dich mit."

Das Weinen verstummte sofort.

„Sind die schlimm, Papi?", flüsterte der Junge.

„Sehr schlimm, Noah."

„Schlimmer als der Fiskus?"

Schmittleitner stutzte. Woher kann der Junge den Begriff? „Wie kommst du darauf, Noah?"

„Du hast doch vorige Tage zu Mutti gesagt, *der Fiskus frisst uns auf.*"

Jetzt musste Schmittleitner grinsen. „Stimmt, mein Sohn. Der Fiskus ist schlimm, aber die Eynatten sind noch viel schlimmer. Schlaf jetzt oder sie kommen dich holen."

„Ja, Papi. Ich schlafe jetzt bestimmt, Papi."

„Dann sei schön brav." Schmittleitner löschte das Licht und verließ das Kinderzimmer. Er musste einen Moment überlegen, bis er darauf kam, woher er den Begriff Eynatten kannte. Das war doch die Ausfahrt an der belgischen Autobahn, direkt hinter der deutschen Grenze. Immer, wenn er nach Brüssel musste, fuhr er daran vorbei. Er kicherte. Mal gut, dass ihm das Wort eingefallen war.

Als er die Treppen hinuntereilte, brüllten seine Freunde wieder „Tooor!" Er hatte das 2:0 auch verpasst. So ein Mist!

Oben lag ein kleiner Junge in seinem Bett und zitterte vor Angst. Erst wollte er aufstehen und unter dem Bett und im Schrank nachschauen, ob dort die Eynatten waren. Sie sahen sicherlich schrecklich aus: groß, mit schwarzem Fell, dicken Hörnern und langen, spitzen Zähnen. Noah verkroch sich unter die Decke und zog den Teddy an sich. Vielleicht fanden die Monster ihn hier nicht. Er musste bloß ganz leise sein.

Als seine Mutter ihn am nächsten Morgen weckte, hatte der Junge in sein Bett gepinkelt.

Die Lehrerin, Frau Steinhaus-Miller, saß hinter ihrem Pult und schaute die beiden Schmittleitners von oben herab streng an. Die hockten in der ersten Reihe hinter einer Schülerbank und auf Stühlen, die für die erste Klasse vorgesehen waren.

„Die Leistungen von Noah gehen seit drei Monaten kontinuierlich zurück. Er ist fahrig, vergesslich und unkonzentriert. Einige Male ist er schon im Unterricht eingeschlafen. Ihr Sohn hatte das größte Potenzial in der Klasse, aber davon ist nur wenig geblieben."

Lea weinte und ihr Mann hockte wie ein Häufchen Elend neben ihr. Sie hatten nicht die geringste Ahnung, was mit Noah passiert war.

„Und woher kommt das?", schluchzte Lea.

„Es gibt viele Möglichkeiten", war die Antwort der Lehrerin. „Haben Sie Eheprobleme?"

Beide schüttelten synchron ihre Köpfe.

„Nach meiner Meinung hat der Junge ein traumatisches Erlebnis gehabt. Sie sollten einen Psychologen aufsuchen. Ich vereinbare einen Termin bei unserer zuständigen Schulpsychologin."

Die Schulpsychologin, eine überfordert wirkende Frau Mitte dreißig, wusste auch nicht weiter. „Ich kenne einen kompetenten Kollegen, der sich auf traumatische Störungen bei Kindern spezialisiert hat. Hier ist seine Adresse." Sie schob eine Visitenkarte über den Tisch. „Bestellen Sie ihm die besten Grüße von mir. Wir kennen uns noch von der Uni."

Eigentlich war der Psychologe ausgebucht. Aber auf dringendes Bitten der Eltern fand er, natürlich bei doppeltem Privathonorar, noch einen freien Termin. Sogar direkt am folgenden Tag.

Lea brachte ihren Sohn morgens in die Praxis in der Nähe des Doms. Sie lag im ersten Stock eines Geschäftshauses und bot einen Ausblick auf den Neupfarrplatz.

Nach der Anamnese musste Lea das Zimmer verlassen. Noah lag auf der Couch und hielt seinen Teddy im Arm.

Nach einer Stunde brachte der Psychologe den Jungen zu seiner Mutter in den Warteraum.

„Wie geht es dir, Noah?", fragte sie ängstlich.

„Gut", antwortete der. „Der Mann ist nett und ich habe fest geschlafen." Er gähnte ausgiebig.

Nach zwei weiteren Sitzungen bat der Psychologe die Eltern zu einem Gespräch. „Ich kann fast sicher sagen, dass hier keine klassischen Auslösefaktoren vorliegen. Kein Missbrauch, kein Ehekrieg. Der Junge wird nicht gemobbt und auch nicht geschlagen. Damit decken wir achtundneunzig Prozent der Faktoren ab."

Die Mutter atmete tief durch. „Und was hat er dann? Irgendetwas muss doch gewesen sein." Sie hielt ein zerknülltes, nassgeweintes Taschentuch in ihrer Hand.

Der Psychologe sah beide bedeutsam an. „Allerdings gibt es da eine Sache, die ich als auslösend klassifizieren kann. Noah hat Angst. Angst vor Ungeheuern, die er als *Eynatten* bezeichnet. Was immer das auch sein mag."

Dr. Manuel Schmittleitner merkte, wie er weiß im Gesicht wurde. Das Blut rauschte in seinen Ohren und ihn überbekam das Gefühl, gleich vom Stuhl zu rutschen. Jetzt fiel es ihm wie Schuppen von den Augen.

Mittlerweile blickte der Psychologe den Vater anklagend an. „In der Hypnose hat er erzählt, Sie hätten ihm mit den Eynatten gedroht, Herr Dr. Schmittleitner."

Und so kam alles raus.

„Jetzt kommt die Ausfahrt Lichtenbusch", erklärte Schmittleitner. „Direkt dahinter folgt die Grenze zu Belgien. Und dann nur noch wenige Minuten bis zur Ausfahrt Eynatten."

Lea drehte sich zu ihrem Sohn um. Der saß im Kindersitz auf der Rückbank. „Hast du gehört, was Papi gesagt hat, Noah?"

Der Junge nickte tapfer. Der *Züchologe* und Mami hatten ihm genau erklärt, dass Papi nur einen Witz gemacht hatte und dass Eynatten ein Dorf sei, in dem ganz normale Menschen wohnen. Und seine Eltern wollten ihm jetzt das Dorf und die Leute dort zeigen. Aber ganz überzeugt war er immer noch nicht.

Der BMW X5 verließ die Autobahn und bog nach links in Richtung Eynatten ab. Kurze Zeit später erreichten sie das Ortseingangsschild. Dort stand:

Gemeinde Raeren
Ortsteil Eynatten

„Lies vor, Noah", bat ihn Lea.

Noah konnte die Wörter tatsächlich korrekt vorlesen. Seine Mutter lobte ihn und Schmittleitner atmete tief durch. Was er in den letzten beiden Wochen zu hören bekommen hatte, ging auf keine Kuhhaut.

Er bremste vor einer Bäckerei ab. „Komm Noah, wir kaufen uns ein Stück Kuchen." Vater und Sohn stiegen aus und betraten das Geschäft. Sie kauften drei Vanillehörnchen.

„Sind Sie hier aus Eynatten?", fragte Schmittleitner die Dame hinter der Ladentheke.

„Ja sicher", antwortete die mollige, freundliche Frau. „Mein Mann ist der Bäckermeister und diese Bäckerei gibt es schon seit mehr als einhundert Jahren." Sie lächelte und schenkte Noah noch einen großen, roten Lolly.

Von der anderen Straßenseite wurde die Familie von einem Autofahrer beobachtet. Der fuhr los, als der Mann und der kleine Junge in den BMW stiegen.

„Die Frau war sehr nett", meinte Noah, als er wieder im Auto saß. „Sie war eine richtig nette Eynatte."

Schmittleitner und seine Frau schauten sich an und ihnen fielen dicke Steine vom Herzen.

„Jetzt schauen wir uns das Wasserschloss Haus Amstenrath an", sagte Lea. „Es soll sehr schön sein." Leider war das Wasserschloss wegen Renovierungsarbeiten geschlossen.

Auch hier interessierte sich der Autofahrer für das, was die deutsche Familie tat. Er gab Vollgas, als die Familie bemerkt hatte, dass man das Schloss nicht besichtigen konnte. Darauf hatte der Unbekannte gewartet.

„Lasst uns ein Stück weiterfahren", schlug Schmittleitner vor. „Hier in der Gegend gibt es viele Schlösser und Herrenhäuser."

Sie waren nur wenige Kilometer nach Süden gerollt, als sie am Straßenrand einen Mann stehen sahen, der ein Schild hochhielt:

Schlossführung
durch den Schlossherrn

Der Mann sprach mit einem deutlichen französischen Akzent, aber sein Deutsch war gut verständlich. Er stellte sich vor. Sein Name sei Monsieur de Gaston. Für zwanzig Euro würde er der Familie sein Schloss zeigen und einen Tee gab es gratis dazu.

Das Schloss lag ein wenig abseits der Straße in einem kleinen Wäldchen. Die lange Auffahrt war von Gras überwuchert und der Garten erschien den Besuchern ein wenig verwildert. Aber das Gebäude sah richtig romantisch aus.

„Das ist mein Zuhause", erklärte der Schlossherr. „Es heißt *Herrenhaus Braemstedt* und ich habe es vor zehn Jahren gekauft. Die Linie derer von Braemstedts war ausgestorben und die Erben wollte das Schloss nicht."
„Da möchte ich wohnen", freute sich Noah.
Monsieur de Gaston, nickte. „Das sagen viele Besucher."

Familie Schmittleitner wurde zuerst in die Bibliothek geführt. „Ich mache uns einen Tee und der Junge bekommt einen Saft", erklärte Monsieur de Gaston. „Schauen Sie sich ruhig um. Ich bin gleich wieder da."
Noah und seine Eltern waren von den Tausenden von Büchern, zumeist dicke, in Leder gebundene Folianten, sehr beeindruckt.
Der Schlossherr erschien nach wenigen Minuten mit den Getränken. Die Tassen waren aus hauchdünnem Porzellan und das Glas, in sich dem der Saft für Noah befand, bestand aus schwerem Bleikristall.
„Lassen Sie es sich schmecken", sagte Monsieur de Gaston.

Zwei Minuten, nachdem die Eltern den Tee getrunken hatten, sanken sie bewusstlos zu Boden. Noah schaute dem Geschehen voller Interesse zu. Seine Wangen waren rot und seine Augen glänzten, so als habe er hohes Fieber. „Die kuscheln", sagte er. Seine Stimme klang ungewohnt flach und er sprach langsam. So, als habe er zu viel Wein getrunken.
Den Schlossherrn überraschte das nicht. Die Opiate, die er in den Tee geschüttet hatte, wirkten schnell und legten die Opfer in der Regel mehr als drei Stunden flach. Und die Dosis LSD, die sich in dem Saft des Jungen befand, reichte aus für einen zwanzigstündigen Trip. Und wenn die Wirkung nachließ, würde der Junge sofort um neuen *Saft* bitten. Schon der erste LSD-Trip macht Kinder in dem Alter sofort süchtig!

Als die Eltern unter Stöhnen langsam wieder zu sich kamen, saßen sie auf zwei stabilen Holzstühlen in einer weiß verputzten Nische. Die war nur einen Meter tief und etwa eineinhalb Meter hoch. Beide waren kunstvoll an die Stühle gefesselt.
Monsieur de Gaston hatte einen großen, bequemen Sessel vor seine beiden Opfer geschoben und beobachtete ihr Erwachen. Noah saß auf seinem Schoß und fühlte sich warm und geborgen.

Serge, Noah durfte seinen neuen Vater Serge nennen, zeigte auf die beiden gefesselten Leute. „Kennst du sie, mein Sohn?"

Der Junge strengte sich an, aber soviel er auch nachdachte, er wusste nichts über die beiden. „Nein, Serge. Die kenne ich nicht. Sind sie Eynatten?"

Natürlich hatte er Serge von den Eynatten erzählt.

„Ja, das sind welche." Serge wartete einen Moment. „Sollen wir mit ihnen spielen?"

„Oh, ja." Noah klatschte in die Hände. „Welches Spiel machen wir denn?"

Lea war wieder in der Lage einigermaßen klar zu denken. Entsetzt beobachtete sie, dass Noah dem Mann anscheinend voll vertraute.

„Manuel!", schrie sie. „Tu doch was!"

Aber Manuel blickte nur einmal auf, dann würgte er krampfhaft, und gelber Speichel rann aus seinem Mund. „Lea, was ist passiert?", murmelte er. Wieder würgte er röhrend.

Der Schlossbesitzer und Noah beobachteten das interessiert. Noah kicherte, weil ihn Serge kitzelte.

„Können wir jetzt spielen?", bat Noah ungeduldig.

„Aber sicher, mein Junge."

Serge erhob sich, stellte den Jungen auf den Boden und zog ein Tuch von einem kleinen Tisch, der neben dem Sessel stand. Der Mann überlegte einen Augenblick, dann nahm er lächelnd eine große, funkelnde Schere.

„Wir spielen Friseur, Noah. Du darfst der Eynatte die Haare schneiden."

„Toll!" Noah nahm sie und trat neben seine Mutter.

„Noah, bitte sei ein lieber Junge und schneide Mami und Papi los. Bitte, Noah! Du bekommst auch ein Meerschweinchen. Das hast du dir doch schon so lange gewünscht. Bitte!", flehte Lea.

Sie schaute ihren Sohn an und erkannte ihn kaum wieder. Dieses rote Gesicht, diese komischen, glänzenden Augen. Das war doch nicht ihr Kind!

„Noah!", schrie sie entsetzt, als sich die Schere durch ihre Haare fraß.

Auch Schmittleitner war wieder voll bei Sinnen und starrte verzweifelt auf das, was Noah mit seiner Mutter machte. „Noah höre auf!", brüllte er.

„Wir wollen doch nicht so laut sein, mein Herr", meinte Monsieur de Gaston. Er griff ein Stück Tuch, stopfte es dem Mann in den Mund und klebte Panzerband darüber. Jetzt war er still.

Ritsch, ritsch. Die Haare segelten zu Boden und Noah schnipselte weiter ungeschickt an Leas Frisur herum. Blut tropfte aus kleinen Wunden, der der Junge mit der Spitze der großen, scharfen Schere verursachte. Dann erwischte er das linke Ohrläppchen und Lea kreischte los.

„Das gefällt der Frau", stachelte Serge den Jungen an. „Hör doch, wie sie lacht, Noah."

„Sie lacht aber sehr laut, Serge."

„Das macht nichts, mein Junge. Schneide die andere Seite auch, damit es schön gleichmäßig ausschaut."

Und schnipp, da fiel auch das linke Ohrläppchen runter.

Lea kreischt noch lauter, bis sie plötzlich verstummte und ihr Kopf auf die Brust sank. Sie war schlichtweg ohnmächtig geworden.

„Reicht das, Serge? Ist sie gut frisiert?" fragte der Junge. Er war ganz stolz auf sein Werk.

„Das hast du gut gemacht, Noah." Er streichelte dem Jungen über den Kopf. „Wollen wir noch ein Spiel machen?"

Monsieur de Gaston nahm vom Tisch zwei stabile Kabelbinder und zog sie mit aller Kraft um die Armlehnen und die Handgelenke von Noahs Vater. Der erzeugte undeutliche, dumpfe Töne unter dem Knebel.

„Schau her, Noah. Die schauen aus wie blaue Würstchen." Er deutete auf die dicken, blau verfärbten Finger. „Braucht man dort dicke, blaue Würstchen?"

Noah schaute seine eigenen Finger. Die waren dünn und weiß. „Nein. Man braucht Finger und keine Würstchen."

„Du bist ein schlauer Junge, mein Sohn."

Monsieur de Gaston holte ein großes, elektrisches Tranchiermesser vom Tisch. Das Kabel war eingesteckt und er drückte auf den Einschaltknopf. Die gezahnte Klinge surrte und sägte hin und zurück.

„Damit kannst du die Würstchen wegschneiden."

Noah klatschte wieder in die Hände. „Oh ja, Serge. Das macht bestimmt Spaß!" Er nahm die Maschine.

Trotz des Knebels hörte man Schmittleitner brüllen.

Eine Stunde später schlief der Junge und Monsieur de Gaston machte sich seufzend daran, die ganze Schweinerei zu beseitigen. Der Mann und die Frau hingen stöhnend in ihren Stühlen und regten sich nicht.

„Hier trinken Sie etwas. Das wird Ihnen guttun", sagte der Schlossbesitzer und führte eine große Tasse erst an die Lippen der Frau. Dann riss er dem Mann das Klebeband ab und gab auch ihm zu trinken. Der Opiat-Tee wirkte sofort.

Monsieur de Gaston band die beiden los, legte sie auf den Boden und zog aus dem Nebenraum einen Wagen von der Art, wie man ihn in Baumärkten findet. Darauf waren Steine gestapelt und in einem Bottich befand sich Schnellmörtel. Ein Kübel Wasser wurde dazugegeben, mit einem Quirl rührte der Mann den Mörtel an und dann fing er an zu mauern. Er hatte schon oft Wände hochgezogen und Übung macht bekanntlich den Meister. Es dauerte nur etwas mehr als eine Stunde und die beiden Schmittleitners waren eingemauert. Ganz oben, in der linken Ecke, installierte er eine Infrarotkamera und ein Mikrofon. Solche Geräte waren heutzutage nicht größer als ein kleiner Finger. Zum Schluss verputzte er sorgfältig das letzte Luftloch und schloss die beiden Geräte an seinen Laptop an.

Um Mitternacht wachten die Eingemauerten in ihrer Gruft auf. Verzweifelt versuchten sie zu ergründen, wo sich befanden, aber soviel sie auch schrien und suchten, die Dunkelheit war perfekt und der Sauerstoff wurde schnell verbraucht. Noch bevor der Morgen graute, war es totenstill in der Totengruft.

Monsieur de Gaston speicherte den Film ab; es war der achte dieser Art.

Noah erwachte. Er wirkte verwirrt und ängstlich. „Ich brauche einen Saft", weinte er.

Der stand schon bereit.

Am Nachmittag war die neue Mauer verputzt, nachdem Kamera und Mikrofon entfernt worden waren. Monsieur de Gaston saß in seinem Sessel, Noah auf seinem Schoß.

„So ein lieber Junge", dachte der Mörder. „Hoffentlich verträgt er das LSD länger als der letzte Knabe. Aber im Falle seines Ablebens biete ich einfach wieder eine Schlossführung an. Vielleicht bekomme ich dieses Mal ein kleines Mädchen."

Der Beamer warf den Film der letzten Nacht auf die weiße Wand und Monsieur de Gaston betrachtete ihn vergnügt, während sich der Junge zufrieden an ihn lehnte.
Kuscheln war einfach schön!

Ich habe einige Jahre in Belgien gelebt und bin oft an der Ausfahrt Eynatten, die direkt vor der deutschen Grenze liegt, vorbeigefahren. Der Name dieser belgischen Gemeinde kam mir immer merkwürdig vor und inspirierte mich zu dieser Geschichte.
Eynatten ist ein belgisches Dorf und liegt rund acht Kilometer südlich von Aachen. Der Ort liegt in der deutschsprachigen Gemeinschaft, die eine der drei Gliedstaaten des belgischen Bundesstaates ist.

Der Primar

Bankräuber graben 30-Meter-Tunnel in Tresor
(Berlin) - Dieser Bankraub ist filmreif: Über einen 30 Meter langen Tunnel sind Unbekannte in eine Berliner Bankfiliale eingestiegen und haben im Tresorraum zahlreiche Schließfächer ausgeräumt.
Damit ist den Gangstern ein spektakulärer Coup gelungen. Nach ersten Erkenntnissen gruben die unbekannten Täter den 30 Meter langen Gang selbst, wie die Polizei am Montag mitteilte. Der Tunnel beginne mit einem Durchbruch in einer Tiefgarage hinter der Bank, bestätigte eine Sprecherin der Polizei der Nachrichtenagentur dpa. „Das war professionell aufgebaut", sagte sie.
Die Polizei ist sich sicher, dass ein solcher Tunnel nicht in einer Nacht zu buddeln ist. Vermutlich sei die Tat von langer Hand geplant gewesen. Der Bau könne Tage oder Wochen gedauert haben. In der Nacht zum Montag gelang den Einbrechern dann offenbar der Durchbruch in den Raum der Bank. Dort räumten die Täter private Schließfächer aus, wie die Sprecherin sagte. Sie konnten mit der Beute unerkannt fliehen. Wie viel Geld die Bande mitnahm, war zunächst unklar.
In der Tiefgarage gebe es einzelne Stellplätze, die mit Rolltoren abgetrennt und deshalb nicht von außen einsehbar seien. Von dort aus konnten die Täter offenbar unbehelligt graben und bauen.
(Aus: merkur-online.de, Münchener Zeitungs-Verlag GmbH & Co.KG, Paul-Heyse-Str. 2 - 4, 80336 München, vom 14.01.2013)

Es war Herbst in Regensburg. Das bedeutete Nebel, Feuchtigkeit und ein unangenehmer Wind aus dem Nordwesten. Der Mann saß im Stadtpark am Ententeich und fütterte die Wasservögel. Er schlang seinen Mantel enger um sich, denn ihn fröstelte und er hatte Angst. Tiefe, abgrundtiefe, schwarze Angst. Er wusste, dass was er tat, war strafbar. Aber er brauchte das Geld, um seine Spielschulden zu bezahlen. Die Russen kannten keine Gnade.

„Am nächsten Sonntag bekomme ich das Geld", hatte Juri gesagt. „Wir haben es dir auf Ehrenwort geliehen. Nur ein Prozent Zinsen pro Tag. Das ist großzügig. Sehr großzügig sogar."

Der Mann erinnerte sich an den spöttischen Blick des Russen. Und dann folgte die Drohung: „Aber wenn wir unser Geld nicht bekommen, besuchen wir dich und deine Familie. Wir sperren die Kinder in den Heizungskeller, haben ein wenig Spaß mit deiner Schlampe und hinterher tun wir dir weh. Sehr weh!"

Juri hatte gelacht und dem Mann seine schadhaften, braunen Zähne gezeigt.

Und morgen war Sonntag.

Plötzlich saß ein zweiter Mann auf der Bank. Er trug einen langen, warmen Mantel und eine dunkle Strickmütze, die er tief in sein Gesicht gezogen hatte.

„Hast du, was ich haben will?"

Wortlos gab ihm der Mann den 64-GB-Stick.

Der verschwand in der Manteltasche seines Nachbarn. „Hier ist das Geld. Es sind fünfzig Fünfhunderter."

Der Mann bekam einen dicken Umschlag gereicht.

„Ich hoffe, dass alles auf dem Stick ist. Wenn nicht, bist du tot."

„Ja, es ist alles drauf. Aber bitte sagen Sie niemandem, dass ich es Ihnen gegeben habe. Ich bin Beamter, habe Familie und, wenn man mich erwischt, fliege ich."

Sein Nachbar erhob sich. „Dann erwischt man uns alle. Wir landen im Knast und du auch. Wir überleben dort und du bist bald tot." Er drehte sich um und verschwand in der beginnenden Dunkelheit des späten Nachmittags.

Der Boss drückte auf die Fernbedienung und die Garagentür schwang auf. Er fuhr die schwere Mercedes-Limousine vorsichtig in die Garage. Hinter dem Wagen surrte die Tür wieder runter. „Komm mit", sagte er zu seinem Begleiter. „Vergiss den Laptop nicht."

Zehn Minuten später waren die anderen auch eingetroffen und saßen am großen Tisch im Esszimmer. Während der Boss alle Jalousien runterließ, schaltete der Ingenieur das nagelneue MacBook Pro und den Beamer ein und verband sie miteinander. Er steckte den Stick in einen USB-Anschluss und öffnete die Datei *rgbg-nord3*. Eine Karte erschien auf der weißen Wand.

Der Boss zeigte auf die Karte. „Hier verläuft die Nord-Südachse von Regensburg. Dort, in der Nebenstraße, liegt der lange Block, der in vier Blockabschnitte unterteilt ist. Im Erdgeschoss befinden sich Geschäfte, im ersten bis dritten Stock liegen Wohnungen der Stadtbau GmbH, die alle vermietet sind. Unser Ziel, die Volksbank, liegt hier am Ende des Ostabschnitts. Die Blocks wurden 1963 gebaut und seitdem nicht mehr modernisiert. Auch die Volksbank befindet sich noch in den Räumen von 1963. Die Innenwände der Bank wurden in den letzten Jahren verstärkt und gesichert, aber die Bodenplatte ist noch im Originalzustand."

„Woher hast du den Plan?", wollte der Zimmermann wissen.

Er und der Maurer waren Österreicher, der Ingenieur war Deutscher und der Bergmann kam aus Polen. Der Boss war Russe – ein hochgebildeter Mann mit Universitätsabschluss. Er sprach mehrere Sprachen fließend, sein Deutsch war fast akzentfrei. Die Männer redeten sich nie gegenseitig mit ihren Namen an.

„Ein Typ aus dem Bauamt hat sie mir besorgt. Ich musste fünfundzwanzigtausend investieren. Der Dummkopf hat Spielschulden bei der russischen Spielmafia. Da hatte ich leichtes Spiel."

„Wie kommt er an die Pläne?"

Der Boss lächelte: „Er digitalisiert im Landratsamt alle Pläne, auch die ganz alten. Er hat Zugriff auf alle Unterlagen. Aber jetzt lasst mich weitermachen."

Er zeigte mit einem Stab auf eine Seitenstraße. „Hier, das neunte Haus in der linken Reihe, dort wohnt jetzt der Ingenieur. Wir werden uns zukünftig dort treffen. Ich ziehe morgen hier aus." Sein Zeigestock wanderte zu einem anderen Haus auf der Karte. „Dieses Haus, hier an der Kreuzung, konnte ich für sechs Monate mieten. Es liegt genau hinter der Volksbank. Die Besitzer machen eine Weltreise. Vor dort aus graben wir uns vor."

„Scheiße!", sagte der Bergmann. „Das sind mindestens einhundert oder einhundertzwanzig Meter. In Berlin haben wir für dreißig Meter drei Monate gebraucht. Wie lange sollen wir da graben? Zwei Jahre?"

„Es sind einhundertfünfunddreißig Meter, wenn du es genau wissen willst. Aber passt mal auf." Er öffnete eine zweite Datei und positionierte die neue Karte neben der ersten. „Wie ihr seht, verläuft der Hauptsammler, also das Hauptabflussrohr aus den nördlichen Stadtteilen, unter dem Bürgersteig, direkt an dem angemieteten Haus vorbei. Das Rohr ist zwei Meter hoch und ungefähr einen Meter zwanzig breit. Wir stehen zwar bis zu den Knien im Dreck, können aber aufrecht arbeiten. Es unterquert hier die östliche Ecke der Bank. Somit liegt deren Bodenplatte teilweise über dem Hauptsammler. Wir müssen fünf Meter von der Garage des Hauses aus bis zum Hauptsammler graben und unter der Bank nur ein Loch nach oben bohren."

„Wer kann so doof sein und eine Bank über einem Abflussrohr bauen?" Der Bergmann schüttelte seinen Kopf.

„Wer so doof ist, der muss bestraft werden", lachte der Zimmermann.

In den nächsten fünf Stunden besprachen Sie alle Einzelheiten, erstellten Materiallisten, Zeitpläne und trugen in Google Maps mögliche Fluchtrouten ein.

Als sie fertig waren, klappte der Ingenieur seinen Laptop zu.

„Pass auf den Computer und den Stick auf. Wenn du die verlierst, und sie fallen in die falschen Hände, haben wir schnell die Bullen am Hals. Schließe alles im Tresor ein", ermahnte ihn der Boss.

„Habe ich schon jemals was verloren?", antwortete der beleidigt.

Der Ingenieur schloss gerade die Eingangstür hinter sich, als das Telefon klingelte. Es war Jenny.

„Hast du Zeit? Mein Alter musste eine Extratour nach Genua übernehmen. Er ist vor einer Stunde gestartet und kommt erst in zwei Tagen zurück."

Jenny war die schärfste LKW-Fahrerfrau, die er jemals kennengelernt hatte. Er schmiss die Laptoptasche auf den Tisch. „Ich bin in zehn Minuten bei dir, Jenny." Und schon war er wieder weg. Der Stick steckte in einem Seitenfach der Tasche.

Die beiden Männer fuhren schon seit zwei Tagen systematisch alle Straßen dieses Stadtviertels ab. Sie wussten genau, wonach sie suchen mussten: Jalousien, die auch am Tag nicht hochgezogen wurden, überquellende

Briefkästen und Laub vor den Haustüren. Die Bewohner dieser Häuser waren im Urlaub. Ihr Kastenwagen war mit großflächigen Aufklebern des „Hausmeister-Service Quick" beklebt. Angeboten wurden „Rasen- und Gartenpflege, Winterdienst, Entrümpelung und handwerkliche Dienste." Der Wagen war in Berlin gestohlen worden und das Regensburger Autokennzeichen stammte von einem Schrottplatz.

Dorin, der Beifahrer, notierte sich die Straße und die Hausnummern sowie alles Wichtige.

„Bist du fertig?", fragte Nicolae, der Fahrer.

„Ja. Fahren wir. Wir müssen Valeriu noch abholen."

In der Nacht brachen zwei der Männer in insgesamt sieben Häuser ein, während der Fahrer im Wagen auf sie wartete. Kein Einbruch dauerte länger als fünf Minuten und sie nahmen nur Geld und Schmuck mit. Im vorletzten Haus fanden Sie im Kleiderschrank einen kleinen Tresor, den sie mühelos aus der Schrankwand brachen. Er enthielt, wie sie später feststellten, zwei Pistolen und die passende Munition. Das letzte Haus war eine Enttäuschung. Kein Geld, kein Schmuck, nur eine Tasche mit einem Laptop, die auf dem Tisch lag. Besser als nichts dachte sich Nicolae und nahm sie mit. Er wusste genau, was ein neues 15" MacBook Pro wert war.

Der Kriminalpolizist schüttelte den Kopf. „Das ist eine rumänische Bande, mit der wir es schon seit drei Monaten zu tun haben. Wir wissen, dass die Bandenmitglieder in Nürnberg wohnen, wir kennen einige von denen mit Namen, aber wir können ihnen nie etwas beweisen. Ihre Vorgehensweise ist immer gleich. Sie kommen durch den Garten, schieben die Jalousien hoch, hebeln ein Fenster oder die Terrassentür auf und nach fünf Minuten sind sie wieder draußen. Sie wissen genau, wo sie suchen müssen. Normalerweise nehmen sie keinen Laptop mit. Seien Sie froh, dass man Ihnen nicht Ihr Geld geklaut hat."

Der Ingenieur war völlig fertig. „Ich bin Konstrukteur. Auf dem Laptop befinden sich wichtige Konstruktionszeichnungen."

Er wischte sich den Schweiß von der Stirn und ließ sich auf einen Stuhl plumpsen. „Habe ich eine Chance, mein Gerät zurückzubekommen?"

„Vergessen Sie es", meinte der Polizist. „Kaufen Sie sich am besten ein Neues. Ihr Apple ist schon in Rumänien und dort wird der Laptop zu Geld gemacht oder ausgeschlachtet."

Der Oberkommissar verabschiedete sich und ging zu seinem Wagen zurück. Die immer gleiche Art der Arbeit und die Erfolglosigkeit seines Teams machten ihm schwer zu schaffen.

„Du geiler Dummkopf!", brüllte der Boss. „Ich habe dir gesagt, du sollst auf das Ding aufpassen!"

Schwer atmend setzte er sich auf den freien Küchenstuhl.

„Was machen wir jetzt?" Die Stimme des Ingenieurs klang kläglich.

„Wir müssen die Typen finden. Sie sollen aus Nürnberg kommen?"

Der Ingenieur nickte.

„Ruf die anderen an. Wir treffen uns hier in zwei Stunden."

Der Boss stand auf und verließ das Haus. Er musste noch den Schlüssel des Hauses an den Makler übergeben.

Nach vier Tagen wussten die fünf Männer, wo die Rumänen in Nürnberg wohnten. Ein Polizist kassierte zehntausend Euro und versorgte sie mit den notwendigen Informationen. Die beiden *Residenten*, die örtlichen Vertreter des rumänischen *Domn*, des Gangsterbosses, fuhren PS-starke Audi A6. Sie teilten die Einbrecher in Gruppen ein, wiesen ihnen die Gebiete zu und rechneten nach den Einbrüchen ab. Sie erhielten die komplette Beute, zahlten die Männer aus, nahmen ihren vertraglich zugesicherten Anteil und transportierten die Hälfte der Beute nach Rumänien.

Es war ein einträgliches Geschäft für den *Domn*. Er verließ sein Heimatland nie. Wozu auch? Sein Clan arbeitete für ihn. Sehr erfolgreich sogar.

Der dunkle Ford Transit folgte dem Audi A6, in dem sich die Residenten befanden. Der Boss, der den Wagen fuhr, achtete sorgfältig darauf, dass sich immer zwei oder drei Autos zwischen ihnen und dem Audi befanden. Aber die Rumänen schienen arglos zu sein und unterhielten sich angeregt. Die Männer waren auf dem Weg zu einem Swinger-Club, in dem sie regelmäßig den Freitagabend verbrachten.

Auf dem Parkplatz vor dem Club benötigte Ingenieur nur wenige Sekunden, um den Sender und die kleine Sprengladung an dem Audi anzubringen. Jetzt mussten sie nur noch warten.

Kurz vor 23 Uhr verließen die Rumänen den Swinger-Club und stiegen in ihr Auto. Ihre Verfolger warteten schon auf sie. Auf Höhe eines kleinen Wäldchens explodierte die winzige Sprengladung und zerriss den vorderen rechten Reifen. Schlingernd brachte der Fahrer den Audi an einer Bushaltestelle zum Stehen.

„Scheiße, der Reifen vorne rechts ist hin", schimpfte er. „Hilf mit, wir müssen den Reservereifen montieren."

Die beiden stiegen aus. Ein Kastenwagen hielt neben ihnen. „Können wir helfen?", fragte der Beifahrer.

Drei Männer stiegen aus und ihre Elektroschocker legten die zwei Rumänen flach. Sie wurden in den Laderaum verfrachtet, dort geknebelt und mit Kabelbindern gefesselt.

„Sollten sie Ärger machen, haltet ihnen die Schocker an die Eier", rief der Boss nach hinten und trat aufs Gaspedal.

Die beiden Rumänen hatten das verstanden. Sie gaben dumpfe Geräusche von sich und rollten mit den Augen.

Vor einem Tor, das mit einer Kette gesichert war, hielt der Ford an. Das Schloss widerstand dem schweren Bolzenschneider nur kurz. Die Zufahrt zu dem ehemaligen Verwaltungsgebäude war frei und der Ford fuhr durch. Der Ingenieur schloss das Tor hinter ihnen und sicherte die Kette mit einem baugleichen Schloss. Wenn der Sicherheitsdienst in der Nacht die Kette überprüfte, sah alles normal aus.

Zwei Baulampen erhellten den schmutzigen Tisch. Die Rumänen saßen auf alten, wackeligen Stühlen und ihre Unterarme und Handgelenke hatten der Maurer und der Zimmermann auf der Tischplatte mit Edelstahlschellen fixiert.

Der Boss stellte die Lampen so, dass sie den Rumänen ins Gesicht schienen. Auf seinen Wink hin entfernte der Bergmann die Knebel.

Der Ältere der beiden hustete und spuckte einen Batzen Schleim aus. „Was wollen du von uns?", fragte er. „Du nicht weißt, wer wir sind. Mach los und nix passiert. Wir vergessen alles."

„Die Rumänen sind ein dummes, großmäuliges Volk von Schäfern", sagte der Boss leise. „Sie lügen, stehlen und lieben ihre Schafe mehr als ihre Frauen. Das riecht man auch. Alle Schafficker stinken und ihr stinkt auch."

„Was wollen die deutschen Arschlöcher? Gib ihm das Geld, damit sie uns in Ruhe lassen", sagte der Jüngere auf Rumänisch.

Der Boss grinste: „Ich habe fünf Jahre in Rumänien gelebt und spreche eure beschissene Sprache. Ich bin übrigens kein deutsches Arschloch, sondern ein russisches. Und das ist euer Pech."

Er tätschelte dem Jüngeren die Wange und schlug urplötzlich zu. Die Nase knirschte unter dem Fausthieb und der Kopf des Rumänen wurde nach hinten geschleudert. „Das war für das Arschloch."

Der Geschlagene war vom Stuhl gerutscht und rappelte sich aber wieder auf, weil sich die Edelstahlbänder schmerzhaft in die Unterarme gruben. Aus seinen Naselöchern tropfte das Blut auf den Tisch.

„Jetzt hört mir genau zu. Vor sechs Tagen haben eure Männer in Regensburg sieben Häuser aufgebrochen. Im letzten Haus haben sie einen Laptop mitgenommen, ein nagelneues MacBook Pro in einer schwarzen Tasche. In dieser befand sich außerdem ein 64-GB-Stick. Diese Sachen wollen wir zurückbekommen. Der andere Krempel interessiert uns nicht."

Die beiden Rumänen zuckten mit den Schultern.

Der Boss nickte und aus dem Dunkel schlug ein Arm einen 1000-g-Hammer auf den linken Handrücken des Älteren. Es gab ein matschendes, knirschendes Geräusch und der Mann brüllte los. Er bekam einen Knebel in den Mund gesteckt, der mit einem Stück Panzertape verklebt wurde.

Der Boss wandte sich dem Jüngeren zu. „Wo ist die Tasche mit unseren Sachen?"

Plötzlich stank es bestialisch. Der Gefragte hatte sich in die Hose gemacht und hyperventilierte mit weit aufgerissenen Augen. Als die Antwort nicht sofort kam, nickte der Boss wieder und auch die rechte Hand des Älteren verwandelte sich durch den Hammerschlag in Brei. Der Gemarterte sank in sich zusammen.

„Wo sind unsere Sachen?" Die Stimme des Bosses war eisig. „Sprich! Sonst sind jetzt deine Hände dran."

Der Jüngere wimmerte. „Wir haben alles nach Nou Paleu gebracht. Der *Domn* bekommt das Meiste." Der Rumäne weinte. „Das ist wahr! Ich lüge nicht."

„Wer ist der *Domn*?"

„Das weiß ich nicht. Das weiß nur der *Primar*."

„Wenn du lügst, lege ich deine Eier auf den Tisch und nehme den Hammer."

„Nein, Herr. Es ist wahr. Ihr müsst den *Primar* in Nou Paleu fragen. Der weiß alles."

Der Boss hatte plötzlich eine kleine Pistole mit Schalldämpfer in der Hand. Auf der Stirn des Jüngeren erschien urplötzlich ein kleines, schwarzes Loch und das Gesicht zeigte einen erstaunten Ausdruck. Der Körper rutschte seitlich vom Stuhl und man sah nur noch die beiden Unterarme, die von den Edelstahlbändern gehalten wurden.

„Gehen wir!", befahl der Boss.

„Und was ist mit dem da?", wollte der Zimmermann wissen. Er zeigte auf den Ohnmächtigen.

Der Boss riss ein Stück Tape ab und verklebte die beiden Nasenlöcher des Ohnmächtigen. „In einer Minute ist der bei seinem Kumpel."

Im Hinausgehen hörten sie, wie der Sterbende leise Geräusche von sich gab.

Auf dem großen Parkplatz bei Borş, direkt hinter der ungarisch-rumänischen Grenze, montierte der Ingenieur die Überführungskennzeichen von dem Ford Transit ab und stieg in die S-Klasse um.

Die Fahrertür schloss er nicht ab und den Zündschlüssel ließ er stecken. Wie vorausgesehen wurde der Kastenwagen innerhalb einer Stunde gestohlen.

Das Navi leitete den Mercedes nach Oradea und von dort waren es nur noch wenige Kilometer bis Nou Paleu. Im Gegensatz zu dem Ort Paleu, durch den sie gefahren waren, war in Neu Paleu alles sauber und ordentlich. Die Häuser waren gemauert und weiß verputzt, auf den Dächern lagen Dachziegel und kein Wellblech. Jedes Haus besaß einen Vorgarten mit Blumenrabatten und vor den Garagen standen deutsche Autos. Sie waren gebraucht, aber sahen gepflegt aus. Der Zimmermann zählte sieben Audis, drei VW Golf und vier Opel Astra. Dacias waren hier wohl nicht gefragt. Bis auf eine alte Frau, die sich in ihrem Vorgarten zu schaffen machte, sahen sie niemanden.

Der Boss stoppte den Mercedes vor der Primârie, dem Bürgermeisteramt. Vor der Garage stand ein Audi A8. Es war nicht das neueste Modell, aber der Wagen sah sehr gepflegt aus und war blitzblank geputzt. „Ihr bleibt hier bei meinem Wagen. Ihr wisst, was ihr zu tun habt."

Die Österreicher nickten.

Der Bürgermeister beäugte die drei Fremden misstrauisch. „Was wollen Sie von mir?"

Der Boss erklärte es ihm.

Der *Primar*, der Bürgermeister, grinste überheblich. „Was habe ich mit den Einbrüchen in Deutschland zu tun? Ich mache meine Arbeit als Ortsvorsteher, was bei den idiotischen Gesetzen, die aus Bukarest kommen, mehr als schwierig ist. Und von einem *Domn*, einem Herrn der Diebe, weiß ich nichts. Guten Tag, meine Herren. Ich muss arbeiten."

Der Boss hatte sich ungefragt einen Stuhl geschnappt und sich auf diesem breitgemacht. Die Lehne zeigte nach vorne und er stützte seine Arme auf ihr ab. „Ein Bürgermeister einer großen rumänischen Stadt verdient rund zweitausend RON (neue Lei). Und Sie maximal die Hälfte, das sind etwa zweihundert bis zweihundertzwanzig Euro im Monat. Und davon können Sie sich das alles …", er machte eine weitausholende Bewegung, „hier leisten? Von dem dicken Audi da draußen wollen wir erst gar nicht reden."

Der Bürgermeister zuckte mit den Schultern. „Meine Frau arbeitet auch."

Der Boss stand auf, ging zum Fenster und winkte.

Der Maurer schwang den Vorschlaghammer und die Frontscheibe des A8 besaß ein Loch, das vorher dort nicht gewesen war. Es folgten die Seitenscheiben, die Heckscheibe und die Frontscheinwerfer.

Entsetzt war der *Primar* hochgefahren und stürzte zum Fenster.

„Aufhören!", schrie er. „Ich hole die Polizei."

Der Boss hielt ihm die Pistole an den Kopf. „Du bringst uns jetzt zum *Domn*. Ich hole sonst meinen Mann hier ins Büro und du machst Bekanntschaft mit dem Hammer."

Trotz fehlender Scheiben, der Maurer hatte sie alle rausgeschlagen, war der A8 noch fahrbereit. Zwei Kabelbinder fixierten die Hände des *Primar* hinter seinem Rücken und man setzte ihn auf den Beifahrersitz seines lädierten Schmuckstücks. Er hatte Tränen in den Augen. Der schöne Wagen. Er war sein ganzer Stolz – gewesen.

„Nehmt euch die Maschinenpistolen!"

Die Männer schnappten sich die Uzis aus dem Kofferraum des Mercedes.

Das Haus des *Domn* lag etwas außerhalb. Es war von einer Mauer umgeben und das Tor war geschlossen. Der Bergmann gab Gas und der Audi fegte das Tor zur Seite. Der Mercedes folgte dem Audi bis vor das Haus. Zwei Leibwächter stürzten aus einem Kellereingang, ließen aber ihre Pistolen angesichts der vier Uzis fallen. Der Boss ging wortlos an ihnen vorbei ins Haus.

„Guten Tag," sagte der Boss, als er das Wohnzimmer im Erdgeschoss betrat. Es war erlesen eingerichtet. „Wenn wir uns handelseinig werden, bin ich innerhalb von fünf Minuten wieder verschwunden."

Die Männer taxierten sich eine Weile.

„Sind Sie Deutscher?", fragte der *Domn*, ein schlanker, gut gekleideter Rumäne Mitte sechzig.

„Nein, Russe."

„Und womit kann ich Ihnen dienen, Genosse?"

Zum wiederholten Mal erklärte der Boss sein Begehren.

„Geben Sie mir mein Eigentum und wir verschwinden sofort wieder."

„Kann ich meine Männer reinrufen?"

Der Boss nickte.

Mit gesenkten Köpfen betraten die Leibwächter das Wohnzimmer. Der *Domn* erklärte das Begehren seines Gastes.

Einer nickte. „Der Laptop ist noch da. Ich weiß, wo er ist."

„Hole ihn!"

Hinter den beiden Leibwächtern erschienen der Zimmermann und der Maurer.

„Alles klar, Boss?", wollte der Maurer wissen.

„Der kann gehen. Maurer. Du begleitest ihn. Wenn er etwas anderes als den Laptop in die Hand nimmt, erschießt du ihn."

Der Leibwächter brauchte nicht lange und kam mit dem MacBook zurück. Die Kontrolle durch den Ingenieur stellte das Team zufrieden. Der Laptop ließ sich hochfahren und alle Daten waren noch auf dem Stick vorhanden.

„Für die Reparatur des Tors", sagte der Boss und legte einen Fünfhunderter auf den Tisch. „Es war mir eine Freude, mit Ihnen Geschäfte zu machen, *Domn*."

Der machte eine entschuldigende Armbewegung. „Vielleicht machen wir gelegentlich wieder Geschäfte miteinander."

„Kann sein. Uns hat übrigens der Primar hergebracht. Der wartet draußen in seinem Auto auf Sie."

„Danke", antwortete der *Domn* höflich. „Ich werde ihn gleich zu einem Gespräch einladen."

Eine Stunde später waren sie wieder in Ungarn.

„Heute ist Freitag, morgen sind wir zurück in Deutschland und am Montag fangen wir an zu graben. Es sollte nicht länger als eine Woche dauern", erklärte der Boss auf dem Beifahrersitz. „Aber jetzt werde ich etwas schlafen." Er schloss seine Augen.

Der Ingenieur saß hinter dem Lenkrad und hielt sich penibel an die Geschwindigkeitsbegrenzungen. Sie konnten keinen Ärger mit der Polizei gebrauchen. Um zehn Uhr löste ihn der Bergmann ab, um Mitternacht übernahm der Zimmermann das Steuer. Es waren noch achtzig Kilometer bis zur österreichischen Grenze.

Der ukrainische Fahrer des österreichischen Tanklastzugs saß seit zwölf Stunden hinter dem Lenkrad, als er kurz nach Mitternacht einnickte. Der Lastzug geriet nach links auf das Bankett, durchbrach die Leitplanken und kippte nach rechts um. Der Mercedes mit den deutschen Kennzeichen prallte fast ungebremst gegen den Tank, der zerbarst. Ein Funken entzündete das Benzin und sechs Männer verbrannten fast vollständig in dem flammenden Inferno. Von dem Laptop blieben ein paar Brocken geschmolzenen Metalls.

Selbst ein MacBook Pro ist nicht feuerfest.

Als es den Bankräubern 2013 gelungen war, unbemerkt den Tunnel zu graben und viele Schließfächer auszuräumen, stand das in allen deutschen Zeitungen und in einigen Fällen konnte man eine Art von Bewunderung für den Coup aus den Kommentaren herauslesen.
Ich überlegte mir, ob das auch in Regensburg klappen würde und suchte nach einer Bank, die mir für diese Geschichte geeignet erschien. Es gibt die Bank, die ich beschreibe, tatsächlich im Norden von Regensburg. Aber ich habe keine Ahnung, ob dort die Abwasserkanäle wie beschrieben verlaufen. Die habe ich mir ausgedacht.

Der Penner

Die Frau war ganz aufgeregt. „Die haben mir die Geldbörse geklaut. Fünfhundert Euro, den Führerschein, meinen Personalausweis, die Kreditkarte und die BankCard. Alles ist weg." Jetzt liefen die ersten Tränen ihre Wangen hinab.

„Haben Sie schon die Karten sperren lassen?", fragte der Polizist. „Das ist das Wichtigste."

Die Frau nickte. „Ich habe die Nummer vom Kartennotruf auf dem Handy gespeichert und sofort dort angerufen." Sie wischte sich die Tränen mit einem Papiertaschentuch ab und schnäuzte ihre Nase.

„Da haben Sie sich viele Unannehmlichkeiten erspart. Aber jetzt kommen Sie bitte mit, wir müssen ein Protokoll aufnehmen." Der Polizist ließ sie in den Wachraum eintreten und ging voran.

Als das Protokoll unterschrieben war, versuchte der Beamte sie zu trösten: „Wahrscheinlich bekommen Sie Ihre Geldbörse und die Papiere zurück. Die liegen in der Regel irgendwo in der Nähe in einem Papierkorb."

Die Frau bedankte sich und ging. Für sie war das ein schwacher Trost. Mit dem Geld hatte sie Weihnachtsgeschenke einkaufen wollen.

„Das war der achte Diebstahl auf dem Lucretia-Markt in dieser Woche. Und wir haben keine Anhaltspunkte", meinte der Kollege des Polizisten, der die Anzeige der Frau mitbekommen hatte.

„Man darf es zwar nicht laut sagen, aber in Osteuropa gibt es regelrechte Schulen für Taschendiebe. Die arbeiten zu dritt oder zu viert und sind kaum zu fassen. Wenn ein Bestohlener etwas bemerkt, ist die Beute schon nicht mehr im Besitz des Diebes. Da müssen die Leute, vor allem die Frauen, im Gedränge besser auf ihre Börsen und Handtaschen aufpassen."

Der Regensburger Lucretia-Markt findet vor Weihnachten im Herzen der Altstadt auf dem Haidplatz statt. Er gilt als der schönste Weihnachtsmarkt und liegt zwischen wundervoll renovierten und beleuchteten mittelalterlichen Häusern. Hier bieten Künstler ihre Werke an, man bekommt Schmuck und Selbergestricktes, Halbedelsteine und dekorative Weihnachtsartikel. Natürlich fehlen auch die Stände für Glühwein, Bratwürstl und Crêpes nicht.

Der Stand am nordwestlichen Ende des Lucretia-Marktes war der am meisten frequentierte. Jeder, der die Straße entlangbummelte, kam an ihm vorbei und wurde mit verführerischen Gerüchen konfrontiert. Wer kann schon dem Duft von Bratwürschtl und dem von Glühwein mit Rum widerstehen?

Der Besitzer und seine Familie hatten in den vier Wochen, die der Markt dauerte, mehr als genug zu tun.

Der Penner kam kurz vor Mittag. „Was kostet eine Bratwurstsemmel?"

Der Besitzer betrachtete denen Kunden missmutig. „Dreifünfzig." Er deutete auf den Preisaushang.

Das Alter des Mannes war schlecht abzuschätzen. Der dunkle, von grauen Strähnen durchzogene Bart und die langen, zotteligen Haare, die unter einer Skimütze unbestimmter Farbe hervorquollen, ließen wenig Rückschlüsse auf das Alter zu. Zwischen vierzig und fünfzig mochte es liegen. Bekleidet war er mit einem unförmigen, schmuddeligen Parker, ausgewaschenen Jeans und relativ neuen Winterschuhen. An den Händen trug er Wollhandschuhe, bei denen die Fingerspitzen fehlten. Ein schmutziger Rucksack, den er auf dem Rücken trug, war sein einziger Besitz.

Der Penner öffnete seine linke Faust, in der sich Münzen befanden, die er auf die Geldablage zählte. Es waren drei Euro zwanzig.

„Können Sie mir dafür eine Semmel mit zwei Bratwürstchen geben?", bat er. „Mehr habe ich im Moment leider nicht. Aber bitte mit viel Senf. Ganz viel Senf."

Den Standbesitzer erstaunte die höfliche Art, mit der der Mann seine Bitte vortrug. Er strich das Geld ein, legte die üblichen drei Bratwürschtl auf die Semmel und fügte eine Menge Senf hinzu. „Hier, das ist schon okay."

„Das ist nett von Ihnen, mein Herr. Sie bekommen den Rest später."

Der Penner biss herzhaft zu und trottete davon.

„Na, wenigstens hast du nicht gestunken", dachte sich der Würschtlbrater.

Am frühen Nachmittag war der Penner plötzlich wieder da. Er stellte sich brav ganz hinten in der Schlange an, die langsam vorrückte. Die Leute vor ihm runzelten ihre Stirn und betrachteten ihn wenig begeistert. Sie alle hatten in der Zeitung von den Diebstählen gelesen und der Typ schien ihnen nicht ganz koscher zu sein. Die Frauen klemmten vorsichtshalber die Handtaschen fest unter ihre Arme.

Als der Penner an die Reihe kam, legte er erst dreißig Cent auf die Geldablage, dann noch einmal dreifünfzig in kleinen Münzen. „Hier sind die dreißig Cent von heute Morgen und bitte noch eine Bratwurstsemmel. Ihre schmecken einfach am besten!"

Der Standbetreiber war beeindruckt. Ein Penner mit Manieren! Das war ihm noch nie untergekommen. Und dann bedankte er sich erneut ausgesucht höflich.

Nachdem er die Semmel verputzt hatte, stand der Penner eine Zeitlang neben dem Stand direkt vor einer Plane, hinter der sich ein Müllbehälter befand. Ein kalter Wind pfiff durch die Ludwigsstraße und ließ die Leute auf dem Haidplatz frösteln. Auch der Penner schien zu frieren und hatte sich deshalb dieses kleine, windgeschützte Plätzchen ausgesucht.

„He! Du kannst hier nicht stehenbleiben. Die Leute, weißt du", rief der Standbesitzer dem Penner zu.

„Ich tue doch keinem etwas. Ich stehe doch bloß hier."

„Da wollen aber Kunden stehen und ihren Glühwein trinken."

„Aha. Wenn ich also einen Glühwein kaufe, darf ich hier stehen?", fragte der Penner.

Der Standbesitzer nickte.

„Bis gleich."

Der Penner ging rüber auf die andere Straßenseite, hockte sich vor die Pizzeria auf seinen Rucksack. Er zog etwas aus der Tasche, das er auseinanderfaltete. Es war eine kleine Pappschachtel, die er zum Betteln benutzte. „DANKE" stand in großen, roten Buchstaben auf dem Boden.

Zwanzig Minuten später war er wieder da. „Einen Glühwein bitte."

Er legte dreizwanzig auf die Geldablage und ein Zwei-Euro-Stück als Pfand. Mit dem Glühwein verschwand er in der windgeschützten Ecke. Dort stand er, trank alle zwei Minuten einen winzigen Schluck und beobachtete das Treiben um sich herum. Ihm schien der kalte Glühwein zu schmecken.

„Geben Sie mir bitte einen Müllsack", bat er plötzlich den Standbesitzer, als er die Tasse zurückgab. „Die Leute sind Schweine. Sie werfen alles auf den Boden, obwohl Sie zwei Müllbehälter aufgestellt haben."

Normalerweise musste der Standbesitzer das selbst machen. Aber wenn der Penner ihm das schon anbot. Warum nicht? „Wie heißt du eigentlich?", wollte er wissen.

„Harri. Mit i hinten und nicht mit y."

Harri bekam den blauen Sack und sammelte den ganzen Müll sorgfältig auf. Der Standbetreiber staunte. So ein ordentlicher Penner!

„Und Sie heißen ...", Harri las das Schild, „B. Mauerer."

„Richtig", sagte Herr Mauerer.

„Nett Sie kennenzulernen, Herr Mauerer. Ich drehe jetzt noch eine Runde und besorge mir ein paar Münzen. Die Leute haben alle Glühwein getrunken und dann sind sie freigiebiger." Mit diesen Worten machte sich Harri davon.

Und so kam es, dass Harri die nächsten Tage am Stand von Herrn Mauerer verbrachte. Er hob den Müll auf, fegte die Zigarettenkippen zusammen und bekam dafür Bratwürschtl, zwei Glühwein am Abend und, wenn nicht alle verkauft wurden, die übriggebliebenen Semmeln.
Und immer bedankte sich Harri höflich.
Das ging zehn Tage so und Harri war mittlerweile auf dem ganzen Lucretia-Markt bekannt. Zweimal kontrollierte ihn die Polizei, aber er konnte sich ausweisen und niemand beschwerte sich über ihn. So hob er weiterhin den Müll auf und fegte die Zigarettenstummel zusammen.

An diesem Abend kehrte Harri schon das dritte Mal vor dem Stand, als er plötzlich, zum großen Erstaunen von Herrn Mauerer, ein Handy aus der Tasche zog, in der windgeschützten Ecke verschwand und dort telefonierte. Als er die verwunderten Blicke des Standbesitzers bemerkte, grinste er und meinte: „Meine Freundin. Heute Nacht schlafe ich in einem warmen Bett."

Er steckte das Handy ein und plötzlich sprintete Harri los. Ein junger, dunkelhaariger Mann war sein Opfer. Er rannte ihn einfach um, drehte ihn auf den Bauch und kniete sich auf dessen Rücken, noch bevor die Leute um ihn herum überhaupt kapierten, was da ablief.

„Polizei!", rief Harri ganz laut. „Ich bin Polizist." Gleichzeitig schnappten die Handschellen um die Handgelenke des Liegenden. „Sie da!", rief er einer Frau zu, die den ganzen Vorfall verblüfft verfolgt hatte. „Bleiben Sie hier. Der hat Ihnen gerade etwas aus Ihrer Handtasche geklaut und es ist noch seiner Jackentasche. Das ist sehr dumm von ihm. Die Kollegen müssen ein Protokoll aufnehmen."

Das Heulen von Polizeisirenen kam näher. Gleich zwei Polizeiwagen kamen aus Richtung Arnulfsplatz.

Der junge Mann wurde in einen der beiden Polizeiwagen verfrachtet und der Fahrer machte sich auf den Rückweg zum Polizeipräsidium. Ein Polizist aus dem anderen Polizeiauto nahm Harri zur Seite und besprach sich kurz mit ihm.

Die Menge, die mittlerweile zusammengelaufen war, klatschte Beifall, als Harri zum Stand zurückging. „Herr Mauerer, Sie haben uns sehr geholfen, indem ich bei Ihnen fegen durfte. Ich habe zehn Tage gebraucht, bis ich wusste, wer das Trio war. Die beiden anderen haben die Kollegen übrigens am Kohlenmarkt erwischt. Ich hatte sie ihnen genau beschrieben."

„Möchten Sie einen Glühwein?", fragte Herr Mauerer. Er war sehr beeindruckt von dem, was da gerade passiert war. „Natürlich auf Kosten des Hauses."

„Den Glühwein nehme ich gerne", lachte Harri. „Ich bin zwar im Dienst, aber heute kann ich wohl eine Ausnahme machen."

Wer den Lucretia-Markt kennt, weiß, von welchem Stand ich spreche. Wenn Sie sich vor dem nächsten Weihnachtsfest dort eine Knackersemmel kaufen werden, schauen Sie einfach herum, ob nicht irgendwo ein Penner Abfall aufsammelt. Seien Sie aber nicht zu sorglos und passen Sie gut auf Ihre Brieftasche auf.

Mensch ärgere Dich nicht

„Meine Herren setzt euch", sagte Hauptkommissar Neuner und schaute sich in dem Raum um. „Eins, zwei ... neun, zehn", zählte er leise. Bis auf eine Ausnahme arbeitete er mit allen Anwesenden schon seit Jahren zusammen. Der Neue, Polizeiobermeister Jason Gürster, gehörte erst seit einem Jahr zu seiner Truppe. Er war der Sonnyboy: Jason war durchtrainiert, sah blendend aus und hätte ohne Probleme mit den California Dream Boys auf Tour gehen können. Alle Frauen drehten sich nach ihm um, doch er hielt sich zurück. Er war verheiratet und Vater von zwei kleinen Mädchen, Zwillingen.

Jetzt bemerkt Neuner seine Nachlässigkeit. Zwei schwarzgekleidete Polizistinnen starrten ihn vorwurfsvoll an. Neuner hob beide Arme. „Entschuldigung. Ich meinte natürlich meine Damen und Herren."

„Aha. Es hat zwar gedauert, aber er hat uns wahrgenommen", spottete die größere der beiden Polizistinnen.

Ihre Kollegin kommentierte das mit: „Wir sollten die Gleichstellungsbeauftragte informieren, dass unser Chef von Gleichstellung noch nichts gehört hat."

„Erzählt es besser seiner Frau. Die wird ihm schon die Sache erklären. Die mit der Gleichstellung", rief ein Kollege vom Nachbartisch rüber.

Die ganze Truppe lachte und Neuner stand vorne, musste sich den Spott anhören und merkte, wie er rot im Gesicht wurde. Aber so war das nun einmal. Sie alle kannten sich schon lange und jeder wusste, dass er der Allerletzte war, der den Kolleginnen gegenüber den Macho rauslassen würde. Er musste einfach mit den Frotzeleien seiner Leute umgehen können.

„Ist ja gut. Ich entschuldige mich und werde mit meiner Gattin am Wochenende ausführlich darüber diskutieren. Und Kerstin und Bianca ..." er deutete eine leichte Verbeugung an, „zahle ich morgen in der Kantine einen dreifachen Espresso."

Die ganze Truppe klopfte mit den Fingerknöcheln auf den Tisch. Das war typisch HK Neuner: Er war immer kameradschaftlich, ließ nie seine Dienststellung raushängen und, wenn er etwas anordnete, hatte das immer Hand und Fuß. Sein Ruf als Chef war untadelig und deshalb mochten ihn alle.

In seine Einsatzgruppe aufgenommen zu werden, das war das Ziel vieler junger Kollegen aus dem Präsidium.

„Wir werden heute die Wohnung im dritten Stock des Hauses Furthmayrstraße 4c durchsuchen."

Neuner drückte auf eine Taste der Fernbedienung und das Bild des Hauses erschien auf der Leinwand. „Es ist ein langgezogener Block mit vier Eingängen auf der rechten Seite, wenn man stadtauswärts fährt. Die Eingänge sind mit 4, 4a, 4b und 4c nummeriert. Das bedeutet für uns bei der Anfahrt, es ist die letzte Eingangstür. Wir haben neben dem Erdgeschoss jeweils drei Obergeschosse. In jedem Stockwerk befinden sich drei Wohnungen, macht zwölf Wohnungen pro Block. Die Wohnung von Kevin Straub befindet sich im dritten Stock in der Mitte. Wenn wir die Treppe hochkommen, liegt die Eingangstür direkt vor uns. Fragen dazu?"

Alle schüttelten ihre Köpfe. Sie hatte sich die Bilder des Blocks, die auf dem Whiteboard an der Rückseite des Raums hingen, in den letzten Tagen gründlich betrachtet und sich alles Wichtige eingeprägt.

Neuner fuhr fort: „Wir fahren mit vier Autos. Gerd, du nimmst den Audi und sicherst mit Konzmann und Wagner die Rückseite des Hauses ab. Es ist zwar unwahrscheinlich, dass jemand versucht sich vom Balkon im dritten Stock abzuseilen, aber man weiß ja nie. Passt auf, dass nichts von oben herabgeworfen wird."

Oberkommissar Gerd Überreiter war Neuners Stellvertreter und die Hauptmeister Konzmann und Wagner waren alte Hasen im SEK, die genau wussten, was sie zu tun hatten und worauf sie achten mussten.

„Zur Anfahrt ...", Neuner drückte wieder die Fernbedienung und der Beamer warf einen Teil des Stadtplans von Regensburg an die Wand, „nehmen wir die Alfons-Auer-Straße. Gerd, ihr fahrt als Letzte und biegt gleich in den Hof hinter dem Gebäude ein. Die Absperrpfosten könnt ihr herausziehen, sie sind nicht abgeschlossen. Die anderen drei Fahrzeuge halten vor dem Eingang auf dem Bürgersteig. Morgens um vier werden dort kaum Leute rumlaufen. Ich habe von der Verwaltung der Wohnungsbaugesellschaft den Haustürschlüssel bekommen. Und hier ist der Plan der Wohnung."

Der Grundriss der Wohnung löste den Stadtplan ab.

Es dauerte noch eine gute Stunde, bis alles besprochen war und jeder seine Aufgabe genau kannte. Um dreiviertel vier bestiegen alle die Autos und es ging los. Es fiel niemandem auf, als zwei BMW, ein Ford Transit und der dunkle Audi das Gelände der Polizeidirektion in der Bajuwarenstraße verließen. Schließlich hatte die meisten Leute um diese Zeit Besseres zu tun: Sie schliefen.

Die vier zivilen Polizeifahrzeuge erreichten die Alfons-Auer-Straße nach wenigen Minuten. Im Rückspiegel sah Neuner, wie der Audi in die Hofeinfahrt hinter den Blocks einbog. Er war sich sicher, dass niemand aus dem dritten Stock des Gebäudes unentdeckt runterklettern konnte.

Neuner bremste den BMW ab, schaute nach links und bog in die Furthmayrstraße ein. Es war kein anderes Auto unterwegs und die anderen Fahrzeuge folgten ihm zügig. Sie stoppten vor der Nummer 4c und Neuner stieg mit sechs weiteren Polizisten aus. Der Fahrer des Transit, ein uniformierter Kollege, der einen privaten Parker über seine Uniform gezogen hatte und keine Mütze trug, blieb sitzen. Polizeikommissarin Kerstin Schwandner leistete ihm Gesellschaft; sie hielt Kontakt zur Dienststelle und musste aufpassen, dass sich niemand an den Fahrzeugen zu schaffen machte und jeden wegschicken, der neugierig wurde.

Neuner schloss auf und winkte seine Leute durch. Er ging als Letzter und verschloss hinter sich sorgfältig die Eingangstür und ließ den Schlüssel vereinbarungsgemäß stecken. Seine Leute liefen vor ihm fast lautlos die Treppe hinauf. Nur ab und zu war ein leises Quietschen von den dicken Gummisohlen der Einsatzstiefel zu vernehmen. Während Neuner seinen Leuten folgte, lauschte er kurz an jeder Wohnungstür: Nichts war zu hören. Eines konnten sie jetzt nämlich nicht gebrauchen: Einen Hundebesitzer, der seinen Waldi zum Morgenspaziergang führen wollte und lauthals fragte: „Was machen Sie denn da?"

Die LEDs seiner winzige Stirnlampe sandten einen zuckenden Schein über die angeschmutzten Wände des Treppenhauses. Obwohl er ähnliche Aktionen schon unzählige Mal geübt und oft durchgeführt hatte, bemerkte er das Pochen seines Herzens und registrierte den leichten Schweißfilm, der sich auf seinem Oberkörper unter der schweren Ausrüstung ausbreitete. Aber das war normal und Neuner wusste, dass es seinen Leute genauso erging.

Er erreichte den dritten Stock und die Kollegen sahen ihn an, ohne ihn mit ihren Stirnlampen zu blenden. Er hob den linken Daumen und Bianca Präger, die erst am Vortag zur Polizeihauptmeisterin befördert worden war, schaltete das Flurlicht ein.

Neuner hörte das Schaben, als die Polizisten noch einmal ihre Ausrüstungen überprüften. Je zwei der Schwarzgekleideten hatten sich links und rechts von der Wohnungstür an die Wand gepresst. Obermeister Gürster und Kommissar Spieckler hatten die wichtigste und gefährlichste Aufgabe: Sie mussten die Tür aufbrechen. Das war der kritische Punkt bei vielen Einsätzen. Sollte der Wohnungsinhaber die Polizisten bemerkt haben und mit einer Waffe hinter der Tür lauern, wären die beiden Kollegen am meisten gefährdet. Sie trugen zwar die neuen, leichten Schusswesten, die auch einen Teil des Halses schützten, aber bei einem Schuss in den Kopf waren die Einsatzhelme nicht stabil genug um ihren Träger zu retten. Ganz zu schweigen bei Schüssen in den Unterleib. Hier gab es praktische keine Möglichkeit ein Projektil aufzufangen.

„Wenn ich mich wehren wollte", überlegte Neuner, „würde ich mich im Flur auf den Boden legen und eine Serie von tiefen Schüssen abgeben, wenn jemand reingestürmt kommt." Aber dann wischte er diese Gedanken beiseite.

Gürster hielt ein schusssicheres Schild vor ihre Unterkörper, während der Zwei-Zentnermann Spieckler mit der Ramme weit ausholte und mit aller Kraft zuschlug, als Neuner das Zeichen gab.

Es gab einen dumpfen, knirschenden Schlag, als die Ramme die Tür direkt unter dem Schloss traf. Die Tür flog mit einem splitternden Geräusch aus den Angeln und polterte in den Flur. Brüllend stürzten die Polizisten in den Gang und verteilten sich, wie vorher verabredet, in den einzelnen Zimmern. Neuner hörte viermal das laute „Sicher" und eilte ins Schlafzimmer. Gürster hatte das Licht eingeschaltet und im Doppelbett saßen ein merkwürdig unbeteiligt wirkender Kevin Straub und eine junge, unbekleidete Frau mit dunklen, kurzen Haaren, die sich ein Laken vor ihre Brust presste und die Polizisten mit entsetzt aufgerissenen Augen anstarrte.

Neuner vernahm, wie in dem zweiten Schlafzimmer einer der Kollegen jemanden laut aufforderte: „Bleiben Sie sitzen, legen Sie die Hände hinter Ihren Kopf und machen Sie keine schnellen Bewegungen. Neuner hatte erwartet, dass sich ein Besucher in der Wohnung befand und wusste, dass er von den beiden SEKlern im Zimmer gut bewacht wurde.

Spieckler rief: „Eine weitere männliche Person im zweiten Schlafzimmer. Alles gesichert."

„Okay", war Neuners Antwort.

Der Hauptkommissar griff in eine Tasche seines Overalls und holte ein zusammengefaltetes, rotes Blatt Papier hervor. „Sind Sie Herr Kevin Straub?", fragte er.

Straub zog ein angewidertes Gesicht. „Was soll die blöde Frage, Bulle? Du kennst mich doch." Er zeigt den Beamten den Mittelfinger seiner Linken. Dann fragte er: „Und was soll der Scheiß hier? Ich schlafe und Ihr macht meine Tür kaputt und bedrohen uns mit Waffen. Ich will einen Anwalt. Sofort!"

Neuner nickte. „Den kriegen Sie. Aber erst teile ich Ihnen mit, dass ich einen Durchsuchungsbeschluss der Staatsanwaltschaft Regensburg für diese Wohnung besitze, und zwar wegen des Verdachts auf Drogenhandel. Wir werden hier alles durchsuchen. Sie bleiben hier im Bett, bis wir mit dem Wohnzimmer fertig sind. Dann dürfen Sie aufstehen und sich ins Wohnzimmer setzen. Sollten Sie sich nicht an unsere Anweisungen halten, lasse ich Ihnen Handschellen anlegen und, wenn wir den Eindruck haben, dass Sie nach einer Waffe greifen, werden wir schießen. Aber das kennen Sie bereits."

Straub antwortete nicht. In seinen Augen war der blanke Hass zu erkennen.

Zwanzig Minuten später hatten zwei Polizisten unter der Aufsicht von Neuner das Wohnzimmer durchsucht. Nichts! Kein Geld, bis auf ein paar kleinere Scheine in einer Börse, die auf dem Wohnzimmertisch neben einem Spiel, *Mensch ärgere Dich nicht*, lag. Die Figuren waren auf dem Spielbrett für drei Personen ordentlich aufgestellt und die notwendigen drei Würfel lagen akkurat in der Mitte. Den Stoff, den Neuner hier vermutet hatte, der musste sich in einem der anderen Zimmer befinden.

Der Hauptkommissar ließ die beiden Männer ins Wohnzimmer bringen, nachdem sie eine Hose und einen Pullover hatten anziehen dürfen. Beide, Kevin Straub und sein Cousin Johannes, genannt Jo, Straub, waren vorbestrafte Gewaltverbrecher und darum hatte man ihre Handgelenke, trotz alles Protestes, mit dicken Kabelbindern zusammengebunden worden. Beide ähnelten sich wie Brüder: Sie waren von untersetzter Statur, muskelbepackt und trugen diverse Tätowierungen an Oberkörper und Armen. Diese Tätowierungen und ihre kaum einen Millimeter langen Haare wiesen eindeutig auf ihre politische Gesinnung hin.

Die junge Frau durfte sich unter der Aufsicht von Bianca Präger ankleiden. Sie zeigte einen tschechischen Pass vor, der auf den Namen Aneta Veselý ausgestellt war. Auch sie musste sich zu den beiden Männern auf die Couch setzen. Kevin bekam ein Diensthandy gereicht, mit dem er seinen Anwalt anrufen sollte. Aber der meldete sich nicht.

„Was haben Sie gestern Abend gemacht?", wollte Neuner wissen.

„Was wohl?", kam die Gegenfrage von Straub. „Das siehst du doch, Bulle. *Mensch ärgere Dich nicht* gespielt, Fernsehen geschaut und Tee getrunken."

„Tee? Nur Tee?"

„Ja, nur Tee! Schließlich sind wir keine Alkoholiker so wie du und deine anderen Bullenkollegen." Straub grinste unverschämt.

Dass Neuner von Gesetzesbrechern geduzt und oft mit Schimpfwörtern bedacht wurde, interessierte ihn nicht, daran hatte er sich gewöhnt. Das mussten alle Kollegen lernen, wenn Sie neu in diese Einsatzgruppe kamen. Von ihren „Klienten" wurden sie regelmäßig mit Beleidigungen bedacht. Die Antworten auf Fragen entpuppten sich in der Regel als Lügen und die Rechtsvertreter dieser *wertvollen Mitglieder unserer Gesellschaft* (Originalton des Polizeipräsidenten im privaten Kreis) agierten aggressiv auf jede kleinste angebliche Verfehlung der Polizisten.

Die Anmache von Straub schüttelte Neuner einfach ab.

Als es zwei Stunden später draußen dämmerte, hatten die Polizisten die Wohnung nach allen Regeln der Kunst auf den Kopf gestellt und nichts, rein gar nichts gefunden, was auch nur den Anschein von illegal oder verboten erweckte.

Innerlich fluchte Neuner wie ein alter Bierkutscher. Der Hinweis auf den Drogendeal in dieser Wohnung war aus einer ansonsten absolut verlässlichen Quelle gekommen. Da man Kevin Straub schon lange in Verdacht hatte, mit Crystal zu dealen, schien die Gelegenheit günstig, ihn endlich für lange Jahre aus dem Verkehr ziehen zu können.

„Abführen!", befahl Neuner.

Als die Polizisten mit den drei Verhafteten die Treppe runterpolterten, blieb Neuner noch einen Moment im Raum stehen und schaute sich nachdenklich um. „Jetzt spielen schon die Drogendealer *Mensch ärgere Dich nicht*. Das passt ja wir die Faust aufs Auge", überlegte er. Er ärgerte sich immens, obwohl ein kleines rotes Licht irgendwo in seinem Hinterkopf aufleuchtete und ihn zum Nachdenken ermahnte. Emotionen konnte er bei der Jagd auf Verbrecher eigentlich nicht gebrauchen. Er nahm die farbigen Figuren hoch und untersuchte sie. Holz – eindeutig Holz. Bei zwei Figuren, einer roten und einer gelben, waren Teile der Lackierung abgesprungen und das Holz, aus dem sie hergestellt waren, war deutlich zu erkennen.

„Scheiße!", fluchte Neuner, stellte die Figuren wieder sorgfältig auf ihren Platz zurück und verließ nach einem letzten Rundumblick die Wohnung. Der Hausmeister stand im Hausflur und schaute ihn vorwurfsvoll an. Dann begann der Mann, die Tür wieder provisorisch einzubauen. Als er fertig war, quetschte sich Neuner ein „Danke" heraus und versiegelte die Tür mit drei amtlichen Klebestreifen. Dann verließ der das Haus.

Drei Stunden später holte ein giftig argumentierender Rechtsanwalt die drei Festgenommenen aus dem Gebäude der PI in der Bajuwarenstraße ab. Und am nächsten Tag flatterte dem Leiter der Polizeiinspektion eine Dienstaufsichtsbeschwerde gegen die beteiligten Polizisten und Anzeigen wegen Sachbeschädigung, Beleidigung, Körperverletzung etc. auf den Tisch. Das alles würde zwar im Sande verlaufen, aber es bereitete eine Menge Ärger und Arbeit.

Seufzend begann der Leiter der PI mit dem Papierkrieg.

In der Nachbesprechung am folgenden Tag saßen alle Mitglieder der SEK-Gruppe im Besprechungsraum, tranken schwarzen Kaffee oder literweise Cola. Nur Gürster schlürfte sein stilles Wasser, vermischt mit Mineralpulver. Er vermied Alkohol, Tee und Kaffee, da diese Getränke seine körperliche Leistungsfähigkeit verschlechterten, hatte er vor einiger Zeit erklärt.

Man hatte nichts gefunden, einfach nichts und jetzt litten alle Polizisten unter schlechter Laune. Die ganzen Vorbereitungen, die vielen Überstunden und der schulmäßig Zugriff – waren umsonst gewesen. Man diskutierte bis kurz vor Dienstende, überlegte, ob man ein Versteck übersehen haben konnte, aber dabei kam nichts heraus. Um kurz vor fünf Uhr schickte Neuner seine Leute nach Hause. „Ich will morgen keinen von euch früher als neun Uhr hier sehen", waren seine letzten Worte. „Schlaft euch aus."

Während sich seine Leute auf den Heimweg machten, trat er den Gang zum Polizeidirektor an. Der Staatsanwalt war auch schon da und die beiden wollten natürlich wissen, was da falsch gelaufen war.

Neuner gab einen sachlichen, präzisen Überblick über die Vorbereitungen und die Durchführung des Einsatzes und betonte die bisherige Zuverlässigkeit seiner Quelle, zumal die Straubs am Vortag tatsächlich in der Tschechischen Republik gewesen waren. Alle waren fest davon überzeugt gewesen, in dieser Nacht einen fetten Fang zu machen und darum hatte die Justiz auch den Durchsuchungsbefehl ausgestellt.

Dann stellte der Staatsanwalt die entscheidende Frage: „Herr Neuner. Warum ist die Sache schiefgelaufen?"

Vor dieser Frage hatte sich Neuner den ganzen Tag gefürchtet und noch mehr vor der Antwort, die er jetzt geben musste. „Herr Staatsanwalt, ich kann mir nur einen Reim darauf machen. Jemand hat den Einsatz verpfiffen. Jemand aus meiner Truppe ist ein Maulwurf, eine *Whistleblower*. So wie es auf Neudeutsch heißt." Jetzt war es raus.

Der Direktor und der Staatsanwalt nickten.

„Das wollte ich von Ihnen hören, Herr Neuner. Das ist die einzige Erklärung."

Dann schwieg er einen Moment und die Stille, die sich in dem Raum ausbreitete, zerrten an den Nerven der drei Männer.

„Sie wissen was das bedeutet, Herr Neuner", sagte der Präsident.

Neuner nickte.

„Wir schalten die interne Ermittlungsgruppe ein. Sie und ihre Leute machen weiter Dienst. Sie bekommen keine neuen Fälle, sondern Sie arbeiten Fälle ab, die seit mindestens zwei Jahren ungeklärt sind. Ist das klar?"

Wieder nickte Neuner.

Der Staatsanwalt, der sich ein paar Notizen gemacht hatte, blickte auf. „Kein Wort zu Ihren Leuten, Herr Neuner. Sollten Sie gegen diese Anordnung verstoßen, machen Sie demnächst wieder Schichtdienst in Grün. Haben Sie das verstanden?"

Neuner nickte zum dritten Mal. Er war fertig! Der *Worst Case* für den Leiter einer Einsatzgruppe war eingetreten: Die Internen durchleuchteten ihn und seine Leute und sie mussten Akten lesen. So ein Mist, so ein verdammter Mist!

Es war Samstagabend. Peter Neuner, seine Frau Marianne und ihre siebzehnjährige Tochter Ruth saßen am Esstisch und hatten gerade das Abendessen beendet.

„Ich gehe rüber zu Markus", erklärte sie. Ihr braucht nicht auf mich zu warten. Wir gehen aus und dann bleibe ich bei ihm. Tschüss und Bussi." Sie sprang auf und lief die Treppe hinauf in ihr Zimmer.

Marianne sagte nichts, aber Neuner konnte ihre Gedanken lesen: „Sie ist siebzehn und schläft bei ihrem Freund. Das hätte ich früher nicht gedurft."

Neuner grinste. „Lass sie doch. Markus ist ein netter, solider Junge, der aus einem guten Elternhaus kommt. Er hat Manieren und die beiden lieben sich. Da wissen wir wenigstens, wo unsere Tochter am Wochenende ist."

Marianne seufzte und fing an das Geschirr in die Küche zu räumen.

Das Telefon klingelte. Neuner hob ab und meldete sich. Es war Georg Grundmann, der Vater von Markus. Er gehörte dem Vorstand einer großen Regensburger Genossenschaftsbank an, die ihren Hauptsitz in der Nähe des Bahnhofs hat. Die Grundmanns, der Vater und sein zwanzigjähriger Sohn, wohnten zwei Häuser weiter. Frau Grundmann war vor zwei Jahren an Krebs gestorben und Markus kam oft zu Besuch und ließ sich von Marianne Neuner bemuttern.

„Peter. Kann ich privat mit dir reden? Bloß wir beiden. Die Kinder wollen ins Kino und ich bin alleine zu Hause. Wäre es dir um acht recht?"

Neuner wunderte sich zwar, dass Grundmann so geheimnisvoll tat, aber er schien seine Gründe zu haben. Er sagte zu.

„Ich gehe um acht auf einen Sprung zu Georg rüber. Er will mit mir etwas bereden."

„Und was?", wollte seine Frau wissen.

„Keine Ahnung. Das wird er mir schon erklären."

Grundmann hatte eine Flasche Rotwein geöffnet und in zwei große, bauchige Gläser jeweils einen Finger hoch den edlen Saft eingeschenkt.

„Prost!", sagte er. Es war ein acht Jahre alter Ripasso aus dem Valpolicella, der Lieblingswein beider Männer. Sie hatten schon vor längerer Zeit festgestellt, dass sie den gleichen Weingeschmack besaßen.

Neuner probierte ihn, danach setze er das Glas ab und ein erwartungsvolles Gesicht auf.

Grundmann holte mehrfach tief Luft, wusste scheinbar nicht, wie er anfangen sollte. Schließlich räusperte er sich. „Unsere Kinder lieben sich und wir sind miteinander befreundet. Jetzt werde ich dich etwas fragen und mit dir über etwas reden, Peter. Dabei darf ich weder mit dir noch mit irgendjemand anderem darüber sprechen. Wenn das, was ich dir sage, diesen Raum verlässt, kann ich meinen Job an den Nagel hängen und stehe bald vor dem Kadi.

Neuner nickte, sagte aber nicht.

„Wir haben drei Anfragen zu den Kontoverbindungen, den Aktiva und Passiva und den Aus- und Eingängen der letzten drei Jahre von der Staatsanwaltschaft Regensburg erhalten. Wie du sicher weißt, kann das Bankgeheimnis durch eine richterliche Anordnung aufgehoben werden. Alle drei Kontenbesitzer sind Polizisten und du bist einer davon." Er machte eine Pause, sah seinem Freund in die Augen. Der hielt dem Blick stand. Endlich fragte er: „Hast du etwas verbrochen, Peter?"

Neuner schüttelte den Kopf. „Habe ich nicht, Georg." Dann erzählte er von dem Verdacht, den er, sein Chef und die Staatsanwaltschaft hatten. „Mir ist klar und es ist korrekt so, dass auch meine Bankverbindung und die Geldbewegungen überprüft werden. Ich wusste, dass das passieren wird. Aber danke, Georg, für dein Vertrauen."

Grundmann schenkte Wein nach und beide beschäftigten sich in den nächsten fünf Minuten mit dem Ripasso.

„Georg, wenn ich dich nach den beiden anderen Namen frage, darfst du mir sie sicherlich nicht nennen."

„Auf keinen Fall darf ich das."

Neuner grinste plötzlich. „Ist es dir auch verboten, mit dem Kopf zu schütteln?"

„Du bist ein Schlawiner." Jetzt musste Grundmann lachen. „Aber wenn ich es so genau überlege, hat mir niemand gesagt, dass ich nicht mit dem Kopf schütteln darf."

„Überreiter Gerd." Neuner begann mit dem Namen seines Stellvertreters. Grundmann schüttelte den Kopf.

Es folgten neun weitere Namen. Siebenmal schüttelte Georg Grundmann den Kopf, zweimal zuckte er mit den Schultern.

„Gab es bei denen irgendwelche auffälligen Kontobewegungen?"

Grundmann schüttelte erneut seinen Kopf.

Plötzlich kam Neuner eine Idee. „Kannst du dich von hier in euer System einloggen? Es ist sehr wichtig, Georg. Überprüfe bitte einen Namen. Bitte!"

Grundmann zögerte, dann fuhr er seinen Laptop hoch.

Als Neuner seinen Verdacht bestätigt sah, wurde er blass. „Danke, Georg", flüsterte er.

Sie widmeten sich wortlos dem Wein und als die Flasche leer war, holte Grundmann eine volle aus dem Keller.

Neuner kam kurz vor Mitternacht heim, wirkte in sich gekehrt und war deutlich angeheitert. Die vorwurfsvollen Blicke seiner Frau ignorierte er und auf ihre Frage, was den los gewesen war, kam die knappe Antwort: „Reiner Männerkram."

Marianne ging beleidigt ins Bett, während sich Neuner im Wohnzimmer in seinen Lieblingssessel setzte. Es war eine schlimme Situation! Er musste untätig bleiben und warten, bis sich die Interne meldete.

Hauptkommissar Neuner und seine Leute saßen jetzt schon seit zwei Monaten an ihren Schreibtischen und arbeiteten Akten durch, anstatt Einsätze zu üben, Sport zu machen und Verbrecher festzunehmen. Auf Nachfrage erklärte der Polizeidirektor, die internen Untersuchungen seien noch nicht abgeschlossen und dass er ihm schon Bescheid geben würde, wenn es an der Zeit wäre, wieder in den normalen Dienstbetrieb einzusteigen.

Anfang Juni kam eine Mail von Jason Gürster:

Liebe Kolleginnen und Kollegen,
ich habe mitbekommen, dass man sich im Team gegenseitig hilft. Meine Frau und ich haben gebaut – einige werden das ja mitbekommen haben – und wir möchte euch bitten, beim Umzug mit anzupacken.
Termin: Samstag in vierzehn Tagen.
Nach getaner Arbeit feiern wir dann gemeinsam in unserem neuen Haus. Ich habe einen riesigen Grill besorgt und es gib Bratwürstchen und Steaks, dazu eine Menge Bier, Wein und auch Softdrinks. Eure Partner sind natürlich auch herzlich eingeladen.
Wer mitmachen möchte, bitte kurz zurückmailen.
Jason Gürster

Bis auf die frisch verheiratete Karin Schwandner, die sich zu der Zeit auf Hochzeitsreise befand, sagte die ganze Truppe zu.
Feste muss man feiern, wie sie fallen!

Vier Mann von der Umzugsfirma, neun gestandene Polizisten und eine Polizistin räumen eine Vierzimmerwohnung schnell leer und bringen die Möbel noch schneller in ein neues Haus. Bereits um sechzehn Uhr war der Umzug nach Sarching erledigt. Bianca Präger, Marianne Neuner und zwei weitere Damen halfen Nicole, Jason Gürsters Frau, beim Aufhängen der Gardinen, während die Männer die Lampen anschlossen.
 Die sieben Jahre alten Zwillinge, Beatrice und Julia, hockten im Kinderzimmer auf dem Boden und hatte die Kiste leergeräumt, in denen sich die Barbie-Puppen und andere Spielsachen befanden.
 Währenddessen installierte Neuner Lampen über den beiden Betten und schloss sie an.
 „Spielst du mit uns"?", wollte eines der Mädchen wissen. „Wir haben ganz viele Sachen hier. Magst du Barbie?"
 „War das Beatrice oder Julia?", überlegte Neuner.

Das andere Mädchen kicherte hinter der vorgehaltenen Hand. „Das ist doch ein Mann, Julia. Der spielt doch nicht mit Barbie."

Jetzt konnten sich die Zwillinge vor Lachen nicht mehr halten.

Neuner schaute sich das Chaos auf dem Teppich an. Es lag alles kreuz und quer durcheinander. „Ihr müsst jetzt aber aufräumen, meine jungen Damen", sagte er. „Sonst kommt jemand rein und tritt auf eine Barbie. Außerdem fängt Papa jetzt an zu grillen. Wisst ihr was? Ich helfe euch."

Er kniet sich nieder und die Zwillinge räumten unter seiner Anleitung tatsächlich alles ordentlich auf.

Es war nach zweiundzwanzig Uhr. Neuner und Gürster saßen etwas abseits von den anderen und tranken Limonade.

„Wie hast du das geschafft, Jason?", wollte Neuner wissen. „Als Polizeiobermeister verdienst du nicht gerade fürstlich und deine Frau arbeitet nur halbtags, wenn die Kinder in der Schule sind. Und dann das große Haus hier und all diese Markenmöbel. Es sind doch sicherlich 200 Quadratmeter Wohnfläche."

„Einhundertneunzig." Gürster trank einen großen Schluck. „Du hast recht. Von der Gehaltsstufe A7 kann man sich das normalerweise nicht leisten. Aber ich habe bereits während der Lehre zwei Bausparverträge abgeschlossen und immer brav eingezahlt. Nicole hat Geld von ihrer Oma geerbt und auch das Grundstück hier war ein Teil ihres Erbes. Früher hat hier der Bauernhof von Nicols Urgroßeltern gestanden und ein paar Grundstücke sind in ihrer Familie verblieben. Unsere Vierzimmerwohnung in Neutraubling hat achthundert kalt gekostet. Die Zinsen sind zurzeit sehr günstig, wie du sicher weißt, und die Belastung für das Haus belaufen sich auf elfhundert Euro im Monat. Man erhält einen Steuerfreibetrag und unter dem Strich ist die Belastung nicht höher als die Miete in Neutraubling. So einfach ist das, Peter."

„Kompliment, Jason! Das hört sich richtig gut an", antwortete der.

Am Sonntagnachmittag lud Neuner Georg Grundmann auf ein Bier ein und die beiden Männer führten ein sehr ernsthaftes Gespräch, das sie erst beendeten, als Marianne mit Ruth und Markus aus München zurückkamen. Sie hatten dort einen Bummel durch die Innenstadt unternommen.

Am nächsten Morgen erhielt Neuner schon um acht Uhr eine wichtige Mail von Grundmann, die er ausdruckte und mit der er zum Polizeidirektor ging.

Der Direktor fiel aus allen Wolken, dann fragte er Neuner entsetzt: „Sind Sie von allen guten Geistern verlassen? Das ist die Aufgabe der Internen! Das kann Sie den Job kosten!"

Kurze Zeit später hatte er sich wieder beruhigt. „Wir rufen den Staatsanwalt an."

Der erschien innerhalb von fünfzehn Minuten in der Bajuwarenstraße. Erneut trug Neuner seine Erkenntnisse vor.

Das Erste, was der Staatsanwalt sagte, war: „Halten Sie bloß die Presse raus!" Dann fuhr er fort: „Holen Sie den Beamten her."

Der Direktor telefonierte schon mit seiner Sekretärin.

Ein paar Minuten später klopfte es an der Tür und der Direktor rief „Herein".

Die Tür öffnete sich und Jason Gürster blickte verblüfft auf die drei Männer. Der Direktor und der Staatsanwalt saßen an dem kleinen Konferenztisch, während Neuner sich gegen die Fensterbank lehnte und seine Arme vor der Brust verschränkt hielt. Er war blass und hielt seine Lippen fest aufeinander gepresst. So fest, dass sie fast weiß und blutleer wirkten. Er sagte nichts und schaute seinen Untergebenen regungslos an.

„Bitte setzen Sie sich, Herr Gürster." Der Direktor deutete auf einen freien Stuhl.

Gürster nahm Platz und sein Blick wanderte von einem zum anderen. Er hatte seine Unterarme auf den Tisch gestützt und seine Finger verschränkt. Es sah so aus als bete er oder als wolle er das Zittern seiner Hände unterdrücken.

Der Direktor blickte zu Neuner hinüber und nickte. Der löste sich vom Fenster und nahm neben Gürster Platz.

„Jason. Seitdem du in meiner Gruppe bist, haben wir zwei fehlgeschlagene Einsätze gehabt. Und das innerhalb eines Jahres. Vorher hatten wir einen fehlgelaufenen Einsatz – in vier Jahren."

Gürster zuckte mit den Schultern.

„Auch in München gab es fehlgeschlagene Einsätze in der Gruppe, zu der du gehört hast. In den letzten zwei Jahren agierte Straub von München aus. Er verlegte seinen Wohnsitz in dem gleichen Monat in unsere Stadt, als du auch nach Regensburg versetzt wurdest. Sicher ein Zufall!"

Gürster blieb stumm. Er starrte Neuner ins Gesicht und seine Kiefer mahlten.

Neuners Stimme wurde schneidend. „Beide fehlgeschlagenen Einsätze in Regensburg betrafen Kevin Straub. Einmal warteten wir vergeblich am Grenzübergang in Waidhaus. Ein Informant sagte, Straub wollte Crystal einkaufen und würde dort über die Grenze aus Tschechien einreisen. Aber er nutzte den Übergang Furth im Wald, während wir uns in Waidhaus langweilten. Das mag auch ein Zufall gewesen sein."

„Bestimmt", war Gürsters Antwort.

„Und dann der Fehlschlag vor elf Wochen."

„Und was habe ich damit zu tun?", kam Gürsters Frage.

„Dazu später. Du erinnerst dich, dass ich mit dir darüber gesprochen habe, wie es kommt, dass ihr euch solch ein großes Haus in einer relativ teuren Gegend am Rand von Regensburg leisten könnt."

„Und ich habe dir das genau erklärt. Meine Frau hat geerbt."

Neuner nickte, dann holte er ein Blatt Papier aus seiner Jackentasche. „Auf dem Konto deiner Frau, es läuft noch auf ihren Mädchennamen Nicole Bauris, sind in jedem der letzten elf Monate jeweils am Ersten vierzehntausend Euro eingegangen. Vorher hatte sie unter dem gleichen Namen ein Konto bei der Sparkasse München und dort gab es über zwei Jahre monatlich fünfstellige Eingänge in ähnlicher Höhe. Der Absender war immer eine Frau Melchior und sie gab an, es wären gewerbliche Miteinnahmen. Wer ist diese Frau Melchior?"

Gürster sah den Direktor an. „Muss ich die Frage beantworten?"

„Sie müssen nicht, aber sie sollten, Herr Gürster."

„Eine Verwandte meiner Frau."

„Aha. Sie ist aber nicht mit deiner Frau verwandt. Das wurde überprüft. Aber zufälligerweise ist Sigrid Melchior mit dir drei Jahre in die gleiche Klasse gegangen. Ich habe eine Klassenliste der Zehnten, der Abschlussklasse, aus der Realschule *Am Judenstein*. Zufall?"

Gürster schwieg.

„Noch ein Zufall ..." Neuner griff in seine Hosentasche und holte zwei kleine Dinge, eine rote und eine gelbe Figur, hervor. Figuren, wie man sie bei dem Spiel *Mensch ärgere Dich nicht* findet. „Kevin Straub gab ab, er habe am Abend vor unserem Einsatz in seiner Wohnung dieses Brettspiel gespielt. Das waren zwei dieser Figuren, die sich auf dem Tisch befanden."

„Und?", wollte Gürster wissen. „Die gehören zum Spiel."

Neuner wartete einen Moment. „Als ich bei euch im Kinderzimmer die Lampen angeschlossen habe, hatten eure Zwillinge eine große Kiste mit Spielen ausgepackt und alles lag auf dem Teppich. Darunter waren Spiele, auch *Mensch ärgere Dich nicht*. Ich half deinen Mädchen beim Aufräumen und dabei fielen mir die beiden Figuren auf. Es waren die gleichen, die ich bei Kevin Straub in der Wohnung bemerkt hatte. Du hast ihn gewarnt und ihm das Spiel geliehen. Ich wette, wir finden noch seine Fingerabdrücke auf dem Brett. Übrigens wird eure Wohnung gerade durchsucht."

Mittlerweile war Gürster weiß wie die Wand geworden.

Neuner fuhr fort: „Und diese Frau Melchior ist die getrennt lebende Ehefrau von Kevin Straub. Sie hatte bei der Heirat ihren Namen behalten. Praktisch, nicht wahr?"

Obwohl es Neuner fast erwartet hatte, fuhr Gürster hoch wie von der Tarantel gestochen. Seine Hand fuhr unter die Jacke und, noch ehe jemand reagieren konnte, zielte er mit seiner Dienstpistole auf die drei Männer. Mit der anderen Hand zog er zwei Handschellen hinten aus seiner Hosentasche, die er Neuner zuwarf. „Anlegen!", befahl er. „Du mit deiner linken Hand und die von dem da ...", er zeigte auf den Staatsanwalt, „und die andere mit dem Direktor und deiner rechten Hand. Schnell!"

„Tun Sie das, Herr Neuner." Das waren die ersten Worte des Staatsanwalts, seitdem Gürster den Raum betreten hatte.

Als die drei Männer gefesselt waren, nahm Gürster das Telefon, warf es auf den Boden und zertrat es. Danach eilte er hastig aus dem Raum und rannte an der verblüfften Sekretärin vorbei.

Neuner hatte unter Verrenkungen einen Handschellenschlüssel aus seiner Jackentasche gezogen und ließ den Direktor die Handschellen aufschließen. Dann holte er sein Handy hervor und rief die hausinterne Notrufnummer an.

„Fahndung nach Jason Gürster wegen ..."
Anschließend beorderte er weitere Polizisten zum Haus der Gürsters. Nicole Gürster und die Zwillinge befanden sich im Haus und wurden von Polizisten bewacht. Der Flüchtige hatte keine Chance auch nur in die Nähe des Hauses zu kommen!

Am Abend wurde ein Mann in einer kleinen Kneipe in Regensburg erschossen. Er hieß Kevin Straub. Gäste sagten aus, dass jemand, den sie noch nie hier gesehen hatten, in die Gaststube gekommen war, direkt auf den Straub zuging und nur zwei Worte gesagt hatte: „Hallo, Kevin." Als sich Straub umdrehte, hatte der Fremde zweimal geschossen und war ruhig wieder hinausgegangen.

Das Auto von Jason Gürster fand ein Jogger am folgenden Morgen in der Nähe der Geislinger Schleuse. Jason Gürster war hinter dem Steuer zusammengesackt. Er hatte sich in den Mund geschossen.

Fünf Tage später wurde Gürster in Regensburg auf dem Unteren Katholischen Friedhof beerdigt. Als Peter Neuner nach der Beerdigung Nicole Gürster seine Beileid ausdrücken wollte, schrie sie ihn an: „Sie haben mich zur Witwe gemacht und die Mädchen zu Halbwaisen. Sie sind schuld!"
Dann drehte sie sich um und verließ die Trauergemeinde, an jeder Hand ein weinendes Mädchen.

Das Handy

Ich gebe es offen zu: Ich bin ein Dieb. Ich stehle aus Leidenschaft und natürlich um mir meinen Lebensunterhalt zu verdienen.

„Pfui!", werden Sie sagen oder denken. „Der gehört bestraft, ins Gefängnis geworfen."

Für jemand wie mich gibt es im StGB den *§ 242 Diebstahl*, der mit einer Strafe bis zu fünf Jahren droht. Das weiß ich. Den Paragrafen kenne ich genau und ich muss gestehen, dass mich schon einmal ein Richter nach *§ 242 StGB* für zweieinhalb Jahre in den Knast geschickt hatte. Der Aufenthalt dort war mir eine Lehre. Ich musste zwanzig Monate absitzen und kam dann vorzeitig frei, weil ich ein vorbildlicher Häftling gewesen war: Ich hielt meine Zelle in Ordnung, war immer höflich zu den Schließern, gab mich stets ruhig und beachtete streng alle Hausregeln.

Bei der Entlassung sagte mir der Leitende Beamte: „Herr Mayer, ich bin mir sicher, Sie sehen wir nie wieder. Der Aufenthalt hier war Ihnen bestimmt eine Lehre und Sie haben gelernt, dass es sich nicht lohnt zu stehlen." Dabei blickte er mich streng, aber durchaus wohlwollend an, während ich meine Sachen in einen kleinen Rucksack packte.

„Ich verspreche ihnen, Sie sehen mich nicht wieder", war meine Antwort, während ich den Beamten freundlich anlächelte. Eines hatte ich tatsächlich gelernt: Lass dich nicht mehr erwischen! Aber das erzählte ich dem Mann nicht. Außerdem klärte ich ihn natürlich nicht darüber auf, dass sich Stehlen sehr wohl lohnt. Bei meiner Arbeit kann ich in wenigen Minuten mehr verdienen, als der Beamte im ganzen Jahr – einschließlich seiner Zulagen und dem Weihnachtsgeld.

Ich verließ das Gefängnis mit dem festen Vorsatz, mich nie wieder schnappen zu lassen. Ich wusste genau, beim nächsten Mal würde mich der Richter nach *§ 243 Schwerer Diebstahl* verurteilen und das hieß mindestens fünf Jahre. Die Begründung würde sein, dass ich ein gewerbsmäßiger Dieb war und den bestraft unser Justizsystem besonders hart.

Ach so. Ich habe ganz vergessen, mich vorzustellen: Marcus Mayer, Ende dreißig, geboren in Regensburg, aufgewachsen in Kumpfmühl, Grundschule und Gymnasium in der Domstadt und ein abgebrochenes Maschinenbaustudium an der FH. Vom Aussehen her bin ich ein Durchschnittstyp. Schlank und sportlich, weder zu groß noch zu klein, braune Augen und dunkle Haare, eine normale Frisur und ich trage immer Kleidung, die nicht auffällt. Wer mich sieht, hat mich bald wieder vergessen. Ich bin total unauffällig – die ideale Voraussetzung für den Beruf des Diebs.

Über meine bisherige Arbeit werde ich Ihnen nicht viel erzählen, was Sie sicherlich verstehen. Ich schlage keine Autoscheiben ein, um ein 200-Euro-Navi zu entwenden. Ich beklaue keine älteren Leute, die gerade aus der Bank kommen, und überfalle keine Ehepaare, die nachts friedlich in ihrem Haus schlafen. Gewalt wende ich nur dann an, wenn mir nichts anderes übrigbleibt. Wenn mich jemand attackiert, dann wehre ich mich und Sie können mir glauben, ich weiß mich zu wehren. So bin ich dauernd unterwegs und gehe meiner Arbeit nach. Ich stehle in Landshut und Dingolfing, in München und Starnberg (dort lohnt es sich besonders) und überall dort, wo Leute mit viel Geld wohnen. In meiner Heimatstadt arbeite ich nur ganz selten.

Vorsicht ist eben die Mutter der Porzellankiste.

Am letzten Dienstag lief ich vom Haidplatz in Richtung Arnulfsplatz, als ich einen dicken Geländewagen eines Herstellers aus Zuffenhausen bemerkte, der mit röhrendem Motor aus der Rote-Hahnen-Gasse gefahren kam und hupend ein paar verschreckte Radler und Touristen beiseite scheuchte. Der Wagen stoppte vor dem bekannten Juweliergeschäft in der Ludwigsstraße und ein Pärchen stieg aus. Er war ein großer, massiger Typ mit beginnender Stirnglatze und Pferdeschwanz und Sie entpuppte sich als ein zierliches Persönchen mit langen, blonden Haaren, das mächtig Silikon vor sich herschob. Besonders auffallend waren der gefleckte Pelzmantel (im Mai!) und die handhohen, goldenen High Heels, die Idealschuhe für das Regensburger Pflaster.

Mister Neureich und Miss Gespielin in Bestbesetzung.

Ich blieb stehen und beobachtete unauffällig, was die beiden dort machten. Er trug einen langen, braunen Ledermantel, der sicherlich auch zu warm für diese Jahreszeit und sehr unbequem im Auto zu tragen war. Der Typ hatte keinen Autoschlüssel in der Hand und ich wusste warum: Der Wagen besaß ein Keyless-System, was bedeutete, dass der Schlüssel irgendwo in seiner Hosentasche steckte und die Zentralverriegelung automatisch ent- oder verriegelte, wenn sich Herrchen näherte oder entfernte. Das war der Idealfall eines Autos für einen Dieb wie mich. Ich hatte schon meine Linke in der Jackentasche und wollte den Knopf auf dem kleinen Kästchen drücken, als sich der Typ noch unverhofft umdrehte, die Fahrertür öffnete, seinen Mantel auszog und ihn in den Wagen warf. Dann folgte er der jungen Dame und beide strebten dem Eingang des Juweliergeschäfts entgegen, wo sie klingeln mussten und erst über eine Kamera gemustert wurden.

Ich hielt derweilen den Knopf des Jammers gedrückt, der ein Störsignal aussandte, während das Pärchen im Geschäft verschwand. So blieb der Wagen unverschlossen. Das kleine Gerät in meiner Jackentasche hatte verhindert, dass die Zentralverriegelung ihre Arbeit verrichtete.

Ich ging zielstrebig zu dem Wagen hinüber und öffnete, so als wäre es das Selbstverständlichste auf der ganzen Welt, die Beifahrertür und stieg ein.

„Mann", denken Sie, „der traut sich etwas. Er wird doch von allen Seiten beobachtet."

Das glauben Sie. Aber es kümmerte keinen Menschen, ob ich da in den Wagen einstieg oder nicht. Außerdem sah es ja so aus, als dürfe ich das und so ging jeder seines Weges und niemand machte sich Gedanken über einen unauffälligen Mann in einem geparkten Auto.

Ein Rundumblick und ich wusste, dass in dem Auto selbst nichts zu holen war. So durchsuchte ich den Ledermantel: Zuerst fand ich zwei nagelneue Top-Handys – ein iPhone und ein Galaxy S5. In einer Innentasche erfühlte ich einen handtellergroßen, zirka drei Zentimeter dicken Packen und wusste sofort, um was es sich handelte: einfach gefaltete Geldscheine, zusammengehalten von einer Klammer. Ich musste erst einen Reißverschluss aufziehen und dann fand ich in der Tasche ein kleineres Fach mit einem Klettverschluss, in dem das Geld steckte. Das war ein typisches Versteck für den Notgroschen. Für den Fall eines Falles hatte der Besitzer des

Mantels dort ein paar Euros gebunkert. Später stellte ich fest, es handelte sich um einhundert 500-Euro-Scheine, stolze fünfzigtausend Euro.

Dreißig Sekunden später hatte ich das Auto wieder verlassen, nicht ohne es vor dem Schließen der Tür von innen her zu verriegeln. Ruhigen Schritts ging ich in die Glockengasse, verschwand nach ein paar Metern in einem Durchgang zu einem Hinterhof. Dort nahm ich die Mütze mit der integrierten blonden Perücke und die große Brille mit den Fenstergläsern ab, verstaute beides in den Jackentaschen, zog meine dunkle Wendejacke aus, drehte sie gekonnt auf links und trug nun eine dunkelrote Jacke. Wenig später verließ ich gemessenen Schritts den Durchgang. Mein Wagen, ein auf den ersten Blick unauffälliger, silberfarbener Golf, stand in der Tiefgarage am Bismarckplatz. Mein Gedankengang war ganz einfach: Das Pärchen würde sich im Juwelierladen ausgiebig beraten lassen und dann in aller Seelenruhe einkaufen. Vielleicht schaute er sich auch noch nach einer neuen *Rolex* oder einer *Hublot Big Bang* um und so war damit zu rechnen, dass sie mindestens eine Stunde, wahrscheinlich aber länger, im Geschäft bleiben würden. Dann war es Mittag und sie mussten irgendwo einen Imbiss zu sich nehmen. Er ein Steak mit Speckbohnen und Sie ein paar Blättchen Salat mit einem Joghurt-Dressing.

Wenn ich Glück hatte, blieben mir zwei Stunden, wenn ich Pech hatte, nur eine Stunde. So gab ich Gas und war bereits zehn Minuten später am Rennweg. Dort parkte ich am Franz-von-Taxis-Ring. Sie werden sich fragen, wieso ich so zielstrebig diesen Teil Regensburgs aufsuchte. Das ist ganz einfach. Ich kannte den Wagen und das Pärchen. Ich hatte sie dort schon gesehen, als ich mit einem Hund spazieren ging. Ich bin Mitglied im Tierschutzverein und führe regelmäßig Hunde aus dem Heim aus. Je nach Hund trage ich beim Gassi gehen unterschiedliche Outfits, sodass niemandem auffällt, dass der gleiche Mann mit verschiedenen Hunden unterwegs ist. Bei einem meiner Spaziergänge in dem neuen Viertel am ehemaligen Rennplatz fielen mir das Auto und das Pärchen (in dieser Reihenfolge) auf und ich wusste auch, wo sie wohnen: in dem Penthaus, das sich oben über zwei der Blocks hinzog. Es gab einen separaten Eingang mit einem Num-

mernschloss, einen privaten Aufzug in den vierten Stock und einen extrabreiten Stellplatz in der Tiefgarage für den extrabreiten SUV.
Diesem Penthaus wollte ich jetzt einen Besuch abstatten.

Mein erster Fehler war, in meiner Heimatstadt beruflich tätig zu werden. Meinen zweiten Fehler beging ich, als ich mir nur das iPhone ansah und die Kontakte überprüfte. Es gab eine ellenlange Liste von Namen, die alle auf -ević, -ović beziehungsweise -vić endeten. Deutsche Namen, genauso wie ein paar englische und auch niederländische waren ebenfalls vertreten. Ganz oben in der Liste standen *AAAJulie* und ihre Handynummer. Die Blonde mit dem hohen Silikongehalt hieß also Julie. Darunter las ich das, was ich gesucht hatte: *Haus 367465*. Das war mit Sicherheit keine Telefonnummer, sondern der Code für den Eingang. Mein Glück war die Dummheit anderer Leute. Wie konnte man nur einen Code auf dem Handy unter den Kontakten speichern und noch nicht einmal eine Tastensperre mit PIN einrichten?

Ach so. Sie wollen meinen zweiten Fehler wissen: Ich versäumte es, mir das Samsung Handy anzuschauen. Warum sollte ich das auch? Schließlich befanden sich auf dem iPhone alle Informationen, die ich benötigte.
Ich trug diesmal eine Baseball-Cap, eine große Sonnenbrille, einen blauen Handwerker-Mantel mit der Aufschrift *Security–TechService* und hatte mehrere Polster in meine Backen geschoben. Selbst meine Mutter hätte mich so nicht erkannt. Die große Tasche mit dem Werkzeug musste natürlich auch mit, als ich zum Eingang des Penthauses hinüberging. Schon von Weitem sah ich den IR-Sensor und das kleine Kameraauge neben dem Briefkasten. Wenn jemand in den Eingang trat, aktivierte der Sensor die Kamera und die speicherte alles auf die Festplatte eines Rechners.
Ich lief über den Rasen, trat rechts neben den Eingang, sah mich kurz um. Niemand beachtete mich. Mein Arm fuhr um die Ecke und der Farbnebel aus der kleinen Spraydose ließ das Kameraauge erblinden. Eine spätere Auswertung der Aufnahmen würde für drei Zehntel Sekunden einen Arm mit einer behandschuhten Hand zeigen, die eine Spraydose hielt. Ab da wurde alles dunkel. Ich tippte die Kombination ein und hatte richtig geraten. Mit einem leisen Knacken öffnete sich die Tür und ich trat ein. Die

Tür schloss sich hinter mir und die Fahrstuhltür öffnete sich wie von Geisterhand.

„Bitte geben Sie den vierstelligen Code ein", sagte eine freundliche Damenstimme. Was nun? Ich überlegte kurz, dann tippte ich die ersten vier Zahlen, die 3674 ein.

„Danke und willkommen", säuselte die freundliche Damenstimme und der Fahrstuhl surrte nach oben.

Die Eingangstür zur Wohnung war weiß gestrichen, völlig glatt und oben von der Decke glotzten mich zwei Kameras an. Zwei rote Lichter glommen auf und ich wusste, dass man mich nun filmte. Für die Sache mit dem Spray war es jetzt zu spät. Was nun? Ich schaltete das iPhone ein und wischte über das Display. Ganz oben in der linken Ecke befand sich ein Symbol für die App *TLoc* in Form eines roten Schlüssels. Ich berührte die App, über der Tür leuchteten nacheinander sechs winzige, grüne LEDs auf und, Sesam-öffne-dich, ich war drin. So einfach war das.

Zuerst tat ich das, was ich bestimmt schon hundertfach getan hatte. Ich suchte und fand den Computer für das Überwachungssystem, löschte die Aufnahmen der letzten zehn Minuten und schaltete die Kameras über eine Zeitschaltfunktion für die nächsten zwei Stunden aus. Den Stecker durfte ich nicht einfach rausziehen, denn das System kontrollierte mit Sicherheit auch der Zugang zum Fahrstuhl und das Schließsystem der Eingangstür. Außerdem war damit zu rechnen, dass die Stromabschaltung einen Alarm bei einer Sicherheitsfirma auslösen würde. Alles das war mir bekannt und ich fand es einfach toll, wenn viele Leute dem Marktführer von Überwachungssystemen vertrauten. Zudem kauften sie nur die Standardausführung (weil die anderen Systeme zu teuer waren) und so musste ich mich nicht dauernd umstellen und neu einarbeiten.

Ich warf schnell einen Blick in alle Zimmer, wobei mich die protzige Einrichtung und die teure Unterhaltungselektronik wenig interessierte. Sollte ich etwa anfangen, den riesigen Bildschirm von B&O abzubauen und rauszutragen? Das wäre Unsinn. Die Dinger kann man weder alleine vernünftig tragen, noch in einen Golf packen, geschweige denn verkaufen.

In den Schubladen im Schlafzimmer fand ich, was ich erwartet hatte: Zwei edle Lederboxen gefüllt mit Uhren. *Rolex, Breitling und Co.* waren reichlich und nur in den teuersten Ausführungen vorhanden. Julie besaß drei *Cartier* in Platin, Rot- und Weißgold, alle mit Brillanten besetzt. Geschätzter Wert über einhunderttausend Euro allein für die drei Damenticker.

Die Boxen mit den Uhren verschwanden in meiner Tasche, desgleichen der Schmuck, der sich in einer Schatulle in der Nachbarschublade befand.

Ich schaute auf meine Armbanduhr – eine billige Seiko – und gab mir noch genau zehn Minuten. Jetzt wandte ich mich dem begehbaren Kleiderschrank zu. Den kleinen, schwarzen Knopf über der Tür, nicht größer als eine Erbse, übersah ich. Das war mein nächster Fehler.

Die Schiebetür öffnete sich nach einem leichten Druck und gab den Blick frei auf eine wohlgeordnete Auswahl erstklassiger Kleidungsstücke. Da hingen Klamotten für viele Zehntausend Euro stellte ich auf den ersten Blick fest und ich musste zugeben, dass die beiden einen teuren Geschmack besaßen. Ich schaute mich prüfend um, dann trat ich ein und wandte mich nach rechts, dort wo sich die Herrensachen befanden. Die Pelze, Dessous und Handtaschen auf der linken Seite interessierten mich nicht die Bohne.

Plötzlich gab das Samsung S5, das in meiner linken Innentasche steckte, eine Folge von Tönen ab. Die waren mir bekannt: Jemand hatte eine Nachricht geschickt. Nach einem Moment der Überlegung holte ich das S5 heraus, aktivierte die Oberfläche und sah das Symbol für SMS. Auch bei diesem Handy, ich konnte die Dummheit des Besitzers kaum begreifen, war die Tastensperre aufgehoben.

Mir brach der Schweiß aus, als ich die drei Worte las und gleichzeitig wurde mir schlagartig übel:

du bist tot

Hastig schloss ich das Mailprogramm und überprüfte das Display. Ein App fiel mir sofort ins Auge. Ich kannte das Programm, denn ich hatte es schon selbst benutzt: *GPSTracker*.

Der Besitzer des Handys konnte mithilfe eines Computers oder eines Smartphones den Standort seines Geräts bestimmen. Er wusste wahrscheinlich, dass ich hier war, zumindest ahnte er es.

Im selben Augenblick wurde mir klar, ich musste hier raus und zwar sofort. Im Umdrehen streifte mein Blick eine teure Ledertasche, die neben den Schuhen stand. Ich weiß nicht warum, aber ich schnappte sie mir. Sie war ziemlich schwer, worüber ich mir in dem Moment keine Gedanken machte. Beide Taschen klemmte ich unter den linken Arm und dann verließ ich fluchtartig die Wohnung. Die Fahrstuhltür stand offen, ich drücke den Button für EG und das Ding brauchte eine gefühlte Ewigkeit, bis es sich in Bewegung setzte und nach unten glitt.

Ich nehme an, auch Sie kennen das Gefühl, wenn man auf etwas wartet und einem es dann vorkommt, als wenn die Zeit eine Konsistenz von kaltem Honig besitzt. Scheußlich, nicht wahr?

Noch während die Tür sich zu öffnen begann, quetschte ich mich durch den Spalt. Für die drei schnellen Schritte bis zur Haustür und um dort den Entriegelungsknopf zu drücken benötigte ich nur zwei hastige Atemzüge. Die Flucht aus dem Penthaus dauerte weniger als dreißig Sekunden, aber mir kam sie vor wie dreißig Minuten.

Draußen schien die Sonne und auf den Bürgersteigen gingen Leuten spazieren, die ich routiniert überprüfte: eine Frau mit einem Zwillingskinderwagen, ein älteres Paar, das sich angeregt unterhielt, Frauen mit Einkaufstaschen und eine Gruppe von Schulkindern. Zwei Radfahrer rollten an den Blocks vorbei und ein paar Autos schlichen durch die 30er-Zone. Niemand schien sich für mich zu interessieren.

Zügig ging ich zu meinem Auto hinüber (Laufe nie – außer um dein Leben!) und drückte dabei die Fernbedienung für die Zentralverriegelung.

Die Taschen flogen auf die Rückbank, noch zehn Sekunden und ich war hier verschwunden. Als ich einsteigen wollte, bemerkte ich plötzlich, wie sich die Härchen auf meinen Armen aufstellten und ein kalter Schauer mein Rückgrat hinunterlief. Verblüfft verharrte ich und erst jetzt vernahmen meine Ohren das Röhren eines schweren Motors, das schnell näherkam. Scheiße, das hatte mir noch gefehlt! Der Typ war unterwegs um mich zu erwischen. Er wusste genau, wo ich war.

„Du Depp!", schalt ich mich halblaut. „Warum hast du nicht rechtzeitig das Handy überprüft?" Ich hatte einen typischen Anfängerfehler begangen. Ich – der Profi. Über den noch größeren Fehler, ich hätte das Handy einfach in der Wohnung liegenlassen sollen, dachte ich in diesem Moment gar nicht nach.

Rein ins Auto, den Schlüssel ins Schloss und schon starten, während ich noch die Fahrertür zuzog, das war tausendfach geübt. Beim Blick in den Rückspiegel sackte mir das Herz in die Hose. Der Porsche Cayenne bog gerade mit quietschenden Reifen und aufheulendem Motor in die Straße ein und würde innerhalb kürzester Zeit vor dem Haus stoppen.

Meine Entscheidung fiel schneller als ein Wimpernschlag, als ich sah, dass hinter meinem Wagen mehrere Parkplätze nicht belegt waren. Ich lege den Gang ein und rollte zwanzig Meter rückwärts, blieb dann stehen und beugte mich vor, so als würde ich im Auto etwas kontrollieren. Aus den Augenwinkeln beobachtete ich wie der SUV vorbeischoss und eine Vollbremsung hinlegte.

„Tu es!", flüsterte ich und der Typ schien tatsächlich das vorzuhaben, was ich mir erhoffte. Der Cayenne rollte quer über die Straße aus und blieb direkt vor dem Eingang zum Penthaus stehen. Beide Vordertüren flogen auf, dann sprangen Er und Sie synchron nach rechts und links aus dem Auto. Während Er losrannte, schaute Sie auf etwas, das sie in ihrer Hand hielt.

Ich wollte schon aufatmen, da hörte ich sie gellend schreien: „Da hinten! Da hinten!", und ihre Hand wedelte in meine Richtung. Sie hielt ihr Handy in der Hand, auf dem anscheinend auch der *GPSTracker* installiert war und sie wusste, obwohl ich ihr das gar nicht zutraute, das Programm zu bedienen.

„Da im Golf ist er!", hörte ich sie quieken.

Der Typ legte mitten im Sprint eine Vollbremsung hin, blickte zu meinem Golf hinüber und sprintete erneut los – diesmal in meine Richtung. Den an oder sogar in meinem Wagen zu haben, das war das Allerletzte, was ich jetzt gebrauchen konnte. Der Vorwärtsgang flutschte rein und ich gab Gas, rauschte aus der Parklücke, wendete mit wimmernden Reifen, überfuhr den Randstein, was den Golf bocken ließ wie einen störrischen Esel und dann drückte ich das Gaspedal aufs Bodenblech. Ein Blick in den Rückspiegel: Das Pärchen saß schon wieder im Geländewagen und auch der Typ, so war ich mir sicher, würde jetzt auch Vollgas geben.

„Das war es", werden Sie sich denken. „Fünfhundert PS und zwei Komma zwei Tonnen Porsche gegen einen Golf, gegen eine Familienkutsche."

Nun, mein Golf ist kein ganz serienmäßiger Golf und das, was da unter seiner Haube werkelte, war ein Motor, der bei einer bekannten Tuning-Firma im Allgäu auf knapp über dreihundert PS hochgezüchtet worden war. Von außen bemerkte nur ein Kenner die dezenten Kotflügelverbreiterungen, die 255er Reifen und die beiden dicken Auspuffrohre. Natürlich standen die Optimierungen nicht in den Papieren, genauso wenig, wie die Nürnberger Nummernschilder echt waren.

Während der Wagen vorwärts schoss, surrte das Fenster an der Fahrerseite runter und ich warf das Samsung in weitem Bogen auf die Straße. Insgeheim hoffte ich, der Typ würde so an dem S5 hängen, dass er bremsen und es aufheben würde.

Aber gepfiffen.

Ich musste zweimal kurz die Geschwindigkeit verringern, als ich nach links in die Stromerstraße abbog und vor mir einer fröhlich auf dem Radweg radelte, ein weiteres Mal als ich mich in Richtung stadteinwärts aufmachte. Hinter mir röhrte es und meine Nackenhärchen stellten sich auf. Der SUV war weniger als dreißig Meter entfernt – für fünfhundert PS nur ein Katzensprung.

Mein erster Gedanke war: ab auf die Autobahn. Aber die Idee verwarf ich gleich wieder. Auf der Autobahn geht es nur geradeaus, der Porsche war eventuell etwas schneller als mein Golf, und man kann sie nur über die Abfahrten verlassen. Außerdem wussten die Bullen sicherlich schon Bescheid, dass sich zwei Irre im Westen ein Autorennen lieferten und Abfahrten waren leicht zu blockieren. Mir blieb nur eine Chance. Ich musste dahin, wo ich mich besser auskannte als in meiner Hosentasche: nach Kumpfmühl und Neuprüll.

Der Verfolger blieb mir dicht auf den Fersen, ohne aber richtig Druck zu machen. Ich erwartete Überholmanöver, dichtes Auffahren und sogar den Versuch meinen Golf zu rammen oder von der Fahrbahn zu drängen. Aber nichts davon passierte. Er hielt sich hinter mir und endlich verstand ich sein Vorhaben. Er wollte zum einen die Polizei aus dem Spiel halten und zum anderen schauen, wohin ich fahre (Auf die Autobahn? Vielleicht war ich ja so dumm.) und er nahm sich Zeit, zu überlegen. Im Rückspiegel sah ich Sie telefonieren. Ich vermutete, sie war dabei, Hilfe zu organisieren. Der Typ war schlau und mir war klar, er war der schlimmste Gegner mit dem ich es jemals zu tun gehabt hatte.

So ging es zügig über die Prüfeninger Straße, danach durch die Wittelsbacher Straße und nun ab nach Süden in Richtung Kumpfmühl. In dem Gewirr der Wohnblocks südlich der Karl-Stieler-Straße gibt es zwei Stellen, die ich schon vor langer Zeit in weiser Voraussicht für mich ausgesucht hatte.

Als ich in die Siedlung einbog, hing mir der Porsche plötzlich hinten an der Stoßstange. Der Typ ahnte wohl, dass ich etwas vorhatte. Ich wurde etwas langsamer, er bremste auch ab und, als links der Müllcontainer mit dem roten Farbfleck erschien, der mir als Wegweiser diente, gab ich urplötzlich Vollgas. Ich driftete den Golf um die nächste Ecke und raste direkt auf die beiden stabilen Granitsäulen zu, die den Weg zwischen den Häusern versperrten.

Hinter mir schwoll das Röhren des Achtzylinders an und das war genau der Sound, den ich mir gewünscht hatte.

Ich hatte es vor einiger Zeit genau ausgemessen und mehrfach geübt: Der Golf passte exakt durch die Lücke zwischen den Granitsäulen und an beiden Seiten blieben zusammen nur drei Zentimeter Luft. Der Cayenne war mindestens zehn Zentimeter breiter als der Golf und an den Säulen war dessen Fahrt zu Ende. Ich hörte den Knall, sah im Rückspiegel, wie der SUV hinten hochstieg und sich hinter der Frontscheibe zwei große, weiße Ballons aufblähten.

Ich rauschte auf die Straße, nahm das Tempo raus und brachte den Wagen sicher in die Garage, die ich für ihn angemietet hatte.

Den Typen war ich los.
Das dachte ich zumindest.

Am Abend traf ich Louis in unserer Kneipe. Neben meiner Wohnung in Lappersdorf ist die kleine Kneipe am nördlichen Rand von Regensburg der einzige sichere Ort für mich. Dort erhielt ich alles, was ich benötigte.

Louis, der mein bester Freund und einziger Vertrauter ist, war der Fachmann für Autos und für den An- und Verkauf von Waren jeglicher Art.

„Griaß di, Louis", sagte ich und klopfte ihm auf die Schulter. Er saß wie immer am Ende der Theke auf seinem privaten Barhocker, lehnte sich mit dem Rücken gegen die Wand und war dabei nur zwei Schritte von dem Notausgang mit der Überschrift „Privat – Zutritt verboten" entfernt.

„Hallo, Alter", meinte er und hob sein Glas mit Apfelschorle. Er trank nie etwas anderes. Dann schaute er mich prüfend an. „Du hast Sand im Getriebe", stellte er fest. „Was ist passiert, Alter?"

Ich erzählte ihm in groben Zügen, was passiert war. Mit „… ich muss die Karre und das iPhone loswerden.", schloss ich meinen Bericht.

Er nickte. „Schieb als Anzahlung fünf Scheine rüber."

Ich gab ihm einen Fünfhunderter.

Louis winkte den Wirt zu sich. „Ich brauche die Lampe."

Er bekam die Prüflampe und wir wussten jetzt, dass der Schein echt war.

Das iPhone (natürlich ohne SIM-Karte), der Autoschlüssel und die Fahrzeugpapiere wechselten den Besitzer.

„Wir sehen uns. Ich rufe dich an", murmelte er und schon war er weg.

Louis war ein eingebürgerter Tscheche und sprach neben Deutsch, Tschechisch und Polnisch auch fließend Russisch.

Alles, was ich verkaufen wollte, ging rüber in die Tschechische Republik. Autos verschwanden in den Osten, hochwertige Handys und Tablets von Tschechien aus nach Italien oder Spanien (*ebay* sei Dank) und für Schmuck waren Rumänien und Bulgarien die besten Absatzgebiete. Uhren gingen immer in die Ukraine oder nach Russland. Und das alles regelte Louis von Tschechien aus.

Unsere Vereinbarung war einfach: Er bekam ein Drittel und ich den Rest des Erlöses. Das hatten wir per Handschlag so ausgemacht.

Die nächsten beiden Tage verließ ich meine Wohnung, nur um einkaufen zu gehen. Mein Nachbar, ein pensionierter Oberstudienrat fragte, als wir uns im Flur trafen: „Na, Herr Mayer. Läuft es mit den Abschlüssen nicht so gut oder haben Sie Urlaub?"

„Urlaub", antwortete ich freundlich und hielt ihm die Tür auf. „Mit den Abschlüssen läuft es bestens."

Für den alten Herrn war ich Vertreter einer bekannten Bausparkasse und die passenden Aufkleber auf meinem „privaten" Wagen, einem älteren, gut gepflegten Audi A4, bestätigten seine Meinung über mich.

Am Nachmittag bekam ich einen Anruf von Louis. „Bin wieder da", nuschelte er.

„Alles klar?", wollte ich wissen.

„Drüben ja", war seine Antwort. „Aber ...", er machte eine Kunstpause. „Hier nicht. Freunde haben mir gesagt, dass in Regensburg zwei üble Typen rumlaufen und nach dir suchen. Sie haben ein Bild von dir und zeigen es rum. Ich habe sie dann gesucht."

„Scheiße!", entfuhr es mir. „Hast du sie gesehen?"

„Sie haben auch mir dein Bild gezeigt. Man kann dich aber kaum identifizieren. Ich kenne deinen Handwerker-Mantel und wusste daher, dass du es bist."

„Was sind das für Leute?", wollte ich wissen.

„Sie sprachen Serbo-Kroatisch. Es waren Serben."

Ich dachte an die vielen Kontakte mit den –ić am Ende im iPhone.

„Danke, Louis", sagte ich. „Wir sehen uns morgen."

Am folgenden Abend trafen wir uns wie gewohnt in der Kneipe. Louis und ich diskutieren lange, ob wir uns nicht verändern sollten. München und Nürnberg verwarfen wir gleich wieder. Da war die Konkurrenz zu groß. Aber Hof zum Beispiel ist eine wirklich nette Stadt und liegt praktischerweise nur wenige Kilometer von der tschechischen Grenze entfernt.

„Ich miete mir eine Wohnung in Aš, in der Tschechischen Republik, und du ziehst nach Rehau. Das sind nur dreißig Kilometer. Wir gründen eine

Firma, zum Beispiel den deutsch-tschechischen Express-Lieferservice. *IMEX Vogtland*. Das ist sehr unverdächtig." Louis grinste mich an.

Das klang für mich gar nicht schlecht.

„Außerdem habe ich Beziehungen nach Hof. Ein Freund hat dort eine kleine Kneipe." Louis trank einen Schluck Apfelschorle und wartete auf meine Reaktion.

Ich nickte. Das Argument mit dem Freund und der Kneipe gab den Ausschlag. Zwei Tagen lang checkte ich dort in der Gegend die Immobilienpreise. Im Gegensatz zu Regensburg gab es dort noch echte Schnäppchen. Louis' Idee mit dem Express-Lieferservice war erstklassig. Bei der Autofirma mit dem Stern habe ich schon drei Sprinter bestellt, in denen wir meine Waren gut über die Grenze bringen können. Außerdem ist auch für einen erfolgreichen Dieb ein zweites Standbein nicht zu verachten.

Aber bevor wir dieses Projekt in Angriff nahmen, hatte ich noch etwas Wichtiges zu erledigen.

Die Tasche, die ich aus dem begehbaren Kleiderschrank mitgenommen hatte, enthielt eine Überraschung. Eigentlich waren es drei Überraschungen gewesen: fünf Kilo reines Heroin, ein kleines Ledersäckchen mit zwanzig lupenreinen Diamanten und einhunderttausend in bar. Und das alles war neben den Schuhen abgestellt worden.

Dabei gab es doch so sichere Safes zum Einbauen! Kein Wunder, dass der Typ mit dem Pferdeschwanz hinter mir her war wie der Teufel hinter einer armen Seele.

An einem frühen Abend ging ich wieder mit einem der armen Hunde aus dem Tierheim spazieren und bekam schnell mit, dass der Typ und seine Freundin einen Leihwagen fuhren. Wieder einen Cayenne, aber mit Dieselmotor und einem Aufkleber der lokalen Porsche-Vertretung, der vor dem Haus parkte. Dann sah ich sie aus dem Haus kommen.

Er zog, als er an mir vorbeiging, ein Gesicht als hätte er Kröten gegessen. Gleichzeitig telefonierte lauthals: „... bis gleich im Nebenzimmer im Bischofshof ... ja, direkt am Dom ..."

Seine Freundin ging drei Schritte hinter ihm. Sie trug eine große Sonnenbrille und hielt ihren Kopf gesenkt. Trotz der Brille waren die beiden

Veilchen deutlich zu erkennen und sie wusste jetzt, dass Airbags nicht ganz ohne sind, wenn sie aufgehen. Auch ihre Stimmung schien wirklich nicht die allerbeste zu sein.

Mein Hund erledigte sein großes Geschäft auf dem Grünstreifen neben dem Bürgersteig und so konnte ich unauffällig beobachten, wie die beiden in den Cayenne stiegen und losfuhren. Es war kurz vor neunzehn Uhr und sie waren unterwegs zum Abendessen.

Ich brachte den Hund zurück ins Tierheim und machte mich auf den Weg.

Kurz nach zweiundzwanzig Uhr stoppten drei zivile Einsatzfahrzeuge der Polizei auf der Prüfeninger Straße einen SUV der Firma Porsche. Im Kofferraum fanden die Polizisten eine nicht registrierte Waffe und in einer Ledertasche fünf Kilogramm Heroin. Die beiden Insassen des Wagens wurden festgenommen und dem Haftrichter vorgeführt, der eine Durchsuchung der Wohnung anordnete. Der Fahrer des Porsche stritt ab, etwas mit den Drogen zu tun zu haben, aber auf der Tasche und den Päckchen befanden sich seine Fingerabdrücke und auch die der Beifahrerin. Das genügte dem Staatsanwalt, um die Verdächtigen in Untersuchungshaft zu nehmen.

So stand es im Polizeibericht.

Für mich war es nicht schwierig gewesen, die Zentralverriegelung des Cayenne zu überlisten, mich der Tasche mit dem Heroin zu entledigen, eine alte Pistole danebenzulegen und die 110 anzurufen, als das Pärchen in die Tiefgarage ging.

„Ich habe gesehen, dass der Mann eine Waffe hat", erklärte ich ganz aufgeregt dem Polizisten am Telefon. Ich nannte ihm das Autokennzeichen und beschrieb den Fahrer. Danach legte ich sofort auf, bevor der Polizist Fragen stellen konnte. Die SIM-Karte verschwand anschließend in einem Gully. Ich hatte sie irgendwann gestohlen.

Schließlich hat ein Dieb auch seine Grundsätze und einer meiner Grundsätze war: keine Geschäfte mit Drogen.

Ob Ihnen der Dieb sympathisch ist oder nicht, müssen Sie für sich persönlich entscheiden. Von mir ergeht eine Entschuldigung an alle Marcus Mayer in Regensburg: Sie sind nicht gemeint!

Der Golem

Das Hilton Frankfurt Airport Hotel lag ideal für alle Teilnehmer. Es bot einen überdachten Zugang zum Terminal 1 und auch der Fernbahnhof, an dem die Intercity Züge hielten, war von der Lobby aus schnell zu erreichen.

Goldmann war aus Berlin mit der Lufthansa angereist, Vuković aus Belgrad mit der Air Serbia, Pöllinger aus Wien mit Austrian Airlines. Nur van der Aalst hatte in Rotterdam den Zug bestiegen, es sich in der ersten Klasse bequem gemacht und saß, nun frisch und ausgeruht, am Tisch im kleinsten Konferenzraum, den man im Hilton buchen konnte. Man sprach Deutsch untereinander.

Pöllinger wandte sich an van der Aalst: „Wieso kommst du immer mit dem Zug? Das Flugzeug ist doch deutlich schneller. Hast du Angst vorm Fliegen?"

Der Holländer blieb ruhig und sachlich, so wie es immer seine Art war. „Wenn mir etwas nicht passt, kann ich unterwegs aussteigen. Von Rotterdam bis Frankfurt hat der Intercity mindestens zehnmal angehalten. Außerdem ist das Essen im Zugrestaurant besser." Er trank einen Schluck Kaffee. „Hast du jemals versucht, unterwegs aus dem Flugzeug auszusteigen?"

„Aha", meinte Pöllinger. „Und was machst du, wenn wir uns irgendwann mit den amerikanischen Geschäftsfreunden in Chicago treffen werden?" Er grinste.

Van der Aalst blieb ungerührt. „Auch dann fahre ich mit dem Zug."

Vuković wiehert los und schlug sich mit der Hand auf seinen mächtigen Oberschenkel. „Du Komiker. Da liegt der Pazifik dazwischen."

Er konnte sich vor Lachen gar nicht halten und Tränen kullerten über seine Wangen.

„Atlantik", murmelte Goldmann. „Das ist der Atlantik."

Es klopfte an der Tür und Branko, einer der beiden Leibwächter von Vuković, kam herein. Er sagte etwas auf Serbisch und dann schickte ihn Vuković mit einer Handbewegung wieder weg. „Er sagte, er habe zwei Bullen gesehen. Sie sprachen Englisch und er glaubt, sie seien amerikanische Sky Marshalls. Die werden uns nicht stören. Ansonsten ist alles unauffällig."

Alle waren ohne Begleitung gekommen, nur Vuković hatte zwei Leibwächter dabei. Er reiste nie alleine. Seine Männer hatten vor Beginn des Meetings den Konferenzraum überprüft. Er war sauber: keine Wanzen, keine Kameras. Ivo, der zweite Leibwächter, verbrachte den Tag in der Sitzecke vor dem Gang, in dem der Konferenzraum lag, während sich Branko in der Lobby aufhielt und alle Ankommenden musterte. Sie waren absolute Profis, ehemalige Agenten des BIA, des serbischen Geheimdienstes.

„Lasst uns anfangen", schlug Goldmann vor. „Getränke stehen ausreichend bereit." Er deutete mit dem Zeigefinger auf den Servicewagen. „Im Restaurant habe ich uns für neunzehn Uhr einen Tisch reservieren lassen. Gibt es irgendeinen Einwand?"

Den gab es nicht.

„Was ist das dringlichste Problem?" Mit diesen Worten eröffnete Goldmann die Sitzung.

„Der Transport", antwortete van der Aalst. „Seitdem die Sache mit den Hähnchen ans Licht gekommen ist, haben wir große Schwierigkeiten, den Stoff über die Grenzen zu bringen."

Als beim Frühjahrshochwasser 2013 Teile Bayerns, Österreichs und anderer Anliegerstaaten der Donau in den braunen Fluten versanken, war bei Deggendorf ein holländischer LKW mit fünfzehn Tonnen gefrorenen Hähnchenteilen auf der Autobahn von den Fluten überrascht worden und bis zum Dach in ihnen versunken. Zum Erstaunen der Polizei war der Fahrer spurlos verschwunden und man nahm anfangs an, dass er ertrunken war. Den Grund für sein Verschwinden erfuhr man, als Spezialkräfte der Feuerwehr den Kühltransporter nach vierzehn Tagen leerräumten. Zwischen den vergammelten, stinkenden Hähnchenteilen fanden sie rund vierhundert Kilogramm reines Heroin.

Die Männer diskutierten eine Weile, dann beschlossen sie, dass jeder von ihnen neue Vertriebswege erkunden und testen solle. Weiteres würde man beim nächsten Treffen besprechen.

Pöllinger sprach den nächsten Tagesordnungspunkt an: „Larssøn aus Kopenhagen hat sich bei mir gemeldet. Nachdem das Geschäft mit den Pornos immer schlechter lief, hat er in den Handel mit Heroin und Crystal investiert. Der Bedarf in Dänemark ist riesig, aber es kommt nicht genug Ware ins Land. Er möchte von uns beliefert werden, denn die Lieferanten aus dem Baltikum sind ihm zu unsicher. Er hat schon einen Transportweg vorgeschlagen."

„Und der wäre?", wollte van der Aalst wissen.

„Schweinemastfutter. Holland und Deutschland sind die größten Lieferanten für Schweinemastfutter nach Dänemark. In den Silozügen lässt sich die Ware hervorragend verstecken."

„Ist Larssøn vertrauenswürdig?"

Pöllinger nickte. „Ich kenne ihn seit zwanzig Jahren. Wir können ihm vertrauen." Nach einem Moment: „Wer ist dafür?"

Alle hoben ihre Hand.

Und so ging es den ganzen Nachmittag: Besprechung, Vorschlag, Abstimmung.

Kurz vor dem Abendessen kam Vuković auf ein Problem zu sprechen, das dringend gelöst werden musste. „Der *Golem* ist unzuverlässig geworden. Die beiden letzten Fälle hat er vergeigt. Das darf einem Profi nicht passieren und ..."

„Und immer waren Weiber der Grund ...", unterbrach ihn van der Aalst.

„Richtig. Was machen wir also?"

„Geben wir ihm noch ein einziges Mal einen Auftrag", schlug Goldmann vor. „Ich habe mir das folgendermaßen gedacht ..."

Der *Golem* war ein Profikiller, dessen Dienste regelmäßig in Anspruch genommen worden waren, wenn es galt, sich eines unliebsamen Zeitgenossen oder Konkurrenten zu entledigen. Niemand wusste, wie er richtig hieß, aussah und wo er wohnte.

Goldman war der Einzige, der ihn kontaktieren konnte. Er musste eine bestimmte Anzeige in einem belgischen Waffenjournal schalten. Danach bekam Goldmann ein Handy zugeschickt, das er nur einmal nutzen durfte. Er rief dann mit dem Handy den *Golem* an und erhielt von ihm die Adresse einer DHL-Packstation, an die der Auftrag zu schicken war. Die Anzahlung betrug fünfzig Prozent auf ein Konto in Venezuela und der Rest ging nach Erledigung des Auftrags an eine Bank auf Osttimor. Wo das Geld letztendlich landete, darüber konnte man nur spekulieren.

Die Anzeige im *Vlaams Wapens Journaal* erschien unter der Rubrik Divers.

Ein Abschuss eines starken Elefantenbullen frei.
40.000 U$ plus Nebenkosten und Flug

Als Kontakt wurde ein Postfach in Berlin genannt. Das Päckchen für Goldmann kam drei Tage später. Es war in Holland aufgegeben worden und enthielt ein älteres Handy mit einer SIM-Karte und einen Zettel mit dem gedruckten Text:

„+49 155 72345098 Sonntagmorgen zwischen 9 und 10."

Goldmann rief um kurz nach neun Uhr an.

„Was willst du Goldmann?", fragte der *Golem*. Etwas anderes fragte er nie.

„Ich habe einen Auftrag in Regensburg."

„Mann oder Frau?"

„Frau."

„Prominent?"

„Nein."

„Wie immer fünfzigtausend im Voraus, fünfzigtausend nach dem Job innerhalb von zwei Tagen." Dann nannte ihm der *Golem* einen Empfängernamen und die Adresse einer DHL-Packstation.

Anschließend legte der Auftragsmörder ohne weiteren Kommentar auf.

Der stabile Umschlag lag drei Tage später in einer DHL-Packstation in Nürnberg. Der *Golem*, der die TAN für die Sendung besaß, holte die Unterlagen nach Einbruch der Dunkelheit ab. In seinem Hotelzimmer öffnete er den Umschlag, der drei Bilder im A-4-Format und eine Seite mit Text enthielt. Die Bilder zeigten eine junge, schlanke Frau mit dunklen, kurzen Haaren und einem feinen Gesicht. Nummer eins war ein Foto von ihr auf einer Brücke. Sie stand dort und schaute auf den Fluss hinaus. Der *Golem* kannte die Brücke von Bildern her. Es war die Steinerne Brücke in Regensburg. Die beiden anderen Fotos waren beim Verlassen eines großen Gebäudes aufgenommen worden. Es schien eine Hochschule zu sein.

Die Seite mit dem Text enthielt folgende Angaben:

Name: Janina Berikova
geb.: 25.05.1989
Nationalität: weißrussisch
Wohnort: Regensburg, Studentenheim Ludwig-Thoma-Straße 15 - 17
studiert an der Universität Regensburg Germanistik
arbeitet als Stadtführerin für Russisch sprechende Gäste
Termine: Mittwochabend und Samstag und Sonntag
Größe: 176 cm, Gewicht: ca. 65 kg, Figur: schlank
Aussehen: schmales Gesicht, kurze, braune Haare
Sprachen: Deutsch und Russisch (fließend), Englisch, Französisch

Der *Golem* benötigte nur wenig Zeit, um sich das Gesicht und alle Daten einzuprägen. „Eigentlich ist es schade um das hübsche Kind", überlegte er sich. Gedanken darüber, warum er einen Auftrag durchführen musste, machte er sich aber nie. Am nächsten Morgen ließ er die Unterlagen in einem Copy-Shop durch einen Reißwolf laufen. Der Service kostete ein Euro.

Janina zählte ihre Gäste: Es waren sechzehn Personen, acht Männer und acht Frauen. Zum Glück waren bei dieser Gruppe keine Kinder dabei. Die ließen sich bei einer dreistündigen Stadtführung nur schwer bei Laune halten.
„Ich bin Janina Berikova", sagte sie auf Russisch. „Willkommen bei der Stadtführung hier in Regensburg." Und dann begann sie mit: „Sie werden schnell feststellen, dass Regensburg eine der schönsten und interessantesten Städte der Welt ist …"
Nach einer Weile fiel ihr der Mann auf, der sich unauffällig der Gruppe anschloss. Es geschah öfter, dass sich jemand während der Führung zu einer Gruppe dazugesellte und somit die Gebühren sparte. Einige hauptamt-

liche Stadtführer wurden dann sachlich und baten den Betreffenden, sich von der Gruppe fernzuhalten, andere hielten ihre Hand auf und kassierten einen Zehner. Aber Janina freute sich, wenn jemand Gefallen an ihrem Vortrag fand. Ihr war das egal. Sie bekam ein pauschales Honorar, egal wie viele Leute der Gruppe angehörten.

Janina hatte ihren Gästen die Porta Praetoria gezeigt und war mit ihnen durch den Innenhof des Hotels Bischofshof geschlendert. Jetzt machten sie sich auf, im Haus Heuport die beiden gut dreißig Zentimeter hohen Figuren am Aufstieg der Treppe zu besichtigen.

Janina bemerkte die Blicke des Fremden. Er war groß, besaß eine sportliche Figur und trug teure Markensachen. Mit seinen halblangen, blonden Haaren, den blauen Augen und der leicht gebräunten Gesichtsfarbe verkörperte er genau den Typ Mann, den sie anziehend fand.

Zwei Stunden später endete die Stadtführung am Stadttheater und die Gäste bedankten sich herzlich und ließen sich beim Trinkgeld nicht lumpen. Der Fremde blieb stehen, als die anderen fortgingen. Janina lächelte ihn. „Haben Ihnen meine Ausführungen gefallen?", fragte sie auf Russisch.

Der Mann zuckte mit den Schultern. „Ich verstehe kein Wort Russisch. Ich weiß bloß, dass *spassibo* danke bedeutet", antwortete er auf Deutsch. „Spassibo." Er deutete eine leichte Verbeugung an.

Jetzt schien Janina doch etwas verwundert. „Sie hören mir drei Stunden aufmerksam zu und verstehen kein Wort?"

Er lachte. „Ich habe Ihnen ja nicht zugehört. Ich habe mir Sie nur angeschaut. Sie sind die schönste Fremdenführerin, die ich jemals getroffen habe." Er glaubte, dass eine leichte Röte ihr Gesicht überzog. Das schien ihr ein wenig peinlich zu sein und sie wollte dies mit ihrer Frage überspielen. „Machen Sie jeder Frau Komplimente?"

„Jeder nicht. Aber Ihnen." Der Mann strahlte Janina an.

„Dann dürfen Sie sich erst einmal vorstellen."

„Mein Name ist Vermaark. Claas Vermaark." Er blickte Janina in die Augen. „Und Sie heißen Janina."

„Woher kennen Sie meinen Namen?"

„Der steht doch auf Ihrem Namensschild." Vermaark zeigte auf das kleine Schild, das Janina am Revers ihres Blazers trug. „Ich möchte Sie als

Dank für ihre tolle Führung zu einem Kaffee einladen. Sicherlich haben Sie jetzt einen ganz trockenen Hals."

„Normalerweise lasse ich mich nicht von Gästen einladen, Herr Vermaark. Aber heute werde ich für Sie eine Ausnahme machen. Als Dank für Ihr Kompliment." Er freute sich sichtlich darüber. Janina fuhr fort: „Ich habe für den Rest des Tages frei und am Abend nichts Besonderes vor. Darum nehme ich Ihre Einladung an."

Sie saßen lange im Café Goldenes Kreuz am Haidplatz, tranken Kaffee mit Cognac und später Prosecco. Es war so, als würden sie sich schon lange kennen. Sie gingen schnell zum Du über, plauderten über das Leben und sahen den Leute zu, die draußen vorbeiflanierten. Später schlenderten sie rüber auf den Oberen Wöhrd in die *Osteria Siciliana*, einem italienischen Restaurant, das weit über die Grenzen Regensburgs hinaus für seine gute Küche bekannt war.

„Das war ein schöner Abend, Claas", sagte Janina, als sie das hübsche Fachwerkhaus verließen und auf das bestellte Taxi warteten. Janina hakte sich unter und legte den Kopf an seine Schulter. Sie war sichtlich stolz darauf, von einem gutaussehenden Mann begleitet zu werden.

Er schwieg eine Weile, dann sagte er: „Der Abend darf jetzt nicht vorüber sein. Würdest du …?"

„Ja", flüsterte sie. „Ich will heute Nacht bei dir bleiben."

Er zog sie an sich. „Danke", antwortete er und seine Stimme klang rau und erregt.

„Ich muss aber erst nach Hause und ein paar Sachen holen. Ist dir das recht, Claas?"

Es war ihm recht.

Der Taxifahrer setzte Vermaark zuerst vor dem Ibis Styles Hotel an der Frankenstraße ab. „Wie lange brauchst du zuhause?", fragte er Janina.

„Höchstens eine dreiviertel Stunde. Ich beeile mich."

„Ich habe das Zimmer 214." Er gab ihr einen Kuss. „Und ich warte auf dich."

Das Taxi brauste mit Janina davon.

Es dauerte genau neununddreißig Minuten, bis jemand an der Tür klopfte. Claas öffnete sie. Janina stand draußen.

„Darf ich reinkommen?", fragte sie lächelnd. Sie trug eine kleine Reisetasche an einem Gurt über ihrer Schulter.

„Madame", Claas machte eine einladende Bewegung mit dem rechten Arm „der Champagner wartet." Die Flasche befand sich in einem Kühler auf einem kleinen Tisch neben dem großen Doppelbett.

Sie trat ein und er schloss die Tür hinter Janina. Als er nach ihr griff, sagte sie: „Leg dich aufs Bett. Ich komme sofort, muss eben ins Bad."

„Aber sicher, schöne Frau." Claas drehte sich um, ging zum Bett, legte sich auf den Rücken und schaute zu der Frau hin, die ihm bis an den Rand des Bettes gefolgt war.

Janina hatte den Reißverschluss ihrer Tasche geöffnet und griff hinein.

„Sie wird ihre Nachtsachen herausholen", dachte er.

Janina hielt plötzlich eine kleine Pistole mit Schalldämpfer in der Hand, die genau auf seinen Kopf zielte. „Ich soll dir schöne Grüße bestellen." Ihre Stimme klang plötzlich ganz anders und ihr Blick erschien Vermaark auf einmal kalt und starr. „Von Goldmann. Er meint, dass du zu unzuverlässig geworden bist."

Vermaark wollte sich noch aufrichten, aber Janina schoss ihm zweimal in den Kopf. Sein Körper zitterte einen Moment, dann erschlaffte er, während zwei dünne Blutfäden aus den winzigen schwarzen Löchern auf der Stirn rannen.

„Schlaf gut, Claas. Oder wie immer dein Name war."

Janina drehte sich um und ging hinaus.

„Das war einfacher, als ich gedacht habe", ging es ihr durch den Kopf.

Sie fuhr hinauf in den vierten Stock und betrat das Zimmer, das sie vor zwei Tagen gebucht hatte. Ihr heutiger Auftritt als Stadtführerin war der letzte gewesen, die Kündigung hatte sie schon vor vier Wochen abgegeben. Irgendwie bedauerte sie das, denn sie hielt Regensburg tatsächlich für eine der schönsten Städte der Welt.

Morgen früh würde sie bereits um sechs Uhr auschecken und, wenn die Putzfrau den Toten fand, würde sie Deutschland bereits verlassen haben.

Das waren leichtverdiente hunderttausend Euro gewesen und sie würde noch viele Gelegenheiten bekommen, Aufträge zu übernehmen. Das hatte Goldmann ihr versprochen.

Es entspricht der Tatsache, dass während des Hochwassers einige LKW auf der Autobahn mehrere Tage bis zum Dach in den Fluten standen. Die Ladung musste hinterher von der Feuerwehr gelöscht werden und diese Arbeit war, so hat man mir berichtet, mit das Schlimmste, was die Feuerwehrleute bisher mitgemacht hatten.
In keinem LKW waren Drogen versteckt. Das hat mir ein befreundeter Polizeibeamter glaubhaft versichert.

Anita, Roswitha, Otto, Petra und Christine

In den nächsten fünf Geschichten spielt die Regensburger Kriminalkommissarin Anita Schmöke die Hauptrolle.

Anita Schmöke bekommt es mit Verbrechern zu tun und muss Fälle lösen, in denen es um Rache, Hass, Hoffnung, Sehnsucht, Betrug, Menschenverachtung, Erniedrigung und letztendlich um Mord geht. Gleichzeitig, in einem durchgehenden Handlungsstrang, nehmen wir an ihrem privaten Leben teil.

Während Anita Schmöke verzwickte Kriminalfälle löst, erleben wir, wie sie eigene traumatische Erlebnisse verarbeitet, eine Familie gründet und ihr Glück findet.

Bei ihrer Arbeit hält sich nicht immer streng an Gesetze und agiert durchaus am Rande und jenseits der Legalität, um Verbrecher ihrer gerechten Strafe zuzuführen.

Auch in weiteren Kriminalgeschichten treffen wir Anita Schmöke immer wieder.

Die fünf folgenden Geschichten habe ich nach Freunden benannt, die mir erlaubt haben, ihre Namen zu verwenden.

Die Personen in den Geschichten und die wirklichen Personen haben nichts, aber auch gar nichts, miteinander zu tun.

Anita

Als Stefan von ihr abließ, lag sie auf der Seite und weinte, während sie erfolglos versuchte, den kurzen Rock über ihre Knie zu ziehen.

Er stand im Licht der beiden Kerzen, die sie auf die Motorhaube des Traktors mit heißem Wachs geklebt hatten, und zog seine Hose hoch.

„Warum heulst du?", fragte er sie. „Du wolltest es doch auch."

Sie setzte sich mühselig auf, zog die Knie an die Brust und umschlang sie mit den Armen. „Ich wollte mit dir nur schmusen. Wie immer. Ich habe doch laut und deutlich NEIN gesagt." Sie weinte wieder. „Aber du hast nicht auf mich gehört."

Er kämpfte noch immer mit dem Reißverschluss seiner Hose, in den er einen Zipfel seines T-Shirts eingeklemmt hatte. „Erst lässt du mich und dann heulst du. Wie soll ich mich da auskennen?" Seine Stimme klang vorwurfsvoll. „Du hast mich doch gelassen. Oder?"

Sie schüttelte ihren Kopf. „Nein. Du bist doch viel stärker als ich. Ich konnte mich gegen dich gar nicht wehren." Wieder schluchzte sie. „Was ist, wenn ich jetzt schwanger werde?"

„Steh auf, wir müssen gehen. Nicht, dass mein Vater reinkommt." Er hielt ihr die Hand hin. „Du wirst schon nicht schwanger."

Sie erhob sich, ohne seine Hand zu beachten, drehte sich um und ging hinaus. Sie lief ein wenig gebückt, so wie eine alte Frau.

„Sehen wir uns am Samstag?", rief er ihr hinterher.

Sie gab ihm keine Antwort.

Leo und ich sind schon seit zwei Jahren ein Team. Wie immer steuerte er den zivilen Einsatzwagen, einen metallic-grauen BMW, der in fünf Jahren über dreihunderttausend Kilometer gefahren worden war. Die Komiker von der Technik hatten ihm (sie waren ganz stolz darauf) ein tolles Nummernschild verpasst:

R PR960. PR für *Polizei Regensburg*. Auch alle grünen Streifenwagen hatten das PR auf dem Nummernschild und so wusste jeder, der nicht gut auf die Polizei zu sprechen war, dass in dem BMW zwei Bullen saßen.

Ich heiße Anita Schmöke, Kriminalkommissarin Schmöke, und mein Kollege ist Polizeihauptmeister Leo Gransch. Wir verstehen uns gut und sind auch privat miteinander befreundet. Leo ist ein Familienmensch und seine Frau und seine beiden Kinder gehen ihm über alles.

Ich lebe solo und, wenn man mich fragt warum, antworte ich: „Mr. Right hat einfach noch nicht an meiner Tür geklingelt."

Leo täte mich niemals dumm anmachen, so wie es schon andere probiert haben. Sie bekamen die passenden Antworten. Das hat sich in der Inspektion rumgesprochen und seitdem lässt man mich in Ruhe.

Die Nacht von Dienstag auf Mittwoch ist in der Regel die ruhigste Nacht der ganzen Woche. Wer arbeiten muss, feiert am Wochenende Party und wer nicht arbeitet, bliebt am Dienstagabend zu Hause, weil viele Kneipen geschlossen haben.

Wir rollten auf der Landshuter Straße in Richtung Nibelungenbrücke. Es war kurz vor Mitternacht und wir sahen uns interessiert nach allen Fahrern um, die uns überholten. Keiner hielt sich wie Leo exakt an die vorgeschriebene Geschwindigkeit. Aber solange siebzig km/h oder schneller gefahren wurde, tolerierten wir das. Wir schauten nach denen, die mit dreißig dahinschlichen. Das waren Fahrer, die in der Regel mehr als betrunken waren und versuchten, durch ihre *vorsichtige Fahrweise* sicher nach Hause zu kommen. Solche Typen stoppten wir und übergaben sie den uniformierten Kollegen.

Die anderen waren die Raser, die nachts ohne zu zögern mit einhundert oder mehr durch die Stadt bretterten. Dann setzte ich das Blaulicht aufs Dach und Leo gab Vollgas. Er war ein extrem guter Autofahrer. Privat fuhr er Rallyes und hatte schon einmal den bayerischen Titel in seiner Klasse gewonnen.

Meistens erwischten wir dann junge Burschen, die oft einen Joint geraucht hatten und ganz stolz auf ihre Fahrkünste waren. Die landeten auch auf der Wache, gaben erst ihr Blut, danach ihren Schein ab und standen drei Monate später vor dem Kadi.

So ist das eben. Und sie tun uns nicht leid.

„Wie war der Umzug, Leo?", wollte ich wissen.

„Viel Arbeit, aber wir sind fertig geworden. Es sind noch die üblichen Kleinigkeiten zu erledigen und an den Garten mag ich gar nicht denken. Aber ins eigene Haus einzuziehen, das ist schon eine tolle Sache. Johanna und die Kinder …"

Der Wagen, ein dunkler Audi Q5, kam aus der Adolf-Schmetzer-Straße und bog knapp vor uns auf die Weißenburgstraße ab. Leo musste leicht abbremsen.

„Na, der hält ja nicht viel von Vorfahrt achten", meinte ich. „War hart an der Schmerzgrenze. Wenn wir so junge Typen gewesen wären, die hier nachts oft Gas geben, dann hätte es geknallt."

Wir folgten dem Wagen auf die Nibelungenbrücke und überquerten die Donau. Jetzt hielt sich der Fahrer genau an die fünfzig. Das ist immer verdächtig. Leo schaute zu mir rüber. „Sollen wir ihn kontrollieren?"

„Sollten wir. Ich lasse das Kennzeichen überprüfen", sagte ich und griff nach dem Hörer des Funkgeräts.

„Tu das." Leo hielt einen vernünftigen Abstand zu dem Audi ein, während ich das Kennzeichen durchgab: „D DR9215."

Was machte ein Wagen aus Düsseldorf nachts um diese Zeit in Regensburg? Geschäftsleute lagen um Mitternacht in ihren Hotelbetten oder saßen an der Hotelbar und wer auf der Durchreise war, befuhr die Autobahn. Mein linkes Ohr juckte. Das passierte immer, wenn etwas faul war im Staate Dänemark.

Der Kollege in der Zentrale antwortete schnell. „D DR9215 ist zugelassen auf einen Mondeo Kombi. Die Nummernschilder sind als gestohlen gemeldet."

Mein linkes Ohr hatte zurecht gejuckt.

„Wir brauchen Verstärkung!" Ich gab die Position durch und setzte gleichzeitig das Blaulicht aufs Dach.

Leo trat das Gaspedal durch und die Automatik schaltete zurück. Der Dreiliter-Dieselmotor stand trotz der mehr als dreihunderttausend Kilometer immer noch gut im Futter.

Der Fahrer des Audi vor uns gab ebenfalls Vollgas. Er schien auch einen dicken Motor unter der Haube zu haben, denn Leo konnte nicht aufholen. Ohne die Geschwindigkeit zu verringern, schoss der Wagen auf die große Kreuzung am DEZ zu. Dessen Fahrer nahm die Kurve, ohne abzubremsen und bog nach links in die Frankenstraße ein.

„Da kommt einer ...", rief Leo, doch der Fahrer des Kleinwagens, der sich von Norden her der großen Kreuzung näherte, hatte keine Chance. Er wurde vom rechten, vorderen Kotflügel des Q5 gestreift, die Masse des SUV wirbelte ihn herum, das kleine Auto touchierte die Kantsteine des Mittelstreifens und kippte auf die Seite. Den Knall des Aufpralls und das Schaben des Metalls auf dem Asphalt konnten wir trotz des Martinshorns deutlich hören.

Ich hielt schon wieder den Hörer des Funkgeräts in der Hand und meldete den Unfall: „... wird dringend ein Notarzt auf der Kreuzung Frankenstraße – Nordgaustraße benötigt. Und schickt sofort einen Streifenwagen an den Unfallort!"

„Verstanden. Ende." war die Antwort der Zentrale.

Leo hatte den BMW kurz angestellt und nahm die Kurve im Drift, ohne die Drehzahl des Motors zu verringern. Das lernte man beim Rallye-Sport.

Die rasende Fahrt ging am *Kentucky Fried Chicken* vorbei und ich konnte ein paar Nachtschwärmer erkennen, die vor dem Schnellrestaurant standen und uns entgeistert hinterherstarrten.

„Wir haben die schusssicheren Westen nicht angezogen. So ein Mist!", fluchte Leo. Er hatte recht. Daran hatte ich auch gerade gedacht. Eigentlich sollten wir die Dinger tragen, aber fahren Sie mal mit den steifen, unbequemen Westen fünf oder sechs Stunden Streife. Das ist die Hölle, kann ich Ihnen versichern.

Ich meldete unseren Standort erneut der Zentrale und forderte Hilfe an. „Der Audi Q5 fährt mit hoher Geschwindigkeit auf der Frankenstraße stadtauswärts. Schaut zu, dass wir Unterstützung bekommen!"

„Ist unterwegs. Eine Zivilstreife befindet sich auf der Oberpfalzbrücke, fährt Richtung Frankenstraße."

Leo hatte es geschafft, bis auf zehn Meter an das vor uns fahrende Fahrzeug heranzukommen. Von Weitem konnten wir Blaulicht auf der Oberpfalzbrücke erkennen, der wir uns mit mehr als einhundertzwanzig km/h näherten. Der Audi vor uns musste abbremsen, weil zwei Autos nebeneinanderfuhren. Erschreckt über die aufgeblendeten Schweinwerfer, das wilde Gehupe und unser Blaulicht versuchten sie Platz zu machen. Der Fahrer des Q5 lenkte den SUV wie einen Rammbock zwischen ihnen hindurch. Das linke Fahrzeug, ein kleiner Peugeot, bekam einen rücksichtslosen Rempler mit und verabschiedete sich über den Mittelstreifen auf die Gegenfahrbahn. Leo ließ sich von alledem nicht beirren, bremste kurz ab, umkurvte einen Teil einer Stoßstange und gab wieder Gas. Der Q5 hatte durch dieses Manöver ein paar Meter Vorsprung gewonnen.

Ich meldete den nächsten Unfall an die Zentrale. Der Kollege am anderen Ende der Leitung hatte die Ruhe weg: „Verstanden. Wir kümmern uns darum. Ende."

„Ich kriege dich", quetschte Leo zwischen seinen Zähnen hervor und ich zweifelte nicht daran. Vor uns verschwand das Blaulicht vor der Brücke, auf die wir zurasten, und ich wusste, dass die Kollegen sich auf der Zufahrt zur Frankenstraße befanden.

„Kommt schon!", fluchte Leo. „Schneidet ihnen den Weg ab!"

Beinahe hätte es geklappt. Der Fahrer des Passat war zwei oder drei Sekunden zu spät dran und schaffte es nicht mehr. Als der Fahrer des Q5 den Passat mit dem Blaulicht auf dem Dach sah, hielt er direkt auf den Wagen zu und dann blitzte es vorne auf.

„Die schießen auf unsere Kollegen", schrie Leo fassungslos. „Die schießen."

Im Vorbeifahren erkannte ich die Löcher in der Seitenscheibe des Polizeikombis und im Rückspiegel blieb es dunkel. Die Kollegen folgten uns nicht.

„Oh, Gott. Lass ihnen nichts passiert sein!" Zu mehr als einem Stoßgebet reichte es jetzt nicht und mir blieb nichts anderes übrig, als die nächste Meldung an die Zentrale abzusetzen.

Der Sicherheitsgurt verhinderte, dass ich aus meinem Sitz geschleudert wurde, als Leo dem Flüchtenden mit über achtzig auf die Auffahrt zur A93 in Richtung Weiden folgte. Der Audi berührte in der engen Kurve die Leitplanken, hinten stieg der Wagen hoch wie ein scheuender Gaul. Er saß für einen winzigen Augenblick mit einem Hinterrad auf der Leitplanke auf, dann sprang der Wagen zurück auf den Asphalt. Funken stieben wie ein kleines Feuerwerk in die Nacht, Kleinteile lösten sich von dem Q5 und trafen mit klackenden Geräuschen unseren BMW, was Leo kalt ließ.

Den Fahrer des Audi hinderte der Streifvorgang nicht, mit Vollgas auf die Autobahn zu schießen und sofort auf die Überholspur zu wechseln. Zum Glück herrschte kein Verkehr und ich musste keinen weiteren Unfall melden. Leo ließ sich nicht abschütteln und hing dem Audi fast im Kofferraum.

„Halt Abstand, Leo!", rief ich. „Wenn der eine Vollbremsung hinlegt, verabschieden wir uns."

Leo ließ sich volle zwei Meter zurückfallen.

Die Polizeisirene machte im Pfaffensteiner Tunnel einen ohrenbetäubenden Lärm und das Blaulicht wurde von den Tunnelwänden reflektiert. Es war wie im Film – bloß viel realer.

Mittlerweile waren wir gut zweihundert km/h schnell. Der Q5 verließ mit rauchenden Reifen den Lappersdorfer Kreisel und bog auf die B16 ab. Ich gab unsere Position durch und forderte erneut Hilfe an.

„Euch kommen aus Cham zwei Wagen entgegen. Dranbleiben und Position durchgeben!", war die Antwort der Zentrale.

Die hatten gut reden. Wie lange würden die Polizeiwagen aus Cham brauchen?

Ich schaute zu Leo rüber, der sich mit der Linken übers Gesicht wischte. Mir erging es ähnlich: Der Schweiß lief mir den Rücken hinunter, tropfte von der Stirn in die Augen und in den Schuhen schienen die Füße zu schwimmen.

Zwei Minuten später, wir hatten zweihundertfünfzig auf dem Tacho, wedelte der Audi plötzlich mit dem Hinterteil, die Bremslichter flammten auf und plötzlich überzogen Tröpfchen die Frontscheibe unseres Wagens und der Q5 wurde langsamer.

„Das ist Öl. Jetzt kriegen wir ihn", rief Leo begeistert.

Ein blaues Schild mit einem weißen P tauchte auf und der Fahrer lenkte den Q5 ruckartig auf den Parkplatz, wo er eine Vollbremsung hinlegte. Ich hatte meine Pistole durchgeladen, die MP5 aus der Halterung gezogen und ebenfalls durchrepetiert. Leo kam geschätzte zehn Meter hinter dem Audi zu stehen und machte den Fehler, der die sich anbahnende Katastrophe begünstigte: Er schaltete den Motor ab, was dazu führte, dass das Fernlicht ausgeschaltet wurde und nur das kümmerliche Standlicht brannte.

Ich reichte ihm die Pistole, behielt die MP5 und sprang nach rechts aus dem BMW, während Leo die Fahrertür aufstieß.

„Halt! Polizei! Hände über den Kopf, sonst schießen wir!", schrie ich.

„Waffen weg!", brüllte Leo auf der anderen Seite.

Die beiden Typen aus dem Q5 fackelten nicht lange.

Ich stand hinter der Beifahrertür, während Leo ein paar Schritte nach vorne gelaufen war und von unserem Wagen angeleuchtet wurde. Neben dem Audi blitzte Mündungsfeuer auf und Leo schoss zurück. Bei mir hörte es sich an, als würde jemand Steine gegen die Autotür werfen, hinter der ich stand, und plötzlich fühlte ich einen heißen, brennenden Schmerz am linken Oberarm. Ich registrierte das Mündungsfeuer an der rechten Seite des Audi und gab einen Feuerstoß auf den Schatten ab, der sich dort bewegte.

Plötzlich herrschte Ruhe. Dann knackte der Auspuff unseres Dienstwagens laut und vernehmlich, was mich zusammenzucken ließ. Ich hörte ein Kratzen und Schaben, so als würde jemand über den Boden robben. Dann vernahm ich ein Stöhnen.

„Leo?", rief ich. „Leo ist alles okay bei dir?"

Keine Antwort.

Ich hielt die Maschinenpistole schussbereit und schlich geduckt um das Heck unseres BMW herum. Leo lag auf dem Bauch und rührte sich nicht. Seinen linken Arm hatte er an den Körper gelegt, der rechte Arm war ausgestreckt und seine Hand hielt immer noch die Pistole.

„Leo?" Ich lief zu ihm hin, während ich mit der MP5 auf den Audi zielte. Ich berührte meinen Partner und dann bemerkte ich im Streulicht der Scheinwerfer die Nässe auf seinem Hinterkopf und die dunkle Blutlache, die sich unter seinem Gesicht ausbreitete. Ich wusste sofort, dass er tot war.

Langsam ging ich zum Audi vor, wobei ich versuchte, mich aus dem Scheinwerferlicht zu halten. Hinten rechts lag eine Gestalt auf dem Boden. Ich trat mit dem Fuß die Pistole zur Seite und schüttelte sie. Keine Reaktion. Wer eine Salve von der MP5 mitbekommt, kann nur noch selten reagieren.

Der Zweite war von Leo getroffen worden, saß auf dem Boden, lehnte sich mit dem Rücken gegen den Vorderreifen und stöhnte. Seine Waffe lag vor ihm zwischen den Füßen. Die kickte ich auch weg.

„Wo sind Sie verletzt", fragte ich, wobei ich mit der Waffe auf ihn zielte. Der Mann hob seinen Kopf und öffnete seine Augen. Er besaß noch immer diese blonden, wuscheligen Locken und ich wusste sofort, wer er war. Er sah mich an, stutzte, dann erkannte er mich auch.

„Anita", krächzte er. „Schön dich wiederzusehen."

Ich blickte auf die zwei Kerzen auf der Motorhaube des Traktors. Er stand vor mir und kämpfte mit seinem Reißverschluss. Ich lag auf dem Boden und hatte Schmerzen.

„Stefan. Schön, dich auch wiederzusehen."

Ich betrachtete interessiert den dunklen Fleck, der sich unterhalb der rechten Schulter ausbreitete.

„Darauf habe ich lange gewartet", flüsterte ich.

Ich drehte mich um und lief hinüber zu meinem toten Kollegen. Sich bücken, dessen Hand, die noch immer die Pistole hielt, zu heben und zu zielen, war eine fließende Bewegung. Ich sah zu Stefan rüber.

Der ahnte, was ich vorhatte und schrie: „Nein!"

Leos toter Finger drückte mit meiner Hilfe den Abzug. Nach dem ganzen Lärm kam mir der Knall des einen Schusses gar nicht so laut vor. Stefan rutschte zur Seite.

Aus beiden Richtungen kamen Fahrzeuge mit Blaulicht auf den Parkplatz zu.

Ich bin jetzt schon seit sechs Wochen im Sanatorium. Die Wunde am linken Oberarm ist gut verheilt und nur eine schmale, hellrote Narbe erinnert mich noch an den Streifschuss. Die Ruhe und die Gespräche mit den Betreuern tun mir gut. Alle gehen sehr sorgsam mit mir um, denn es ist eine große Belastung für eine junge Polizistin, wenn sie in eine Schießerei verwickelt wird und ein Kollege und guter Freund dabei sein Leben lassen muss.

Die Sache mit Stefan habe ich niemandem erzählt. Sie belastet mich überhaupt nicht. Er hat nur das bekommen, was er verdient hatte.

Vor drei Wochen habe ich einen anderen Patienten der Klinik kennengelernt. Er ist auch Polizist. Wir verstehen uns gut und gehen jeden Nachmittag zu-

sammen spazieren. Wir halten uns bei den Händen, manchmal legte er auch seinen Arm um mich. Bald wird mir möglich sein, ihn zu küssen. Vielleicht schon heute. Ganz sicher. Heute werden Jan und ich uns küssen.

Was dann noch zwischen uns passieren kann, das lasse ich auf mich zukommen.

Roswitha

„Sie können reingehen. Der Direktor erwartet Sie schon, Frau Schmöke", sagte die Sekretärin freundlich und lächelte.

„Danke." Ich klopfte kurz an, wartete das „Herein" ab, öffnete die Tür und trat ein. Der Polizeidirektor erhob sich und hielt mir seine Hand hin. „Das ist aber schön, dass Sie wieder bei und sind, Frau Schmöke. Willkommen. Auch die Kollegen freuen sich schon auf Sie."

Ich kannte ihn und wusste, dass er das Gesagte ernst meinte. Während meiner mehr als sechsmonatigen Dienstunfähigkeit hatte er sich mehrfach bei mir nach meinem Befinden erkundigt. Einmal war er sogar, bewaffnet mit einem riesigen Blumenstrauß, in Bad Kötzting erschienen. Wir saßen damals den ganzen Nachmittag in der Sonne, tranken Kaffee, aßen Kuchen und er erzählte mir von seinen beiden Söhnen, die zu seinem Leidwesen nicht zur Polizei gegangen waren.

„Kommen Sie bald wieder", hatte er beim Abschied gesagt. „Wir finden schon die richtige Aufgabe für Sie, Anita."

„Setzen Sie sich bitte. Kaffee, Tee oder Wasser?"

„Nein, danke." Ich schüttelte den Kopf. „Ich habe mich eben mit Kollegen in der Kantine getroffen. Danke." Ich nahm Platz.

„Gut", sagte der Direktor. „Jetzt wird es dienstlich." Er zog mehrere Blatt Papier aus einem Umschlag. „Im Namen des Freistaat Bayern ernenne ich Sie zum morgigen Datum zur Kriminaloberkommissarin. Ich darf Ihnen meinen Glückwunsch aussprechen, Frau Schmöke."

Das war eine schöne Überraschung. Eigentlich war ich erst im Dezember dran, aber das Innenministerium hielt es für angebracht, mich ein halbes Jahr früher zur Oberkommissarin zu machen. Mir war es recht, dass man mich beförderte. Ich hatte den Mörder meines Kollegen aus Rache erschossen, aber das wusste ja niemand. Und dem Direktor würde ich das bestimmt nicht auf die Nase binden.

„Danke, Herr Direktor."

Der nahm ein weiteres Blatt Papier zur Hand. „Ich habe mir überlegt, wo Sie am besten untergebracht sind. Da passt es gut, dass Oberkommissar

Högner vom Kommissariat 14 zum Ende des Jahres befördert wird und uns in Richtung LKA verlässt. Sie werden seine Stellvertreterin und, falls alles läuft wie geplant, übernehmen Sie im Januar die Leitung des K 14. Passt Ihnen das?"

Das war mir recht. Das K 14, im Volksmund die „Vermisstenstelle" genannt, kümmert sich um Personen, die von ihren Angehörigen als abgängig gemeldet werden. Ich war nur innendiensttauglich geschrieben, durfte aber auf dieser Planstelle auch das Büro verlassen und extern recherchieren. Das war erlaubt und mir blieb so eine reine Büroarbeit erspart.

„Das ist eine gute Lösung, Herr Direktor", antwortete ich. Wir redeten noch eine Weile und dann verabschiedete ich mich.

Am nächsten Morgen trat ich, pünktlich um 07:30 Uhr, meinen Dienst im K 14 an. Bernhardt Högner wartete schon auf mich. Wir kannten uns und kamen gut miteinander aus.

„Fangen wir an, Anita", sagte er. „Es gibt eine Menge zu tun."

Es klingelte an der Eingangstür der PI Regensburg Nord. Der Polizeibeamte sah auf den Bildschirm. Draußen stand ein Mann in Arbeitssachen. „Ja, bitte?", fragte er.

Der Mann beugte sich vor. „Roswitha ist verschwunden. Ich will eine Vermisstenanzeige aufgeben."

„Einen Moment." Der Polizist betätigte auf den Türöffner. Draußen summte es, der Mann drückte die Tür auf und trat.

„Sie sagten, jemand ist verschwunden." Der Polizist stützte seine Unterarme auf seinen Schreibtisch.

„Roswitha ist verschwunden. Meine Frau. Ich will Sie als vermisst melden und die Polizei soll sie suchen." Die Stimme des Mannes klang unsicher und weinerlich. „Sie ist noch nie ohne mich weggegangen."

„Seit wann ist Ihre Frau denn abgängig, Herr …?"

„Baumann Franz."

„Seit wann vermissen Sie also Ihre Frau, Herr Baumann?"

„Ich bin um fünf von der Baustelle heimgekommen und da war sie nicht da und das Essen war auch nicht gemacht. Jetzt ist es sieben. Roswitha ist verschwunden, Herr Wachtmeister."

Der Polizist unterließ es, dem Mann zu erklären, dass er nicht Wachtmeister, sondern Polizeihauptmeister war. Er lehnte sich vor: „Ist Ihre Frau krank oder hilfsbedürftig, blind, sitzt sie im Rollstuhl oder ist sie unmündig?"

„Nein!" Baumann schüttelte empört den Kopf. „Sie ist gesund und geht in die Arbeit. Sie ist Fleischwarenfachverkäuferin in der Metzgerei ..."

Der Polizist unterbrach ihn. „Herr Baumann. Ihre Frau ist volljährig, geschäftsfähig, gesund und im Vollbesitz ihrer geistigen Kräfte ..."

„Ja sicher, Herr Wachtmeister. Das ist sie."

„... und darum darf sie hingehen, wohin sie möchte. Vielleicht ist sie mit einer Freundin unterwegs, beim Shoppen oder sitzt mit Bekannten in einem Café. Sie darf sogar verreisen, ohne Sie zu fragen. Sie kann einen Freund haben und zu ihm ziehen oder sich einfach eine Wohnung in Flensburg nehmen, weil sie es mit Ihnen nicht mehr aushält. Das alles darf sie und ich habe keine Handhabe, eine Vermisstenanzeige aufzunehmen, bloß weil Ihre Frau sich verspätet hat oder bei einer Freundin aufhält."

Baumann schaute den Polizeihauptmeister fassungslos an.

„Nur wenn ein begründeter Verdacht besteht, dass Ihre Frau gegen ihren Willen irgendwo festgehalten wird oder das Opfer eines Verbrechens geworden ist, dann kann die Polizei frühestens nach vierundzwanzig Stunden tätig werden."

„Aber sie ist noch nie ohne mich weggegangen. Sogar zum Einkaufen beim Globus gehen wir immer gemeinsam." Baumann war jetzt empört und dicke Schweißtropfen standen auf seiner Stirn. „Sie ist verschwunden!"

Der Polizist nickte. „Gut. Aber sie darf verschwinden. Laut Artikel 11, Grundgesetz, genießen alle Deutschen Freizügigkeit im ganzen Bundesgebiet. Ich kann momentan nichts für Sie tun, Herr Baumann. Gehen Sie nach Hause und telefonieren Sie mit allen Bekannten und Verwandten. Erst wenn ein Verdacht auf ein Verbrechen vorliegt, dann kommen Sie morgen oder übermorgen wieder."

Der Mann ließ die Schultern hängen, drehte sich wortlos um und ging hinaus. Er sagte nicht einmal „Auf Wiedersehen". Sein Weltbild schien erschüttert worden zu sein. An der Tür drehte er sich noch einmal um. Seine Stimme klang trotzig: „Roswitha hat etwas getan, ohne mich darüber zu informieren. Ganz alleine, ohne mich. Das hatte sie in fünfunddreißig Jahren noch nie gemacht. Da stimmt etwas nicht!"

Am nächsten Tag erschien Baumann wieder in der Polizeiinspektion und traf auf denselben Polizisten.

„Jetzt weiß ich, dass Roswitha das Opfer eines Verbrechens geworden ist", erklärte er mit fester Stimme und legte einen Kontoauszug auf den Schreibtisch. „Sie hat gestern zwanzigtausend Euro von unserem Konto bei der Sparkasse abgeholt. Zwanzigtausend! Das hat sie noch nie gemacht. In unserer Ehe habe ich immer das Geld abgeholt. Also hat man sie dazu gezwungen. Verbrecher waren das! Roswitha war nur einmal auf der Bank, als ich im Krankenhaus …"

„Gut, ich schaue mir das an." Der Polizist nahm den Kontoauszug. Tatsächlich. Der Kontostand hatte dreiundzwanzigtausendneunhundert Euro und sieben Cent betragen. Am Vortag war es zu einer Sollstellung von zwanzigtausend Euro gekommen, der Haben-Betrag lag nun bei den rund dreitausendneunhundert Euro.

„Sehen Sie, Herr Wachtmeister", sagte der Mann. „Roswitha ist weg, das Geld ist weg und ihre Geldbörse auch. Da waren der Ausweis und die Karte für die Bank drin."

„Haben Sie mit allen Bekannten und Verwandten telefoniert?", fragte der Beamte.

„Habe ich. Sie ist nicht bei ihrer Schwester und nicht bei meinen Eltern. Da fährt sie sowieso nicht hin. Und ihr Koffer ist da und alle ihre Sachen auch."

Der Polizist überlegte. „Ich informiere eine Kollegin. Der können Sie die ganze Sache noch einmal erzählen."

„Danke, Herr Wachtmeister."

Der telefonierte schon. Das Gespräch dauerte nicht lange.

„Herr Baumann. Sie möchten bitte morgen früh um neun Uhr ins Polizeipräsidium kommen. Fragen Sie nach Frau Oberkommissarin Schmöke."

„Danke", sagte Baumann. Er schien richtig erleichtert zu sein. „Auf Wiedersehen, Herr Wachtmeister."

Der Polizist sah ihm nach. „Hoffentlich gibt es kein böses Erwachen für dich", dachte er. „Du wärst nicht der Erste, dem die Frau mit dem Geld durchgebrannt ist."

Das Telefon klingelte und er hakte den Fall Roswitha Baumann ab.

„Setzen Sie sich, bitte", sagte ich zu dem Mann, der sich als Baumann Franz vorgestellt hatte. Er war Ende fünfzig, kräftig, schob einen Bauch vor sich her und seine Hände zeugten davon, dass er in seinem Leben immer hart gearbeitet hatte. Er schien von mir beeindruckt zu sein. Er dachte wohl: „So eine junge Frau. Und schon Oberkommissarin. Im Fernsehen sind die Oberkommissare oft alte Männer." Das kannte ich. Das Fernsehen und die Wirklichkeit, das sind einfach zwei verschiedene Paar Schuhe.

„Ich benötige Ihre Personalien. Haben Sie Ihren Ausweis dabei, Herr Baumann?"

Der Formularkrieg bei der Polizei ist ein Ungeheuer und unsere Computer sind nicht die Schnellsten. Ich gab alle Daten ein und er schaute mir geduldig zu. Als ich fertig war, bat ich ihn: „Dann erzählen Sie mir alles, was passiert ist."

Er berichtete, dass Roswitha verschwunden sei, und legte mir auch den Kontoauszug vor. Ich machte mir Notizen und bat ihn, mir von dem Auszug eine Kopie machen zu dürfen. Baumann stimmte bereitwillig zu. Anschließend fragte ich ihn um ein Bild seiner Frau.

Der Mann holte seine Brieftasche aus der Jacke und entnahm ihr ein Passfoto. „Das ist Roswitha. Das Bild ist vom letzten Jahr." Er reichte es mir rüber.

Ich warf einen Blick darauf. Frau Baumann war eine hagere, hellhäutige Frau mit einem verbitterten Zug um ihren Mund. Ihre blauen Augen blickten feindselig in die Kamera und sie schien gar nicht damit einverstanden zu sein, dass man sie fotografierte. Die glatten, halblangen Haare hatte sie hinter ihre Ohren gesteckt.

„Danke, Herr Baumann. Ich werde es kopieren lassen und Sie bekommen es dann zurück."

Er antwortete nicht, blickte mich nur seltsam teilnahmslos an.

„Wenn Sie etwas erfahren, Herr Baumann, dann rufen Sie mich unbedingt an. Hier ist meine Visitenkarte."

Er nahm sie und steckte sie in seine Brieftasche. „Und wenn Sie etwas erfahren, Frau Oberkommissarin?"

„Dann melde ich mich selbstverständlich."

Baumann nickte, bedankte sich noch erneut und ging.

So wurde der Fall Roswitha Baumann einer von vielen Fällen, mit denen ich zu tun hatte.

Ich musste noch kurz in einem anderen Gebäude etwas erledigen und als ich den Parkplatz überquerte, sah ich den Mann davonfahren. Eigentlich fiel mir sein Auto auf. Ich hatte früher den gleichen Wagen besessen: einen dreitürigen Opel Astra F in Toscanarot. Das war die ideale Farbe für den Astra gewesen, denn dann sah man die rote Pest nicht so stark. Meiner war mir buchstäblich unter dem Hosenboden weggerostet. Und auch Baumanns Astra schien nur noch vom Rost zusammengehalten zu werden.

Nach einem Monat war Frau Baumann immer noch nicht aufgetaucht und alle Suchoptionen waren abgearbeitet worden. Die Akte kam vom Stapel „aktuelle Fälle" auf den Stapel „laufende Fälle". Ich hatte Baumann noch zwei- oder dreimal gesprochen, war bei ihm zu Hause gewesen, ein Kollege hatte zusätzlich in der Nachbarschaft ermittelt, aber einen Hinweis auf den Verbleib seiner Frau, der hatte sich nicht ergeben.

Eine Woche später war ich auf dem Weg zu einer letzten Besprechung bei meiner Therapeutin in Bad Kötzting. Ich ließ mir Zeit und fuhr über Wörth und Falkenstein in Richtung Cham und bog dort auf die B85 ab. Bis Kötzting waren es nur noch zwanzig Minuten, als mir kurz vor Chamerau ein Auto entgegenkam, das meine Aufmerksamkeit erregte: ein Opel Astra F in Toscanarot.

„Sieh mal an", dachte ich. „So einen habe ich doch auch einmal besessen. Damals, als ich gerade bei der Polizei angefangen hatte. Der war …"

Jetzt kam mir ein Bild in den Sinn: der Parkplatz vor dem Polizeipräsidium. Ein toscanaroter Astra F fährt weg. Aber wer war der Fahrer gewesen? Wieso erinnerte ich mich daran? Ein Blick in den Rückspiegel, kein anderes Auto war hinter mir. Ich legte eine Vollbremsung hin, lenkte ein, zupfte kurz an der Handbremse und gab Gas. Mein 1er BMW wackelte mit dem Hinterteil und schon war ich in Gegenrichtung unterwegs. Der Typ in dem Astra fuhr stur mit achtzig km/h dahin und ich hatte ihn nach einer Minute eingeholt. Leider konnte ich von nicht hinten erkennen, wer den Wagen steuerte. Mein erster Gedanke war zu überholen, aber davon hielt mich etwas ab.

Ich drücke am Lenkrad auf die Freisprechanlage und Jan meldet sich sofort. Er arbeitete noch in der PI Straubing und würde zum Ersten des nächsten Monats nach Regensburg versetzt werden.

„Jan, ich brauche eine Halterfeststellung." Ich gab das Kennzeichen durch.

Jans Informationen kamen schnell. Der Halter war ein gewisser Franz Baumann aus Regensburg. Mein linkes Ohr juckte. Das war ein untrügliches Zeichen. Da stimmte etwas nicht. Ich beschloss, Baumann zu folgen. Die Therapeutin musste warten.

An der nächsten großen Kreuzung bog der Wagen auf die B20 ab und ich konnte mir schon denken, wohin Baumann unterwegs war: in die Tschechische Republik. Kaffee und Zigaretten kaufen? Tanken? Oder? Das würde sich zeigen.

Ich rief Jan erneut an und bat ihn, den Termin bei der Therapeutin abzusagen. Dann erzählte ich ihm, dass ich auf den Weg nach Tschechien war und dem Fahrer des Astra folgte.

„Pass auf!", sagte Jan. „Du bist privat dort. Du hast doch wohl nicht deine Dienstwaffe dabei?"

„Nein", log ich.

Sie lag im Handschuhfach.

„Lass dein Handy eingeschaltet", ermahnte er mich. „Dann wissen wir, wo du bist." Alle unsere Diensthandys waren mit einer Tracking-App ausgestattet.

„Klar. Und ich passe schon auf mich auf, Jan."

Zwischen dem Astra und mir befanden sich zwei tschechische Kastenwagen, deren Fahrer Baumann mit seinen beharrlichen achtzig km/h fast zur Weißglut trieb. Kurz vor der Grenze bogen die Wagen auf einen Lidl-Parkplatz ab und ich ließ den Abstand zu dem Astra größer werden. Zu meiner Überraschung fuhr er an der Tankstelle, am Vietnamesen-Markt und an den Shops vorbei.

Wir erreichten Česká Kubice. Dort setzte der Fahrer den Blinker und bog nach rechts ab. Ein kleines Haus hinter einer brusthohen Hecke war sein Ziel. Ein großes, blinkendes, rotes Herz am Giebel und der fette, rote Name

Club d'Amour

über der Eingangstür zeigten deutlich, was Baumanns Ziel war: ein Puff.

Auf der anderen Straßenseite befand sich vor einem verfallenen Haus ein breiter Bürgerstein. Ich fuhr vorsichtig über den Bordstein auf den Bürgersteig hinauf, parkte zwischen zwei Bäumen und schaute zu Baumann hinüber, der seine Rostlaube sorgfältig abschloss. Und schon öffnete sich die Eingangstür, eine blonde Dame im knappen Outfit erschien, stöckelte auf ihn zu und fiel ihm um den Hals. Küsschen links und rechts, er legte seinen Arm um ihre Taille und sie verschwanden im Club.

Ich rief Jan wieder an und erzählte ihm in ein paar Worten die Geschichte.

„Anita", ermahnte er mich. „Sei vorsichtig. Wenn die Zuhälter bemerken, dass du dort observierst, landest du im Krankenhaus. Verschwinde sofort, wenn sich jemand für dich interessiert."

„Mache ich, Jan."

Ich öffnete das Handschuhfach, repetierte meine Dienstpistole, eine P7, durch und beobachtete weiter den Club. Im ersten Stock erschien ein Arm vor einer Gardine und schloss das gekippte Fenster. Ich schaute auf meine Uhr. Wie lange würde Baumann bleiben? Ich richtete mich auf eine halbe bis eine Stunde ein. Nach einer Weile fuhr auf der Gegenfahrbahn ein Skoda Octavia vorbei, dessen Fahrer zu mir hinüberschaute. Sollte er, das war ich gewohnt.

Ein Blick auf die Uhr: Jetzt stand ich schon fünfzehn Minuten hier.

Plötzlich stoppte ein Wagen neben meinem BMW und die beiden Insassen sahen mich an. Es war der Skoda Ocatavia, der vor einer Minute an mir vorbeigefahren war. Der Beifahrer stieg aus und zog sich eine gelbe Warnweste mit der Aufschrift *Polocie PČR* über.

Es war ein tschechischer Polizist, der mir bedeutete, die Scheibe herunterzukurbeln, was mein elektrischer Fensterheber surrend erledigte.

„Guten Tag", sagte er auf Deutsch. „Papiere bitte."

Er bekam sie und ging zum Auto, wo er sie über einen eingebauten Laptop abfragte. Dann kam er zurück. „Was machen Sie hier?", wollte er wissen.

Jetzt steckte ich in einem Dilemma. Irgendeine plausible Erklärung musste ich dem Kollegen geben. Mit blöden Ausreden brauchte ich erst gar nicht anzufangen. Die würden ihn nur veranlassen, mich genauer unter die Lupe zu nehmen. Das hätte die Kollegen in Deutschland auch gemacht, wenn ein ausländischer Wagen irgendwo auffällig geparkt hätte.

„Ich beobachte einen Mann, der sich dort in dem Club befindet."

„Warum?"

Ich holte tief Luft. „Ich bin Polizistin. Ich zeige Ihnen meinen Ausweis."

Der steckte in einer kleinen Ausweismappe, die ich in der Innentasche meiner Jacke trug. Normalerweise lag der Ausweis im Handschuhfach, aber wenn ich das hätte jetzt öffnen müssen und der Kollege sieht meine Dienstwaffe ... Gar nicht auszudenken!

Er überprüfte den Dienstausweis sehr sorgfältig, dann ging er wieder zum Auto, redete mit seinem Kollegen und telefonierte. Das dauerte eine Weile.

Endlich stieg er wieder aus und steckte meinen Dienstausweis demonstrativ in seine Brusttasche. „Der Komisař will mit Ihnen sprechen. Sie fahren hinter uns her. Ich behalte Papiere."

Jetzt hatte ich den Salat. Langsam wurde mir klar, dass die Sache nicht ganz glatt für mich ausgehen würde. Während ich dem Octavia folgte, telefonierte ich zum vierten Mal mit Jan und erzählte ihm von meinem Glück.

„Bleibe freundlich und halte deine Zunge im Zaum. Ich rufe in Regensburg deinen Chef an." Er meinte den Polizeidirektor.

Toll!

Das Polizeigebäude liegt in Domažlice in der Kosmonautů, der Kosmonautenstraße. Der Komisař, ein älterer Herr in Zivil mit ausgeprägter Stirnglatze, ließ sich die ganze Angelegenheit von seinem Untergebenen, von dem der mich überprüft hatte, erklären. Außer den tschechischen Wörtern für Polizei und Deutsche verstand ich kein Wort. Der *Club d'Amour* kam vor und der Komisař nickte. Anschließend griff er zum Telefon und verlangte: „Schwandorf".

Dort lag, das wusste ich, das *Gemeinsame Zentrum der deutsch-tschechischen Polizei- und Zollzusammenarbeit*.

Nach einem Moment antwortete sein Gesprächspartner und die beiden unterhielten sich auf Tschechisch. Er nahm meinen Polizeiausweis und gab alle Daten durch. „Kollege Wernmann will mit Ihnen reden." Er hielt mir den Telefonhörer hin.

Der Direktor hatte schon in Schwandorf angerufen und der Kollege am anderen Ende, ein Hauptkommissar, riet mir, mich freundlich zu entschuldigen und sofort nach Deutschland zurückzufahren. Er konnte, dank seiner guten Kontakte, die Angelegenheit auf dem *kleinen Dienstweg*, so nannte er es, erledigen.

Ich bekam alle Papiere zurück und durfte gehen. Als ich hinausging, sagte der Komisař: „Seien Sie froh, dass wir nicht im Handschuhfach Ihres Wagens nach einer Waffe gesucht haben. Auf Wiedersehen, Frau Oberkommissarin."

Ich bemerkte, dass ich einen roten Kopf bekam.

Der Tadel des Direktors fiel relativ milde aus, zumal die ganze Sache weder von Schwandorf aus noch von den tschechischen Kollegen an die große Glocke gehangen wurde.

„Schauen Sie sich diesen Herrn Baumann genauer an", riet er mir zum Abschluss. „Sprechen Sie mit dem Staatsanwalt."

Am Nachmittag nahm ich mir die Akte „Roswitha Baumann" noch einmal vor und studierte sie sorgfältig. Ich beschloss, ein weiteres Mal mit den Nachbarn zu reden.

Die Informationen, die ich am nächsten Morgen bekam, waren sehr aufschlussreich. Während der Kollege, der vor Wochen mit den Nachbarn gesprochen und nur Schulterzucken und „keine Ahnung" oder „Man hat halt

Grüß Gott gesagt", zu sehen und hören bekommen hatte, war es diesmal ganz anders.

Ich erfuhr:

„Die haben doch dauernd gestritten."

„Der arme Mann. Die hat die Hosen angehabt. Und er hat alles für sie getan …"

„Die haben sicher im Lotto gewonnen. Er hat vor einiger Zeit so eine Andeutung gemacht. Sonst könnten die doch gar nicht bauen."

Aber auch „Der Baumann hat jetzt eine andere …" und „Der wird froh sein, dass er seine Alte los ist … das war ein böses Weib!" waren die Kommentare der lieben Nachbarn.

Am Nachmittag schrieb ich den Bericht und fuhr rüber zur Staatsanwaltschaft. Die Staatsanwältin zierte sich ein wenig, aber dann bekam ich das Papier.

Gegen neun Uhr erschien ich in der Filiale der Sparkasse, bei der Baumann seine Konten besaß. Der Filialleiter bat mich in sein Büro, als ich ihm den Beschluss der Staatsanwaltschaft vorlegte.

„Herr und Frau Baumann haben ein Girokonto mit einem Kontostand von achthundertdreizehn Euro und ein Tagesgeldkonto mit dreihundertsechsundzwanzigtausend Euro."

„Aha. Und wie kommen ein ehemaliger Maurerpolier, der jetzt ein Frührentner ist, und eine Verkäuferin an so viel Geld?"

„Das war ein Lottogewinn. Das Geld ist von der Staatlichen Lotterieverwaltung Bayern überwiesen worden. Es waren über fünfhunderttausend."

„Und wo ist der Rest?", wollte ich wissen.

„Die Baumanns bauen in Sarching. Außerdem wurden mehrfach Summen zwischen zehn- und zwanzigtausend Euro in bar abgeholt."

Mir juckte wieder das linke Ohr. „Wie oft hat Frau Baumann Geld abgeholt?"

Der Filialleiter schaute auf den Bildschirm. „Nur ein einziges Mal vor etwas mehr als fünf Wochen. Ihr Mann hatte am Vortag die zwanzigtausend Euro angemeldet und Frau Baumann hat es abgeholt."

„Er wusste also, dass seine Frau das Geld holt?"

„Natürlich. Herr Baumann hatte ja am Vortag angerufen. Bei Summen über fünftausend muss das Geld in der Filiale immer angemeldet werden."
„Danke. Sie haben mir sehr geholfen." Ich verabschiedete mich.

Als Baumann die Vermisstenanzeige aufgegeben hatte, gab er an, völlig überrascht gewesen zu sein, dass seine Roswitha ohne ihn zwanzigtausend abgeholt hatte. Das war eine Lüge gewesen. Warum diese Lüge?

Mein linkes Ohr juckte ununterbrochen. Ich musste schnellstens ein wichtiges Telefongespräch führen.

Es war kein Problem für mich herauszufinden, wo Baumann sein neues Haus baute. Am Rand des Neubaugebiets stand auf einer Parzelle ein Rohbau, bei dem gerade die Decke des Erdgeschosses gegossen worden war. Baumann und zwei Männer beendeten eben ihre Arbeit. Sie hatten den Beton über die Schalung abgezogen und geglättet. Ich rief Baumann und winkte ihn zu mir.

„Grüß Gott, Frau Oberkommissarin." Er begrüßte mich freundlich. „Wissen Sie etwas Neues? Haben Sie Roswitha gefunden?"

„Können wir ungestört miteinander reden?"

„Dort." Er wies auf den Bauwagen.

„Servus Franz", riefen in diesem Moment seine Helfer, stiegen in ihr Auto und fuhren los.

„Ich habe das Haus ganz alleine gemauert", erklärte mir Baumann stolz auf dem Weg zum Bauwagen. „Nur beim Betonieren kommen die beiden und helfen mir. Alleine kam ich das nicht machen."

Wir setzten uns an einen Tisch, auf dem Pläne des Hauses ausgebreitet waren. Ich schaute mich um. Es war innen penibel aufgeräumt und das Werkzeug lag ordentlich in einer Kiste. Zwei Kästen mit Wasser und Limonade standen unter dem Tisch. Von der Maurernahrung, dem Bier, war nichts zu sehen.

Ich schlug mein Notizbuch auf. „Ich habe noch einmal mit Ihren Nachbarn geredet. Die meinten, Sie hätten sich mit Ihrer Frau öfter gestritten und Ihre Frau soll die Hosen angehabt haben. Stimmt das?"

Er schüttelte den Kopf. „Nein! Roswitha und ich waren ein Herz und eine Seele. Natürlich haben wir uns auch gestritten. Das kommt in jeder Ehe vor. Bei Ihnen sicher auch, Frau Oberkommissarin."

„Ich bin nicht verheiratet."

„Die waren bloß neidisch, weil wir im Lotto gewonnen haben und jetzt hier ein Haus bauen. Das kann sich von denen ja keiner leisten."

„Gut." Ich machte mir eine Notiz. „Und Sie hatten keine Ahnung, dass Ihre Frau die zwanzigtausend abgeholt hat?"

„Nein. Sie hat nie Geld abgeholt. Und dann zwanzigtausend auf einmal. Das habe ich erst am nächsten Tag bemerkt. Keine Ahnung, warum sie das gemacht hat."

„Haben Sie manchmal größere Summen abgeholt?"

„Drei- oder viertausend maximal. Davon habe ich Baumaterialien bezahlt."

„Eine Frage noch. Ein Nachbar meinte, Sie hätten eine Neue. Stimmt das?"

„Das ist eine Verleumdung!" Er tat entrüstet. „Ich bin doch verheiratet." Er überlegte. „Wer hat das gesagt?"

Ich klappte mein Notizbuch zu. „Das kann ich Ihnen nicht sagen. Aber danke, dass Sie meine Fragen so offen beantwortet haben, Herr Baumann. Wir werden weiter nach Ihrer Frau suchen."

Wir schüttelten uns die Hände und ich machte mich auf den Weg zurück ins Präsidium.

Kurz vor Dienstende erwischte ich noch Hauptkommissar Wernmann in Schwandorf. Er hörte sich alles geduldig an.

„Ich nehme mit den Kollegen in Domažlice Kontakt auf. Vielleicht fahre ich selbst rüber und mache mich kundig. Ich habe sowieso drüben noch etwas zu erledigen."

Das klang vielversprechend. Ich schaute auf die Uhr: siebzehn Uhr zwanzig. Jan musste heute bis zwanzig Uhr arbeiten und so konnte noch in Ruhe recherchieren. Ich fuhr meinen privaten Laptop hoch und öffnete Google. Eine Stunde später wusste ich Bescheid und notierte mir einige Telefonnummern und Mailadressen. Danach verschickte ich zwei Mails.

Bevor ich nach Hause fuhr, Jan und ich lebten seit zwei Monaten in einer gemeinsamen Wohnung, kaufte ich ein paar Sachen ein: Nudeln, Hackfleisch und Gemüse. Spaghetti Bolognese ließen sich schnell zubereiten und eine Flasche Rotwein nahm ich auch mit. Ich freute mich auf den Abend mit Jan.

Ein Dr. Müller von der BAM, der Bundesanstalt für Materialforschung in Berlin, rief mich bereits am nächsten Morgen, kurz nach Dienstbeginn, an. Ich beschrieb ihm mein Problem.

„Sie haben Glück, Frau Schmöke. Das passt", meinte er. „Kollegen von mir arbeiten in der nächsten Woche in Regensburg. Sie untersuchen die Wände des Pfaffensteiner Tunnels. Ich leite Ihr Ersuchen an Dr. Bernhard weiter. Der wird sich mit Ihnen in Verbindung setzen.

Was dieser Dr. Bernhard auch am nächsten Tag tat.

Hauptkommissar Wernmanns Anruf kam am Sonntagabend. Jan und ich saßen auf der Couch, hielten Händchen, tranken Prosecco und konsumierten den Tatort. Der war wie immer sinnfrei und realitätsfern, aber gerade deshalb liebten wir die Serie.

Jan ging ans Telefon. „Für dich", sagte er. „Dieser Kollege Wernmann aus Schwandorf.

Ich verzog mich in die Küche. Das Gespräch dauerte seine Zeit. Als ich auflegte, hatten unsere Fernsehkollegen die Doppelmörderin gerade gefasst.

Am Mittwochmorgen rollten wir mit zwei Wagen, gefolgt von dem grauen Bulli der BAM, vor Baumanns Rohbau in Sarching. Der mauerte gerade die Außenmauern des 1. Stocks.

„Herr Baumann. Kommen Sie bitte runter. Ich muss mit Ihnen reden."

Er tat erstaunt. „Was ist denn los? Was wollen die ganzen Polizisten hier?"

Ich hielt ihm den Durchsuchungsbefehl hin. „Gehen wir in den Bauwagen." Bevor ich die Tür schloss, sah ich, wie die drei Leute von der BAM ein paar Geräte in das Haus brachten.

Wir setzten uns, während zwei uniformierte Kollegen neben der Tür stehenblieben.

„Herr Baumann. Sie haben mich belogen."
„Wieso?"

„Sie wussten, dass Ihre Frau das Geld abholt, denn Sie hatten es am Vortag persönlich angemeldet. Sie haben auch eine Freundin. Die arbeitet als Prostituierte in Česká Kubice im Club d'Amour. Sie heißt …", ich schaute in mein Notizbuch, „Irina Dernatova, kommt aus der Ukraine und Sie haben ihr einen Heiratsantrag gemacht. Die Auslösesumme von vierzigtausend Euro haben Sie bereits an den Besitzer des Clubs gezahlt."

Ich ließ meine Worte wirken und ergänzte dann: „Irina ist gestern übrigens von Prag aus zurück nach Kiew geflogen. Sie ist verheiratet und hat zwei Kinder. Sie haben ein gutes Werk getan. Sie haben sie freigekauft."

Baumann war blass geworden, dicke Schweißtropfen standen auf seiner Stirn, aber er sagte nichts, schüttelte nur den Kopf.

„Die Männer mit dem grauen VW-Bus sind von der BAM. Sie werden die Betonplatte unter dem Haus röntgen. Warten wir ab, ob sie etwas finden."

Baumann starrte mich an.

„Sie wissen, was die BAM ist?"

Er nickte fast unmerklich. Danach schwiegen wir alle, bis Dr. Bernhard kam.

„Frau Schmöke, können Sie bitte mitkommen?"

Das Haus besaß keinen Keller und das Erdgeschoss stand auf der Bodenplatte. „Schauen Sie her." Dr. Bernhard zeigte auf einen Computerbildschirm. Die Platte ist zirka zwanzig Zentimeter dick und vorschriftmäßig armiert, das heißt, der Baustahl liegt korrekt im Beton. Den Stahl erkennen Sie als rote Streifen."

Ich versuchte, mir das alles vorzustellen.

„Hier", er deutete auf den unteren Teil des Bildschirms, „diese runden, gelben Strukturen sind der Rollkies unter der Platte. Ich schätze, die Schicht ist vierzig Zentimeter dick. Auch das wurde korrekt gemacht. Aber hier …", Dr. Bernhard benutzte die Maus," befindet sich eine längliche Struktur im Rollkies, die dort nicht hingehört. Was das ist, kann ich Ihnen nicht sagen."

Ich konnte es mir aber denken und hielt ihm einen USB-Stick hin. „Bitte speichern Sie alles auf diesem Stick und geben Sie ihn mir zurück", bat ich ihn.

Dann zog ich mein Handy aus der Jackentasche.

Zwanzig Minuten später erschien ein kleiner Pritschenwagen einer bekannten Regensburger Tiefbaufirma. Drei Männer in weißen Maureranzügen stiegen aus und ließen sich die Stelle im Erdgeschoss zeigen. Dann warfen sie den Kompressor an und ihre Presslufthämmer ratterten los. Gleichzeitig rückte die Spurensicherung an. Eine Stunde später hatten wir Roswitha Baumann gefunden.

„Ich verhafte Sie wegen Mord an Ihrer Ehefrau Roswitha", erklärte ich Baumann. Der saß am Tisch, presste die blutleeren Lippen zusammen und war aschfahl im Gesicht.
„Warum haben Sie das getan, Herr Baumann? Konnten Sie sich nicht denken, dass wir Ihre Angaben überprüfen würden?"
Sein Mund blieb verschlossen und er schüttelte nur seinen Kopf.
Ich erkannte an seinen Händen, unter welcher Anspannung er stand. Er knetete und verschränkte die Finger mit solcher Kraft ineinander, dass die Gelenke knackten und seine Knöchel weiß hervorstachen.
„Haben Sie wirklich geglaubt, diese Irina würde Sie heiraten? Die Frau ist noch keine dreißig und Sie sind sechsundfünfzig. Sie hat Kinder, spricht kaum Deutsch und bekommt hier keine Aufenthaltsgenehmigung, weil sie in einer EU-weiten Liste als Prostituierte geführt wird. Die wollte nur ihr Geld, Herr Baumann."

Sein Kopf sackte auf die Brust und sein Oberkörper bebte. Ich wartete einen Augenblick, dann nickte ich den Kollegen, die die Tür bewachten, zu.
Als die ihm die Handschellen anlegten und aus dem Bauwagen führten, drehte er sich nach mir um. „Roswitha war ein Satan, Frau Oberkommissarin. Sie ahnen gar nicht, was ich mit der durchgemacht habe."
Ich beobachtete, wie Baumann in den Polizeiwagen gesetzt wurde. Ich weiß nicht warum, aber irgendwie tat mir der Mann leid.

Jan arbeitet jetzt in der Leitstelle der VPI in Regensburg. Wir haben vor vier Wochen geheiratet, weil ich schwanger bin. Über unsere Nachnamen haben wir uns pragmatisch geeinigt: Jan heißt weiterhin Müller, ich behalte meinen Namen Schmöke.

Und unser Kind wird ... nun, das wird sich zeigen. Auf jeden Fall soll es in geordneten Verhältnissen aufwachsen.

Otto

Hermine Versteeren wartete, bis der Taxifahrer den Koffer aus dem Kofferraum geholt und ihn ihr vor die Haustür gestellt hatte.

„Danke, der Herr", sagte sie und gab ihm zehn Euro Trinkgeld. Die Operationswunde am Knie schmerzte beim Gehen, aber das musste sie aushalten. Eigentlich hatte sie gehofft, Otto würde sie nach dem zehntätigen Krankenhausaufenthalt abholen, aber der war gestern Morgen wegen einer dringenden Grundstücksangelegenheit nach Tønder gefahren. Heute Abend, spätestens morgen gegen Mittag, wollte er wieder zurück sein. Hermine war noch nie in Tønder gewesen, obwohl der Ort direkt hinter der deutsch-dänischen Grenze lag und man ihn von Hamburg aus in gut zwei Stunden erreichen konnte. Sie war eigentlich noch nie aus Hamburg herausgekommen. Ihr Mann war als Kapitän zur See gefahren und sie hatte sich um das Haus und das große Grundstück im Hamburger Westen kümmern müssen. Ihr einziges Kind, ein Sohn, war im Alter von sechs Wochen verstorben und genau vierzig Jahre nach diesem schrecklichen Tag, hatte man ihren Mann nach einem Schlaganfall zu ihr nach Hause gebracht. Die letzten vier Jahre seines Lebens hatte er in einem Rollstuhl vor sich hingedämmert und war von Hermine liebevoll gepflegt worden.

Der Tod war eine Erlösung für ihn gewesen, aber er hinterließ eine große Lücke im Leben der Frau. Vor lauter Gram verließ sie drei Jahre lang das Haus nur, um einzukaufen und für Arztbesuche.

Durch eine Zeitungsanzeige im *Hamburger Abendblatt* lernte sie Otto kennen. Otto Henner Ramel, letzter Spross eines verarmten Adelsgeschlechts aus Tønder in Dänemark.

Stöhnend stellte Hermine den Koffer vor die Treppe, die hinab in den Wirtschaftsraum führte. Ihre Putzfrau würde sich am Nachmittag um ihn kümmern.

Sie humpelte durch die Halle ins Wohnzimmer und als Erstes fiel ihr das Blinken des Anrufbeantworters auf. „Das wird Otto sein", dachte sie und drückte auf den Wiedergabeknopf.

Es war ein Mitarbeiter der Haspa, der Hamburger Sparkasse, der um einen dringenden Rückruf bat. Der zweite Anruf kam von Europcar Hamburg und die wollten wissen, wann der Mercedes zurückgebracht werden würde. Er sei jetzt schon zwei Tage überfällig. Mit dem Anruf von der Autovermietung wusste Hermine Versteeren wenig anfangen und sie beschloss, den Anruf Otto nach seiner Rückkehr erledigen zu lassen, denn er hatte ja das Auto in ihrem Namen angemietet.

Sie nahm das Telefon und ließ sich stöhnend in den großen Ledersessel sinken. Die Nummer der Haspa hatte gespeichert und eine freundliche, junge Dame verband sie direkt mit dem Filialleiter.

Was der ihr mitteilte, führte dazu, dass sich Hermine auf den teuren Perserteppich übergab.

Der Kriminalbeamtin tat Frau Versteeren leid. „Ich kann mir vorstellen, wie Sie sich jetzt fühlen und wir bemühen uns wirklich, diesem Herrn das Handwerk zu legen." Mit diesen Worten versuchte sie, die Frau zu beruhigen, die weinend auf dem Stuhl vor ihrem Schreibtisch saß und ein nasses Papiertaschentuch in den Händen knetete.

„Und das ist der Mann, den Sie als Otto Henner Ramel kennen?" Die Polizistin drehte den Bildschirm so, dass sich Frau Versteeren das Bild des Gesuchten eingehend studieren konnte.

„Ja, das ist er. Da war er noch etwas jünger, aber er ist es. Ich habe übrigens auch ein Foto von ihm." Sie griff in ihre Handtasche und zog ein Bild hervor, das den Mann hinter dem Steuer eines BMW-Cabriolets zeigte. „Er wollte nie fotografiert werden. Da habe ich einfach heimlich ein Foto gemacht, als wir auf Sylt waren."

Das interessierte die Polizistin sehr. „Sie sind die einzige Geschädigte, die ein aktuelles Bild von diesem Otto Blättlein hat. Kann ich das für ein paar Tage behalten? Sie bekommen es ganz sicher zurück."

Hermine Versteeren nickte. „Bitte. Wenn es Ihnen hilft." Sie reichte es der Polizistin. „Und ich gehe heute noch zu meinem Rechtsanwalt. So wie Sie es mir geraten haben." Sie erhob sich und schüttelte der Beamtin die Hand. „Auf Wiedersehen, Frau Meinert." Dann nahm sie ihre Krücke und verließ humpelnd das Büro.

Die Polizistin hörte, wie sich das Klacken des Stocks draußen auf dem Flur entfernte. Sie seufzte. In diesem Fall hatte der Heiratsschwindler reiche Beute gemacht. Einhundertzwanzigtausend Euro hatte er vom Konto abgehoben, acht hochwertige Uhren des verstorbenen Ehemanns mitgehen lassen und einen Mercedes der E-Klasse im Wert von sechzigtausend Euro war angemietet und danach unterschlagen worden.

Die Masche des Heiratsschwindlers war immer gleich: In einer seriösen, zumeist christlich orientierten Zeitschrift erschien eine Chiffre-Anzeige:

> *Gentleman alter Schule, studiert und vital, sucht*
> *adäquate Dame, die sich einen gemeinsamen,*
> *liebevollen Lebensabend mit Reisen und anderen*
> *schönen Dingen leisten möchte.*

Er nannte sich Otto Graf von Berghen, Otto van Seuderen, Otto Freiherr zu Trams oder Otto Henner Ramel. Das waren seine Alias-Namen, unter denen er vermögende Damen kennenlernte und sie um ihr Geld brachte. Aber die Polizisten waren sich sicher, dass er mehr als die sechs Damen betrogen hatte, von denen Anzeigen vorlagen. Viele schwiegen einfach aus Scham und in einem Fall, so vermutete Kriminalhauptmeisterin Karin Meinert, war er der Grund für den Selbstmord einer Geschäftsfrau aus der Bremer Innenstadt.

Drei Monate später verstarb Frau Versteeren ganz plötzlich an den Folgen einer Embolie. Kriminalhauptmeisterin Meinert schloss die Akte Hermine Versteeren und wandte sich anderen Fällen zu.
Der gesuchte Otto Blättlein war wie von Erdboden verschwunden.

Die KRO, die *Katholische Regionalzeitung Ostbayern*, lag nun schon seit drei Tagen aufgeschlagen auf dem Schreibtisch. Immer wieder las Maria Rothschauer die Anzeige, die ihr so zusagte. Sollte sie antworten oder sollte sie es besser sein lassen? Darüber zermarterte sie sich schon seit zwei Nächten den Kopf. Sie besaß alles, was sie benötigte: Ein Geschäft für hochwertige Damen- und Herrenbekleidung war sehr gut vermietet, dazu kamen vier weitere Geschäfts- und Wohnhäuser in der Regensburger Innenstadt. Sie besaß mehrere Konten im Inn- und Ausland, deren Guthaben sie niemals würde aufbrauchen können.

Nur eins fehlte ihr: Die Gesellschaft eines Herrn, der zu ihr passte und mit dem sie ihren Lebensabend verbringen konnte.

Und der Text dieser Anzeige sprach sie sehr an:

Gentleman alter Schule, studiert und vital, trotz aller Schicksalsschläge mit einer positiven Lebenseinstellung versehen, sucht adäquate, christlich orientierte Dame, die sich einen gemeinsamen, liebevollen Lebensabend mit Reisen und anderen schönen Dingen leisten möchte.
Nachrichten unter Chiffre 347 941 an die KRO Regensburg

Am frühen Nachmittag, nach einer Tasse Rehorik-Kaffee, stand ihr Entschluss fest. Sie nahm den Füllfederhalter mit der goldenen Spitze sowie das schwere, lilafarbene Briefpapier und setzte sich an den kleinen Rokoko-Schreibtisch, der vor dem Erker stand. Von dort oben aus bot sich ihr ein wundervoller Ausblick auf die Regensburger Altstadt.

Sehr geehrter Herr,
Ihre Anzeige hat mich tief berührt ...

Mit diesen Worten begann Sie den Brief, den sie noch vor sechzehn Uhr in einen Briefkasten warf.

Die Antwort kam drei Tage später.

Frau Rothschauer saß im ersten Stock des Café Prinzess und schaute nervös auf ihre goldene Uhr. Noch zwei Minuten. Würde er kommen?

Exakt um fünfzehn Uhr betrat ein Mann das Café und sie wusste sofort, dass er es war. Außerdem hielt er, wie verabredet, eine rote Rose und das Manager-Magazin in der Hand. Auch die Beschreibung passte: fast einsachtzig groß, kurze, graue Haare und ein feiner, sorgfältig gestutzter Oberlippenbart. Er trug einen dunkelblauen Blazer, eine graue Hose mit messerscharfen Bügelfalten, ein weißes Hemd und eine hellblaue Seidenkrawatte. Herr van der Briest gefiel ihr auf den ersten Blick und sie bemerkte, wie ihr Herz anfing, schneller und schneller zu schlagen.

„Du dummes Ding!", schimpfte sie sich. „Du bist doch kein Teenager mehr."

Der Mann sah sich um, blickte Frau Rothschauer an, sein Blick fixierte die hellblaue Handtasche auf dem freien Stuhl und er trat an ihren Tisch. Mit einer angedeuteten Verbeugung stellte er sich vor: „Frau Rothschauer? Gestatten, Otto van der Briest. Es freut mich, Sie kennenzulernen, gnädige Frau."

Mit einem Blick registrierte er die goldene Rolex, das konservative, teuer aussehende Kostüm, die passenden, hochwertigen Accessoires und die Ringe mit den Zweikarätern an den Händen einer sehr gepflegten, zierlichen Dame Anfang siebzig.

Sie nahm ihre Handtasche und zeigte auf den Stuhl. „Bitte nehmen Sie doch Platz, Herr van der Briest. Ich freue mich auch, Ihre Bekanntschaft zu machen."

Nach drei Wochen gingen Maria und Otto zum „Du" über und, nach einem Vierteljahr, zog er bei ihr ein. In diesen drei Monaten, der Probezeit, wie sie es ausgemacht hatten, führte sie ihre erste Reise nach Rom und die zweite ins Heilige Land. Beide Ziele waren schon lange Marias Traum gewesen, aber alleine hatte sie sich nicht getraut.

Es war ein regnerischer Sonntagnachmittag. Sie saßen im Wohnzimmer, tranken Kaffee und im Hintergrund lief leise Musik. Otto wirkte einsilbig und bedrückt.

„Was bereitet dir Sorgen, Otto?", wollte Maria wissen.

„Ach, nichts."

„Ich kenne dich doch. Sonst bist du nie so ruhig. Hat es mit dem Brief zu tun, den du gestern von dieser Anwaltskanzlei aus Flensburg bekommen hast?"

Er nickte.

„Um was geht es denn? Sag es mir doch. Vielleicht kann dir helfen, Otto."

Der zögerte einen Moment. „Ich muss dir etwas zeigen, meine Liebe."

Er ging hinaus und kam mit seiner Brieftasche zurück, aus der er einen zusammengefalteten Zeitungsartikel zog.

„Hier. Darum geht es."
Maria nahm den Zeitungsausschnitt und las ihn durch.

Flensburger Nachrichten vom Mittwoch, 08. Oktober 2012
(pm) Der Großbrand, der vorgestern Nacht auf dem Anwesen des Herrn B. in Schillingmoor ausbrach, zerstörte das herrschaftliche Wohnhaus, alle Stallungen, die landwirtschaftlichen Maschinen und auch die Garagen, in denen sich drei wertvolle Oldtimer befanden.
Nach Angaben der Brandermittler scheint ein elektrischer Defekt im Keller die Ursache für den Ausbruch des Großbrands gewesen zu sein.
Der Eigentümer hatte das Anwesen erst vor einem Monat erworben und er steht jetzt vor dem finanziellen Kollaps. Nach eigenen Angaben hatte er zwar eine Gebäudeversicherung beantragt, aber die Police war ihm noch nicht übersandt worden. Der Schaden beläuft sich auf fast zwei Millionen Euro ...

Maria schlug die Hand vor den Mund. „Bist du dieser Herr B.?"
Otto schaute sie gequält an und seine Augen schimmerten feucht. „Ich bin der Letzte des deutsch-dänischen Geschlechts der van der Briest. Zu meinem Unglück habe ich mein komplettes Geld und alles, was ich besaß, in den Kauf dieses Landguts gesteckt. Es hatte vor dem Zweiten Weltkrieg unserer Familie gehört und ich wollte es zurückbekommen, nachdem es die Nazis 1940 enteignet hatten."
Er wischte mit den Händen über sein Gesicht. „Das war mein Traum und dafür habe ich vierzig Jahre gearbeitet. Aus einem kleinen Guthaben, das mir meine Mutter hinterlassen hatte, konnte ich an der Börse genug Geld verdienen, um die Grundschuld abzulösen sowie das Gut, die Maschinen und die Oldtimer zu kaufen. Ich wollte eine Landwirtschaft auf ökologischer Basis aufziehen und mir so meinen Lebensunterhalt verdienen. Insgesamt habe ich zwei Komma sieben Millionen verloren und musste das ganze Land verkaufen."
Maria schlug die Hände vor den Mund. „O Gott!" Sie bekreuzigte sich.
„Mein derzeitiger Besitz besteht aus einer kleinen Mietwohnung in der Flensburger Südstadt und fünfzehntausend Euro. Und gestern kam der Brief des Rechtsanwalts. Ich muss Grunderwerbssteuer nachzahlen, die Gebühren für den Notar sind fällig und ich habe noch unbezahlte Rech-

nungen von den landwirtschaftlichen Maschinen, die ich mir angeschafft hatte. Ich muss nach Flensburg und Privatinsolvenz anmelden."

„Das gibt es doch nicht!" Maria war völlig fassungslos. „Die Versicherungen wollen nie zahlen. Das kenne ich."

„Stimmt."

„Darf ich fragen, wie hoch deine Schulden sind?"

Otto wirkte verzweifelt. „Momentan sind es einhundertvierundvierzigtausend. Ob noch etwas kommt, weiß ich nicht."

Sie war sichtlich geschockt.

„Es hat aufgehört zu regnen." Otto schaute nach draußen. „Machen wir unseren gewohnten Spaziergang. Wir nehmen einfach den großen Schirm mit."

Am Abend, als sie zusammen im Bett lagen, kuschelte sich Maria an Ottos Schulter und flüsterte. „Ich werde dir helfen. Du bekommst das Geld von mir."

Er drückte wortlos ihre Hand.

Am Montagmorgen gingen sie zur Deutschen Bank, bei der Maria ihre Regensburger Konten hatte und sie richtete ein Unterkonto ein, auf das Otto van der Briest zugreifen konnte. Danach buchte sie zweihunderttausend Euro um.

Der Bankangestellte akzeptierte Ottos erstklassig gefälschten dänischen Personalausweis ohne Bedenken und Nachfrage.

Nach dem Mittagessen lächelte Maria Otto an. „Ziehe dich bitte um. Wir haben um vierzehn Uhr einen Termin."

„Und welchen?"

„Das wirst du schon sehen, Otto. Es soll ja eine Überraschung sein."

Ein Taxi kam und brachte die beiden in die Mercedes Werksniederlassung in der Benzstraße. „Robert, mein verstorbener Mann, ist nur Mercedes gefahren. Andere Marken kamen für ihn nicht infrage. Er hat immer gesagt, dass Mercedes die besten Autos der Welt seien."

„Das stimmt, Maria." Otto war selbstverständlich der gleichen Meinung.

„Du hast einen Führerschein und mit dem Auto können wir mehr unternehmen, habe ich mir gedacht. Wir kaufen uns heute ein Auto. Einen Mercedes."

„Das ist eine gute Idee, Maria." Otto legte ihr einen Arm um die Schultern und zog sie an sich.

Am Donnerstagmorgen machte sich Otto van der Briest in dem fast neuen Mercedes der E-Klasse auf den Weg nach Flensburg. Er fand, dass man in einem Wagen mit Sechszylindermotor und Automatik sehr entspannt reisen konnte.

Bereits am frühen Nachmittag, Otto hatte gerade angerufen „Ich bin kurz vor Hannover und mache jetzt eine Pause", bekam Maria Sehnsucht nach ihrem Freund. Sie hatte ihn in den vier Monaten ihres Zusammenseins schätzen und auch lieben gelernt und es fiel ihr schwer, eine Woche auf ihn verzichten zu müssen.
So tat sie das, was sie schon lange nicht mehr gemacht hatte. Sie ging in die Stadtbücherei und setzte sich vor einen Computer, um ein wenig im Internet zu surfen. Sie hatte an dem Kurs „Silver-Surfer, Senioren gehen ins Internet" der Volkshochschule Regensburg teilgenommen, der ihr Interesse an diesem „neumodischen Zeug" weckte. Und wenn sie sich nicht auskannte, saßen immer nette, junge Leute vor den anderen Computern, die gerne einer älteren Dame behilflich waren.
So war es auch an diesen Nachmittag und sie blieb bis kurz vor neunzehn Uhr vor dem Computer sitzen.
Am Abend rief sie ihre Großnichte an und lud sie für den Samstag zum Kaffee ein.

Als Otto am Donnerstagabend zurückkehrte, überraschte er Maria mit einem großen Strauß langstieliger Rosen. „Ich habe mich so auf unser Wiedersehen gefreut", sagte er und strahlte sie an.
Sie nahm die Blumen und legte sie auf den Garderobenschrank. „Danke", sagte sie. „Ich möchte dir meine Großnichte Anita vorstellen."
Maria führte Otto ins Esszimmer.
Am Tisch saß eine junge, schlanke Frau mit kurzen, dunklen Haaren. Als sie sich erhob, um Otto zu begrüßen, bemerkte er, dass sie hochschwanger war. Sie besaß ein klares, feines Gesicht mit grünen Augen.

„Sie ist eine richtige Schönheit", dachte Otto, „jetzt wäre ich gerne dreißig Jahre jünger."

„Setzen wir uns doch", schlug Maria vor. „Erzähl, wie es dir in Flensburg ergangen ist."

Otto berichtete von den Verhandlungen mit dem Rechtsanwalt, der ihn zum Notariat und zum Gericht begleitet hatte und von den Schwierigkeiten, vor denen er immer noch stand. „Aber eine gute Nachricht gibt es", erklärte er. „Ich könnte einen Teil des Grundstücks zurückkaufen. Der neue Besitzer hat kein Interesse an diesem Teil und ich bekäme es für einen günstigen Preis."

Maria überlegte. „Das Land hättest du gerne, Otto?"

„Sicher. Es war fast vierhundert Jahre im Familienbesitz gewesen."

Ich hatte den Mann, der mit meiner Großtante seit mehr als acht Monaten zusammenlebte, aufmerksam beobachtet als er zur Tür hereinkam und mich erblickte. Er war hochgewachsen, hielt sich für sein Alter kerzengerade und besaß eine schlanke, adrette Figur. Er stellte eine gepflegte Erscheinung dar, wirkte auf den ersten Blick seriös und weltmännisch. Aber er zuckte leicht zusammen und schien irgendwie irritiert zu sein, als er mich erblickte. Dann taxierte er mich, so wie ein Mann eine Frau anblickt, die ihn interessiert, und als ich mich zur Begrüßung erhob, taxierte er meinen mächtigen neun-Monate-Bauch. Wir schüttelten uns die Hand und ich setzte mich wieder.

Eine Zeitlang verfolgte ich das Gespräch zwischen meiner Großtante und dem Mann, der sich Otto van der Briest nannte.

„Wie hieß noch einmal die Kanzlei, die Sie in Flensburg vertreten hatte?" Mit diesen Worten unterbrach ich das Gespräch.

Otto runzelte seine Stirn. „Rechtsanwalt Jan Jasper Gärtner."

„Ist das die Kanzlei?" Ich legte einen zerknitterten Briefumschlag auf den Tisch.

Otto erhob sich, schob den Stuhl unter den Tisch und nahm den Briefumschlag. „Ja, das ist die Kanzlei. Aber wie kommen Sie an diesen Umschlag und wieso …?"

Maria unterbrach ihn. „Da war der Brief drin, den du bekommen hast. Ich habe den Umschlag aus dem Müll genommen."

Jetzt war Otto sprachlos. Dann ging ein Ruck durch seinen Körper. „Was ist hier los? Ist das eine Vernehmung?"

Ich lächelte, blieb aber auf der Hut. Der Mann war nicht zu unterschätzen. „Das kann man so nennen."

Als ich die Handtasche öffnete und meinen Dienstausweis herausholte, trat er einen Schritt zurück, so als wolle er Abstand von mir gewinnen.

„Ich heiß Anita Schmöke und bin Oberkommissarin bei der Kripo Regensburg. Meine Großtante hat mir am letzten Samstag alles erzählt und wir haben uns ein wenig kundig gemacht."

Gleichzeitig stand Maria auf, verließ das Esszimmer, kehrte nach einem kurzen Moment zurück und setzte sich wieder.

Otto van der Briest wurde blass. „Aber ..."

„Lassen Sie mich einfach zusammenfassen, Herr van der Briest. Rechtsanwalt Gärtner ist auf Strafrecht spezialisiert und übernimmt keine Fälle, die mit Insolvenz- und Grundrecht zu tun haben. Er kennt auch keinen Otto van der Briest."

Ich lächelte Otto an, der auf meine Handtasche schielte. Diese war leicht geöffnet und er konnte erkennen, dass eine Pistole darin lag. Ich zog sie näher an mich heran.

„Machen wir weiter. Die van der Briests sind ein holländisches und kein dänisches Adelsgeschlecht. Den Namen van der Briest gibt es in Dänemark überhaupt nicht. Das hat uns das Königlich-Dänische Innenministerium auf Anfrage mitgeteilt. Die Antwort kam übrigens innerhalb von vier Stunden."

Otto schien sprachlos und starrte mich an.

„Setzen Sie sich doch wieder." Ich wies auf den freien Stuhl neben Maria.

Er schüttelte den Kopf. Mittlerweile standen dicke Schweißtropfen auf seiner Stirn und seine linke Hand zitterte.

„Der Bauernhof, der abgebrannt ist, gehört einem Herrn Bottmanns, Kurt mit Vornamen. Ich habe mit den Flensburger Nachrichten und mit ihm telefoniert."

Otto bekam den Mund nicht mehr zu.

„Rechtsanwalt Gärtner hat schon zweimal einen gewissen Otto Blättlein verteidigt. Das sind Sie. In beiden Fällen standen Sie wegen Betrugs vor

Gericht. Und Sie haben auch eingesessen. Außerdem werden Sie von den Kollegen im Hamburg, Bremen, Hannover und Peine gesucht. Dort kennt man Sie unter den Namen Otto Graf von Berghen, Otto van Seuderen, Otto Freiherr zu Trams oder Otto Henner Ramel. Sie sind ein Heiratsschwindler, Herr Blättlein. Ich erkläre Sie für verhaftet und alles, was Sie sagen, …"

Mit einem Mal drehte sich Otto Blättlein um und rannte schwerfällig zur Tür. Wir hörten ihn am Türgriff rütteln.

„Ich habe abgeschlossen, Otto. Der Schlüssel ist hier", rief Maria.

Vorsichtshalber nahm ich die Pistole aus der Handtasche, erhob mich, was in meinem Zustand gar nicht so einfach ist, und folgte ihm in den Flur. Otto Blättlein lehnte dort an der Wand und presste eine Hand auf die Brust. Er war aschfahl im Gesicht und zog laut keuchend die Luft in seine Lungen.

„Kommen Sie, Herr Blättlein. Setzen Sie sich wieder an den Tisch, sonst fallen Sie mir hier noch um."

Ich packte seinen Arm. Von mir geführt stolperte Otto zurück in das Esszimmer und sackte auf den Stuhl, auf dem ich vorher gesessen hatte.

Es klingelte. Maria erhob sich. „Das ist die Polizei. Denen schließe ich natürlich auf."

Sie drehte sich zu Otto um, bevor sie zur Tür ging: „Ich will mein Geld wieder haben, du Betrüger. Und ich bekomme es zurück!"

Ihre Stimme klang ungewohnt scharf und schneidend.

Und das gab Otto den Rest. Er verdrehte die Augen und sackte langsam vom Stuhl. Ich versuchte erst gar nicht, ihn aufzufangen.

Der Notarzt kam schnell, aber Otto Blättlein war nicht mehr zu helfen.

Petra

Jan saß auf der Couch und gab JaHe die Flasche. Unseren Sohn Jan-Henrik Schmöke, den Namen Müller gäbe es schon zu häufig, meinte Jan, nannten wir nur JaHe, weil wir fanden, dass der volle Name für ein Baby zu lang war.

Söhnchen war jetzt drei Monate alt und völlig problemlos, sofern wir seine Regeln beachteten:
1. Wenn ich Hunger habe, möchte ich auf der Stelle mein Fläschchen!
2. Wenn die Windeln voll sind, müssen sie sofort gewechselt werden!
3. Lasst mich schlafen, wenn ich müde bin!
4. Kümmert euch um mich, wenn ich wach bin!

Das waren vier klare Regeln, an die wir uns hielten und zum Dank dafür war JaHe das bravste Baby der Welt, so wie es sich für einen anständigen Jungen eines Polizistenehepaars gehört.

Das Telefon klingelte. Ich nahm den Anruf entgegen und meldete mich wie gewohnt, ohne meinen Namen zu nennen: „Ja?"
„Anita? Hier ist Sabine. Hast du einen Moment Zeit für mich?"
Sabine und ich waren von der Neunten bis zur Zwölften in der gleichen Klasse gewesen und hatten einige Zeit nebeneinandergesessen. Seit meiner Auszeit vom Dienst hatte ich nichts mehr von ihr gehört.
„Hallo Sabine. Schön, dass du dich mal wieder meldest. Was gibt es? Du klingst so ernst."
„Du erinnerst dich doch sicher an Petra. Sie kam in der Zwölften nach den Weihnachtsferien in unsere Klasse und ist dann neben mir gesessen. Sie war ein blondes Mädchen aus Nordrhein-Westfalen."
„Klar erinnere ich mich an sie. Sie hat doch einen Manager von Krones geheiratet und wohnt in Bad Abbach. Oder nicht?"
„Richtig. Die Petra hat ganz große Probleme und benötigt dringend unsere Hilfe. Kannst du nach Abbach kommen?"
„Wann?"
„Anita, wir brauchen dich sofort. Bitte! Sie steckt wirklich bis zum Hals in der Sch..."

Jan schaute zwar etwas komisch, als ich ihm den Kleinen in den Arm drückte und mich auf den Weg machte. Aber er glaubte mir, dass es „sehr wichtig" war.

„Servus Schatz", sagte er. „Ich gehe dann mit JaHe auf den Spielplatz und diskutiere mit den anderen Vätern über die neuesten Kochrezepte."

Ich musste lachen. „Dann probiere auch gleich eines der Rezepte fürs Abendessen aus. Bis dann."

Als mir die beiden diese Geschichte erzählten, blieb mir ein Kommentar im wahrsten Sinne des Wortes im Hals stecken und mir wurde speiübel. Und es kam ein Gefühl in mir hoch, das ich momentan nicht beschreiben konnte. Später merkte ich, was es war: Hass. Blanker Hass.

„Sag bloß, du hast dich wirklich getraut?" Petra war fassungslos. „Und das geht so einfach?"

Sabine lachte. „Das ist ganz einfach. Du registrierst dich, fotografierst deine Vorzüge vor dem Spiegel und lädst die Fotos hoch. Anschließend stellst du dich mit einem kleinen Text vor und erklärst, wie die Dates ablaufen. Dann legst du ein Mindestgebot, die Zahlungsweise und die Dauer der Versteigerung fest. Du kannst den Typen ablehnen, wenn er dir nicht gefällt und einen fantastischen Morgen haben, wenn er dir zusagt. Das ist alles ganz einfach. Prost Petra." Sie hob ihr Glas Prosecco.

Petra stieß mit ihr an. „Prost Sabine." Nach einem Moment: „Darf ich fragen, wie viele Dates du schon hattest und wie viel du dafür bekommen hast?"

Sabine kicherte. „Fünf Dates bisher. Der Mindestbetrag war dreihundertvierzig Euro und der höchste fünfhundertzehn Euro. Ich hatte vier nette Nachmittage und einen tollen Abend mit einem echten Gentleman. Wir waren erstklassig essen, hatten eine Suite im Parkhotel Maximilian in Regensburg und es gab Champagner auf dem Zimmer. Jetzt habe ich fast zweitausend Euro beiseitegelegt, für die ich mir demnächst etwas Besonderes leisten werde."

Petra bekam den Mund nicht mehr zu.

Auf dem Nachhauseweg gingen ihr eine Menge Gedanken durch den Kopf. Zweitausend Euro extra haben, um sich eine teure Handtasche zu kaufen, das wäre doch etwas. Zeit hatte sie ja genug: Der Kleine ging auf das Gymnasium der Regensburger Domspatzen und kam nur am Wochenende heim und ihre Große, die vierzehnjährige Nadine, besuchte die Ganztagsklasse eines Regensburger Gymnasiums und kam erst gegen siebzehn Uhr nach Hause. Und ihr Mann Bernd, nun, der verbrachte jeden Tag mindestens zehn, meistens elf bis zwölf Stunden im Büro. Er war ein netter Mann, aber sie hatte wenig von ihm. In der Woche war er abends todmüde und an den Wochenenden war Sport angesagt.

Sie besaßen ein schönes, großzügiges Haus in Bad Abbach. Es lag an einem Südwesthang und bot einen unverbaubaren Ausblick über die Donauebene.

Alle ihre Freundinnen beneideten sie um ihr Haus und das sorglose Leben, das sie führte. Sie brauchte nicht in die Arbeit zu gehen, die Kinder waren wohlgeraten und der Mann verdiente als promovierter Diplom-Betriebswirt wirklich gut.

Aber Petra hatte Langeweile und ihr Liebesleben war auch nicht mehr so prickelnd wie früher.

Am Montagmorgen fuhr Petra den Computer hoch und rief www.sexbay.com auf. Den ganzen Morgen las sie sich die Anzeigen durch und betrachtete die Frauen, die sich dort anboten. Es waren zumeist junge, sportliche Mädchen mit erstklassigen Figuren und großen, silikongestählten Busen.

Petra zog sich aus und untersuchte kritisch ihr Spiegelbild: Der Busen war üppig, kämpfte aber gegen die Schwerkraft. Der Po war früher, vor der Geburt der Kinder, erstklassig und „wahnsinnig sexy" (Originalton Bernd) gewesen. Aber das war sechzehn Jahre her. Ihr war klar, es gab Männer, die waren busophil und andere popophil. Sie war mehr ein Typ für Männer, die beides, also viele Kurven, liebten. Denen würde sie sicher gefallen.

Es dauerte seine Zeit, bis Petra brauchbare Fotos mithilfe des Selbstauslösers erstellt hatte, aber dann war sie recht zufrieden mit dem, was sie auf dem Bildschirm des Computers sah.

Die Registrierung auf der Seite der Sex-Versteigerungsplattform war ein Klacks und danach machte sie sich daran, einen Text zu erstellen. Am Nachmittag was alles erledigt und sie konnte ihr eigenes Angebot auf der betreffenden Seite betrachten:

Ich heiße Maria und bin eine liebenswerte, fröhliche Frau mit prächtigen weiblichen, weichen Kurven. Zurzeit fühle ich mich etwas vernachlässigt und ich wünsche mir einen potenten, gut situierten Herrn, dem es ähnlich ergeht. Wir werden uns am Donnerstag zu einem sinnlichen Morgen in einem Hotel im Raum Regensburg treffen. Die Hotelkosten übernimmt selbstverständlich der Gentleman.
Sie übergeben mir das Geld, wenn wir uns kennenlernen und ich werde Sie dann verwöhnen. Ich freue mich schon auf Sie!
Maria

Als Startpreis gab sie zweihundert Euro an und legte das Ende der Versteigerung auf Mittwoch um sechzehn Uhr fest.

Das Date ersteigerte ein Italiener, der sich Mario nannte, und bereit war, für ein zweistündiges Schäferstündchen dreihundertneunzig Euro auszugeben.

Petra war sehr nervös, als sie an den Empfang des Autobahnhotels an der Ausfahrt 101, Eurorastplatz Regensburg, trat und sich nach einem Herrn Mario Tomaso erkundigte.

„Herr Tomaso hat das Zimmer 110. Gehen Sie hier unten bitte durch die Glastür." Der Empfangschef war freundlich und schien es gar nicht merkwürdig zu finden, dass sich an einem Donnerstagmorgen eine Dame mit einem Herrn im Hotel traf.

Mario, der sich selbst als „feuriger Italiener" beschrieben hatte, war im ersten Augenblick eine optische Enttäuschung: Er war einen Kopf kleiner als Petra, besaß eine ausgeprägte Stirnglatze und einen deutlichen Bauchansatz.

Er starrte Petra, alias Maria, entgeistert an und dann stammelte er: „Mamma mia. Un miracolo." Er bekreuzigte sich und fiel vor ihr auf die

Knie. „Ein Wunder! Du schaust aus wie meine *Mamma*. Die hieß auch Maria. Ein Wunder!"

Mit zitternden Händen zog er Petra aus, während sich seine Hose verdächtig beulte.

Den Spruch „Kurz und dick ist der Frauen Glück." kannte Petra zwar, aber sie hatte noch nie darüber nachgedacht. Jetzt erfuhr sie, dass dieser Umstand, in Verbindung mit italienischer Ausdauer und Mutterliebe, sie innerhalb einer Stunde mehrfach zum dem führte, was sie so vermisst hatte. Mario lag nach zwei Akten auf dem Rücken und keuchte selig.

„Maria. Du bist die schönste Frau, die ich jemals kennengelernt habe", erklärte er ihr. Nach seinen schmachtenden Blicken zu urteilen, sprach er die reine Wahrheit.

Petra schaute auf die Uhr. „Gleich muss ich aber gehen!", sagte sie. Die veranschlagten zwei Stunden neigten sich dem Ende entgegen.

„Maria!", flehte er. „Noch einmal *fare l'amore*, Liebe machen. Ich gebe dir auch mein restliches Geld, Maria."

Und so ließ sie ihn ein drittes Mal gewähren, kam dabei durchaus auf ihre Kosten und verabschiedete sich von dem schlafenden, völlig erschöpften Mann nach zweieinhalb Stunden und mit fünfhundert Euro in der Tasche.

Als Petra zu ihrem Auto ging, machte sie ein mehr als zufriedenes Gesicht. Sie schaute selbstgefällig wie eine Katze, die mit einem Sprung gleich drei Mäuse gefangen hatte.

In den nächsten Wochen lernte sie Jo kennen, danach Dieter, Rolf, Miguel und Slavo. Den schickte sie gleich wieder weg, weil er intensiv nach Knoblauch roch und schlampig angezogen war. David, einen amerikanischen Offizier aus Hohenfels, traf sie dreimal. Er erwies sich als echter Gentleman, der ihr sogar Blumen, Pralinen und Parfüm mitbrachte. Aber im Bett brachte er wenig zustande. Doch trösteten seine Zahlungen von insgesamt fast eintausend Euro Petra über die kleinen Enttäuschungen hinweg.

Mario traf sie noch zweimal. Er war eindeutig der Höhepunkt aller Dates. Sie bekam pro Date fünfhundert Euro von ihm und verzieh ihm großzügig, dass er sie im Zustand höchster Entzückung stets „*Mamma*" nannte.

Er machte ihr drei Heiratsanträge, die sie höflich ablehnte.

In den Pfingstferien verbrachte die Familie nach sechs langen Jahren erstmalig wieder einen gemeinsamen Urlaub. Sie flogen nach Südost-Asien, blieben zehn Tage auf Bali und anschließend noch drei weitere in Singapur.

Am letzten Nachmittag sagte sie zu Bernd: „Ich gehe jetzt shoppen. Und zwar alleine! Ich möchte schauen, ob ich nicht eine oder zwei günstige Handtaschen finde."

Bernd verdrehte die Augen. „Gerne Schatz. Gehe nur!" Er war froh, nicht mitgehen zu müssen.

Petra erschien nach drei Stunden mit zwei Handtaschen, einer dunkelbraunen und einer blauen. „Schau, Bernd. Das waren echte Schnäppchen. Beide zusammen für dreihundertzwanzig Euro. In Deutschland kosten die mindestens das Doppelte."

Bernd nickte beeindruckt. „Hübsch", meinte er.

Als Petra die Taschen in einen Koffer packte, musste sie grinsen. Männer waren einfach dumm. Jeder Frau hätte sofort gesehen, dass die beiden Taschen das Zehnfache, also dreitausendzweihundert Euro gekostet hatten. Aber das brauchte Bernd nicht unbedingt zu wissen.

Nach Pfingsten ließ Petra eine Woche verstreichen und dann gab sie ihre nächste Anzeige auf. Auf der Bewertungsseite lobten sie alle Männer in den höchsten Tönen und vergaben ohne Ausnahme fünf von fünf möglichen Sternen.

Die Angebote auf ihre Anzeige häuften sich und der Preis erreichte eine Stunde vor Ende der Auktion sechshundert Euro.

Für siebenhundertzehn Euro bekam ein gewisser Mike den Zuschlag, nach eigenen Angaben achtundzwanzig Jahre alt, durchtrainiert, muskulös und sehr ausdauernd.

„Ich lass mich überraschen", dachte Petra.

Der Empfangschef des Hotels kannte sie schon und wies normalerweise freundlich und diskret auf die Glastür, denn Petra buchte immer das gleiche Zimmer. Aber das war an dem Tag belegt und sie musste für ihr Date in den ersten Stock. Das Zimmer war das letzte ganz hinten links auf dem Gang.

Mike hatte nicht übertrieben. Bei einer Größe von einsneunzig waren seine einhundert Kilogramm passend auf alle Muskeln verteilt. Er hatte kurze, schwarze Haare und blaue Augen.

Er wirkte sehr sympathisch, als er sie anlächelte. „Ich weiß, was du denkst. Der kann doch jede Frau haben, die er will. Und warum nimmt er dann mich?"

Petra nickte. „Stimmt."

„Ich bin diese durchgestylten, silikongeformten Tussis einfach leid. Je toller sie ausschauen, desto dümmer und leerer sind sie. Sie mögen meinen Porsche und geben mit mir an. Und im Bett liegen sie da, als seien sie aufblasbar. Ich mag einfach Frauen wie dich."

Mike machte Sachen mit ihr, von denen sie noch nie gehört oder gelesen hatte, geschweige denn hatte sie diese jemals getan. Nach zwei Stunden schleppte sich Petra völlig erschöpft aus dem Raum. Bevor sie die Tür hinter sich zuzog, rief Mike: „Maria. Ich will dich wiedersehen. Heute in einer Woche um die gleiche Zeit hier in diesem Zimmer? Du versteigerst dich nicht, ich zahle dir einfach siebenhundert. Ist das okay?"

Es war okay für sie. So verausgabt hatte sie sich bei einem Mann noch nie.

Mike wartete schon, als Petra eine Woche später das Hotelzimmer betrat. Er saß im Sessel am Fenster und schaute sie interessiert an.

„Wer passt eigentlich auf dich auf, wenn du deine Geschäfte erledigst?", wollte er wissen.

„Wieso aufpassen?" Petra konnte mit seiner Frage nichts anfangen. „Was meinst du damit, Mike?"

„Nun. Ein Typ zahlt dir das Geld, verbringt zwei nette Stunden mit dir und dann nimmt er es dir wieder ab. Wenn du dich wehrst, schlägt er dir eins auf die Nase und verschwindet." Er ließ seine Worte wirken. „Oder er folgt dir und erpresst dich. Du hättest es doch nicht gerne, wenn dein Mann oder deine Kinder von dieser, nennen wir sie Nebenbeschäftigung, erfahren. Oder?"

In diesem Augenblick wurde Petra klar, dass sich heute etwas ihrer Kontrolle entzog.

„Nein, das hätte ich nicht gerne. Du hast recht und ich werde sofort damit aufhören. Ich gehe besser wieder. Tschüss."

Sie wollte sich umdrehen und die Tür öffnen.

Mike war mit einem Satz hinter ihr und schleuderte sie mit einer kraftvollen Bewegung auf das Bett. Er warf sich auf sie und drückte ihr den linken Unterarm auf den Hals. „Ob und wann du gehst, bestimme ich. Und wenn du einen Laut von dir gibst, dann ist es dein letzter. Hast du mich verstanden?"

Petra rang nach Luft, sah Sterne vor den Augen und krächzte: „Ja."

Mike lockerte den Druck seines Unterarms. „Ich nehme ihn jetzt weg. Ein Piepser und ich mache dich alle!"

Sie lag auf dem Rücken und keuchte und verstand nicht, was mit ihr geschah.

„Ausziehen!", befahl Mike.

Als er nach einer Stunde mit ihr fertig war, krümmte sich Petra weinend auf dem Bett zusammen. Jeder Muskel ihres Körper schmerzt, überall klebte sein Sperma, sie war wund und konnte sich kaum bewegen.

„Ab sofort passe ich auf dich auf, Petra. Oder willst du, dass du irgendwann an einen richtig üblen Typen gerätst?"

Dass er ihren richtigen Namen kannte, war für sie wie ein Schlag mitten ins Gesicht.

„Du machst weiter wie bisher und ich beschütze dich. Ich kümmere mich um die Typen und du machst sie glücklich. Und das Geld teilen wir gerecht. Du bekommst dreißig Prozent und ich den Rest. Ist das klar?"

Mike riss sie hoch und stellte sie vor das Bett.

„Und wenn ich dir eine höfliche Frage stelle, dann erwarte ich eine höfliche Antwort, Petra!" Er wickelte ihren Rock um seine Hand und schlug ihr ansatzlos mit der flachen Rechten in den Bauch. „Das tut echt weh, nicht wahr? Aber es gibt keine blauen Flecken", erklärte Mike, als Petra wie ein Taschenmesser zusammenklappte.

Erst nach einer quälend langen Minute bekam sie wieder genügend Luft. Nun fing Petra an zu würgen, worauf sie der Mann an den Haaren ins Bad zog und sie unter die Dusche stieß. „Kotz dich aus!" Es dauerte fast fünf Minuten, bis das Würgen aufhörte.

Petra sah Mike an und wollte etwas sagen, aber er drehte wortlos den kalten Wasserhahn auf und ließ das Wasser laufen, bis sie mit den Zähnen klapperte und vor Kälte wimmerte.

„Wasch dich jetzt und mach dir deine Haare! Du schaust aus wie eine Schlampe."

Als Petra aus der Dusche kam, stand Mike an der Tür. „Morgen bekomme ich deine Antwort. Und so ein gutes Angebot wie heute bekommst du von mir nie wieder!" Mit diesen Worten verschwand er.

Am nächsten Morgen saß Petra am Küchentisch und trank bereits die vierte Tasse Kaffee. Sie trug noch ihren Schlafanzug und hatte darüber den alten Bademantel gezogen, den sie normalerweise nicht mehr benutzte. Aber sie fühlte sich einfach nicht sauber genug, um den neuen, seidenen anzuziehen, den Bernd ihr in Singapur geschenkt hatte. Vor ihr lag eine Schachtel Zigaretten und sie nahm sich die nächste, zündete sie an und inhalierte den Rauch tief in ihre Lungen. Ihre letzte Zigarette hatte sie vor mehr als fünfzehn Jahren geraucht. Sie erinnerte sich genau an den Tag: Es war der gewesen, an dem Bernd und sie beschlossen hatten, dass es jetzt Zeit für Nachwuchs wäre.

Der gestrige Abend war schrecklich gewesen. Mechanisch hatte sie das Essen für Nadine und Bernd hergerichtet, mit Mühe ertragen, als ihre Tochter über die Freundinnen und deren kleinen und großen Sünden plapperte und Bernd brüskiert, als sie sich schon nach der Tagesschau ins Bett verzog und von Unwohlsein und Bauchschmerzen murmelte.

Es klingelte und Petra schreckte aus ihren Gedanken hoch. „Das wird der Paketdienst sein", dachte sie. Nadine erwartete „ein paar kleine Pakete von Zalando". Sie drückte die Zigarette aus, suchte unter dem Tisch nach ihrem zweiten Hausschuh und schluffte in den Flur. Sie warf einen Blick in den Spiegel und erschrak. Eine alte Frau mit strähnigen, feuchten Haaren, die ein Gesicht mit ungesunder, grauer Hautfarbe und Mundwinkel, in die sich tiefe Falten eingegraben hatten, einrahmten, blickte sie an. Das konnte doch nicht sie sein!

Es klingelte zum zweiten Mal: schrill und ungeduldig. Fahrig schloss Petra die Tür auf. Es war nicht der erwartete Paketbote, es war Mike, der draußen stand und sie angrinste. Er trug eine verspiegelte Sonnenbrille, hielt eine kleine Tasche in seiner Hand und hatte seinen Porsche in der Garageneinfahrt geparkt.

„Guten Morgen, Petra. Du siehst schrecklich aus."

Noch ehe sie reagieren konnte, schob er sie beiseite, trat ein und verschloss die Tür hinter sich.

„Du riechst nach Kaffee und Qualm. Geh deine Zähne putzen und wasche dich. So, wie du aussiehst, zahlt niemand auch nur fünfzig Euro für dich." Er schaute sich um. „Nett hast du es hier. Bernd muss ja gut verdienen."

Als der Name ihres Mannes fiel, stieg urplötzlich eine tiefe Übelkeit in ihr empor und sie stürzte ins Badezimmer.

Nach einer halben Stunde kam Petra in die Küche kam. Mike saß am Tisch, trank ihren Kaffee aus ihrer Tasse und beschäftige sich mit einem Tablet. Er blickte auf. „Schick schaust du nicht gerade aus."

Petra trug Jeans, ein dunkles, weites Sweetshirt und einen Pferdeschwanz. Das war ihr Outfit für den wöchentlichen Putztag.

„Was willst du? Verschwinde aus unserem Haus oder ich rufe die Polizei!" Sie versuchte ihre Stimme fest klingen zu lassen.

Mike schaute sie belustigt an. „Du kannst gleich die Bullen anrufen. Aber schau dir zuerst unsere Filme an. Sie sind wirklich gut geworden. Setze dich doch!" Er klopfte auf den Stuhl neben ihm.

„Welche Filme? Was meinst du mit *unsere Filme*?" In ihrer Stimme klang Panik mit und eine dumpfe, schwarze Angst stieg in ihr auf.

„Ich habe mir erlaubt, unsere beiden Dates zu filmen. Recorder sind heute so klein und so leicht zu übersehen. Und du warst ja – ich möchte es so ausdrücken – so scharf auf mich, dass du für deine Umgebung keinen Blick hattest. Schau her!"

Mike berührte die Oberfläche des Tablets und der Film lief ab.

Einige eisige Hand umklammerte Petras Herz und sie schnappte verzweifelt nach Luft. „Was machst du damit?" Mehr bekam sie nicht heraus.

Er stoppte den Film. „Nun, Petra. Beide Filme sind bei mir gut aufgehoben. Wenn du das tust, was wir beiden vereinbart haben, dann mache ich nichts damit. Solltest du mir Schwierigkeiten bereiten oder nicht das tun, was ich will, lade ich sie bei YouPorn, Xhamster und anderen Portalen hoch. Dein Mann bekommt eine Kopie, der Chef deines Mannes, Dr. Bellinghaus oder so ähnlich heißt er doch, und noch ein paar andere Leute, die dich gut kennen. Nadine zum Beispiel auch. Die wird stolz auf ihre Mutter sein."

Das war zu viel für Petra. Plötzlich brauste ihr das Blut in den Ohren, sie fühlte sich ganz leicht und dann wurde ihr schwarz vor Augen.

Als sie wieder aufwachte, lag sie auf der Couch. Mike stand vor ihr und schüttelte seinen Kopf. „Du machst mir Sorgen, Mädchen. Ich habe dich gerade noch auffangen können. Das hätte ein dickes Veilchen gegeben."

Petra setzte sich. Sie wollte etwas sagen, aber die Stimme versagte ihr. So starrte sie den Mann nur an und der genoss die Furcht, die er in ihren Augen sah.

„Ich muss drei Tage fort. Am Montag bekommst du meine Mail, wann du dich mit deinem nächsten Kunden zu treffen hast. Wenn du Mätzchen versuchst, verschicke ich die Filme sofort." Er strich ihr über die Wangen. „Mach dich hübsch für dein nächstes Date. Und kaufe dir einen neuen Push-up! Oder besser zwei. In Schwarz und Rot. Das mögen die Kunden."

Petra nickte und krächzte „Ja, Mike."

„Und jetzt kannst du mich zur Tür begleiten."

Petra beobachtete durch das Flurfenster, wie der Mann in seinen Porsche stieg. Er winkte noch einmal, dann rollte er langsam davon. Ohne sich Gedanken darüber zu machen, merkte sie sich das Nummernschild: R-HH8888.

Sie drehte sich um und ihr Blick fiel auf das Telefon im Flur. Petra drückte die Kurzwahl fünf und, als sich ihre Gesprächspartnerin am anderen Ende meldete, holte sie tief Luft: „Ich bin in fürchterlichen Schwierigkeiten. Ich weiß nicht, was ich tun soll."

Nach diesen Worten fing sie an zu weinen, lehnte sich mit dem Rücken an die Wand und rutschte langsam an ihr runter. Sie hockte dort auf dem Boden im Flur und weinte, bis Sabine an der Tür klingelte.

„Du bist mir sofort eingefallen, Anita. Und wir sind so froh, dass du so schnell gekommen bist."

Mit diesen Worten kommentierte Sabine Petras Geschichte.

Ich überlegte einen Moment, bis ich meine Gedanken geordnet hatte. „Das kann ich nicht alleine durchziehen. Wir brauchen Jan. Ich rufe ihn sofort an."

Petra und Sabine nickten. Wahrscheinlich hätte Petra sogar die Hilfe vom Papst angenommen.

Jan brachte JaHe zur Oma und war fünfundvierzig Minuten später da. Ich fasste alles in einem zehnminütigen Vortrag zusammen. Er wirkte genauso geschockt, wie ich es war.

„Wir helfen dir, Petra, erklärte er. „Wie, das müssen Anita und ich noch genau planen. Lass dir nichts anmerken und leite, wenn eine Mail von Mike kommt, diese sofort an uns weiter. Wir machen uns derweil über den Typen kundig. Und du spielst bis auf Weiteres die gute Mutter und liebende Ehefrau. Ist das klar?"

Petra nickte. Sie wirkte erleichtert.

„Danke", sagte Sabine, als wir gingen. „Ich habe gewusst, dass ihr uns helfen werdet."

Die Nachricht von Mike kam am Montagmorgen. Petra sollte am Mittwoch zwei Typen gleichzeitig bedienen.

„Es sind nette Jungs", schrieb Mike. „Du bekommst zweihundert. Sei pünktlich um zehn Uhr im Hotel und mache dich hübsch. Die Kunden kommen eine Viertelstunde später."

Am Mittwoch wartete Mike vor dem Hotelzimmer auf Petra. „Hier ist der Schlüssel. Ich bin im Nebenraum und passe auf. Er gab ihr einhundertfünfzig Euro. Zweihundert minus fünfzig für das Zimmer. Ist doch ein guter Stundenlohn für zwei Stündchen. Oder?"

Ich befand mich bereits in dem Raum und stand hinter der geschlossenen Badezimmertür. „Hoffentlich überprüft dieser Typ nicht das Zimmer", war meine größte Sorge.

Der Empfangschef hatte mich, nachdem ich ihm meinen Ausweis unter die Nase gehalten hatte, ohne Widerrede reingelassen.

Jan stand mit einem Kollegen vor dem Hoteleingang. Als ein Auto stoppte, in dem zwei Männer saßen, zeigte ihnen Jan seinen Dienstausweis.

„Was wollen Sie in dem Hotel?", wollte er wissen.

Die Männer schienen sehr erschrocken. „Wir haben eine geschäftliche Verabredung."

Jan beugte sich runter und flüsterte: „Ich hoffe, Ihr Geschäftspartner heißt nicht Mike. Gerade hat eine Prostituierte einen gewissen Mike mit einem Messer schwer verletzt. Wahrscheinlich überlebt der das nicht."

Der Fahrer des Wagens wurde blass. „Nee. Kein Mike. Aber wir fahren jetzt lieber. Wir können ja mit unserem Geschäftspartner telefonieren."

Das Fenster surrte hoch, der Typ gab Gas und der Mercedes rollte in Richtung Autobahn.

„Danke, Manuel", sagte Jan zu dem Kollegen. „Den Rest machen Anita und ich alleine. Du hast etwas gut bei mir."

„Ist okay. Meine Frau und ich lieben Champagner." Er tippte an seine Baseball-Cap und trollte sich.

„Genehmigt!", rief Jan ihm nach.

Ich hörte, wie Petra die Tür aufschloss und hereinkam. Sie schien alleine zu sein. Ich öffnete die Badezimmertür.

„Psst Petra", flüsterte ich. Leise erklärte ich ihr, was sie tun sollte.

Eine Viertelstunde später klopfte Mike an der Tür.

„Mach auf!", befahl er.

Petra schloss auf und Mike stürzte an ihr vorbei ins Zimmer. Er blieb stehen und starrte mich verblüfft an.

„Was will die Schlampe hier?", wollte er wissen und drehte sich zu Petra um, die an der Tür stehengeblieben war. Als er keine Antwort erhielt, kam er auf mich zu und tippte mir mit dem Zeigefinger auf die Brust. „Ich mag zwar lieber Frauen, an denen mehr daran ist, aber wenn es sein muss, ficke ich auch so magere Hühner wie dich."

Mike tat alles das, was ich verabscheute: Ich ließ mich von Fremden nicht gerne duzen, ich verabscheute es, wenn man mich ohne Erlaubnis berührte und am meisten hasste ich es, wenn mir jemand mit dem Finger auf meine Brust tippte.

„Wirklich?", fragte ich sanft lächelnd und rammte ihm mit voller Kraft das rechte Knie in seine Männlichkeit.

Mike stöhnte auf, presste beide Hände zwischen seine Beine und fiel vor mir auf die Knie. Das genoss ich, aber ich hatte nicht genug. Ich verlangte Demut. Ein schneller Schritt zur Seite, meine Hand packte ihn im Genick und mit einem festen Stoß machte seine Nase Bekanntschaft mit der Bettkante. Es knirschte und Mike fiel um. Einfach so. Das war schon nahe dran an echter Demut. Mir genügte es aber immer noch nicht. Die Handschellen steckten in der linken Gesäßtasche und man kann die Dinger verdammt streng anlegen. Das tat ich.

Jan erschien in der Tür. „Geh heim, Petra!", flüsterte er. „Vergiss alles, was du gesehen hast. Wir erledigen das hier."

Petra stürzte aus dem Zimmer und wir hörten sie über den Flur laufen, bis Jan die Tür ins Schloss drückte.

Mike lag auf dem Bauch, hatte den Kopf gehoben und starrte uns hasserfüllt an. Blut tropfte aus seiner Nase und auf dem Bettüberzug breitete sich ein roter Fleck aus.

„Was wollte ihr Arschlöcher?", nuschelte er. „Die beschissenen Handschellen tun weh. Schließt sie auf oder ihr seid tot!"

Ich setzte mich neben ihn. „Ich mag nicht, wenn man mich duzt und beschimpft. Ich mag nicht, wenn man mir den Finger gegen meine Brust drückt. Und ich mag dich nicht, Michael Volkmann."

Während er noch angestrengt darüber nachdachte, woher ich seinen echten Namen kannte, nickte ich Jan zu. Der drückte Mike ein Kissen auf den Hinterkopf und presste dessen Gesicht gegen die Matratze, während ich ihm beide kleinen Finger brach. Das geht übrigens relativ einfach und es knackt nur ein wenig. Wir beide hören ihn dumpfe Geräusche von sich geben und sein Körper krümmte sich wie ein Wurm. Jan wartete noch einen Moment, dann nahm er das Kissen fort.

Mike japste nach Luft, knirschte mit den Zähnen, aber dann gewannen die Schmerzen Oberhand. Er fing an zu heulen. „Warum tut ihr das? Ich habe euch doch gar nichts getan. Wer seid ihr überhaupt?"

Ohne Kommentar hielten wir ihm gleichzeitig unsere Ausweise vor die Nase.

„Ihr seid Bullen?" Seine Stimme klang fassungslos. „Ich will sofort meinen Anwalt sprechen und ich verklage euch wegen schwerer Körperverletzung, Freiheitsberaubung und Folter. Man wirft euch raus und ihr geht in den Bau."

Mike war jetzt echt sauer. „Bullenschweine, euch lasse ich den Arsch aufreißen!"

Ein Blick zwischen Jan und mir und mein Gatte presste ihm erneut das Kissen mit seinem gesamten Gewicht auf den Kopf, während ich ihm beide Ringfinger brach. Dazu braucht man übrigens deutlich mehr Kraft, als bei den kleinen Fingern und es knackt auch lauter. Ich vermute einfach, es schmerzte auch mehr.

Mike kreischte unter dem Kissen, dann erschlaffte sein Körper. Er war ohnmächtig geworden.

„Der braucht Wasser."

Jan nahm die Flasche Mineralwasser vom Schrank, öffnete sie und goss dem Ohnmächtigen den halben Liter über den Kopf. Der schnappte nach Luft und kam langsam wieder zu sich.

Mike heulte jetzt wie ein kleines Kind und wir ließen ihn eine Weile gewähren.

„Wir lockern jetzt deine Handschellen. Wenn du irgendeinen Mist versuchst, breche ich dir beide Daumen. Hast du das verstanden?", wollte ich von ihm wissen.

Er wimmerte: „Ja."

„Setze dich hin!", befahl ich.

Jan half ihm hoch, schloss nacheinander beide Seiten der Handschellen auf und lockerte sie. Mikes Finger sahen aus wie blaue Würstchen. Er saß jetzt auf der Bettkante und zwischen seinen Hosenbeinen breitete sich ein großer, nasser Fleck aus.

Meine bessere Hälfte öffnete seine Laptoptasche, die er an der Tür abgestellt hatte, zog den Laptop heraus und fuhr ihn hoch.

„Schau her", sagte er und drehte den Bildschirm so, dass Mike sein eigenes Bild sehen konnte. Dann wurde seine Stimme förmlich. „Michael Volkmann. Geboren am 13. Dezember 1985 in Pirna, Sachsen. Vorbestraft wegen Körperverletzung, schwerer Körperverletzung, Förderung der Prostitution. Sie haben zwei Jahre und acht Monate gesessen. Eine Anklage wegen Vergewaltigung und Mord musste trotz dringenden Tatverdachts wegen fehlender Beweise niedergeschlagen werden. Heute führen Sie zwei Fitness-Studios in Landshut und München. Sie verkaufen Anabolika, unterschlagen fällige Sozialabgaben, zwingen Frauen zur Prostitution, erpressen sie mit Filmen und vergewaltigen sie. Zu Ihrem Pech und zu unserem Glück ist Petra die erste Frau, die sich der Polizei anvertraut hat. In diesem Moment rücken der Zoll, die Steuerfahndung und die Kollegen vom Rauschgiftdezernat an und durchsuchen Ihre Studios, nachdem ein V-Mann bei Ihnen illegale Substanzen, Anabolika, gekauft hat."

Mike schwieg, stöhnte leise.

Jan drückte ein paar Tasten und drehte den Bildschirm wieder. Mike konnte das Symbol der Bayerischen Polizei erkennen.

„Was Sie nicht wissen, Herr Volkmann, ist Folgendes. Eine Gruppe von bayerischen Polizisten führt eine *Schwarze Liste*. Die ist illegal, aber sie existiert. Fast jeder Polizist kennt sie und kann darauf zurückgreifen und die Herren im Innenministerium drücken alle Augen zu. Und in diese Liste nehme ich Sie jetzt auf."

Dann begann er, Mikes Daten in die Liste einzutragen. Der beobachtete Jans Tun völlig fassungslos.

Als Jan fertig war, drückte er demonstrativ auf ENTER.

„Jetzt gehören Sie dazu, Herr Volkmann. Bei Kontrollen schweben Sie in Lebensgefahr, denn in der *Schwarzen Liste* stehen nur Typen, die bereits Polizisten verletzt haben oder von denen man vermutet, dass sie Polizistenmörder sind und die illegale Waffen tragen. Und jeder bayerische Polizist wird bei dem geringsten Verdacht auf Sie schießen und alle werden zusammenhalten und man wird bei Ihnen eine nicht registrierte Waffe finden. Sie haben in Bayern keine Chance mehr. Verschwinden Sie, und zwar sofort, Herr Volkmann. Ach so, die Bayern arbeiten sehr eng mit der sächsischen Polizei zusammen. Meiden Sie auch Sachsen!"

„Herzlichen Glückwunsch, Mike", sagte ich. „In diese elitäre Liste kommt nicht jedermann. Ach so. Ich hätte gerne dein Tablet mit den Filmen."

„Liegt im Raum nebenan", keuchte er. Er saß mit hängendem Kopf stöhnend auf dem Bett und war mit sich und der Welt fertig.

„Mein Kollege bringt dich jetzt in deine Wohnung nach Dechbetten. Du hast fünfzehn Minuten, danach musst du damit rechnen, dass das Rauschgiftdezernat auch bei dir zu Hause zur Durchsuchung erscheint. Klar?"

Mike nickte. „Klar."

„Kommen Sie!" Jan zog ihn hoch und ging mit ihm hinaus.

„Geben Sie mir den Autoschlüssel. Ich fahre", hörte ich ihn sagen.

Ich schloss beide Zimmer ab und gab dem Empfangschef die Schlüssel und zweihundert Euro, damit er die Räume reinigen lassen konnte. Er steckte einen Hunderter in die eigene Tasche und rief nach der Putzfrau.

Auf dem Weg zu Mikes Wohnung hatte Jan leider vier Unfälle mit dem Porsche. Zweimal ruinierte er die Felgen an Bordsteinkanten, einmal rumpelte er über eine Schwelle und die Vorderachse wurde in Mitleidenschaft gezogen und zum Schluss bremste Jan etwas spät und brachte den Porsche erst an der Garagenwand zum Stehen.

Mike musste das als hilfloser Beifahrer erdulden, denn mein Mann hatte ihn mit den Händen an die Kopfstütze gekettet.

Mike benötigte in seiner Wohnung genau acht Minuten, um ein paar Sachen zu packen. Den Stapel Geldscheine, den er mitnehmen wollte, nahm ihm Jan ab.

„Das Geld ist beschlagnahmt!"

Vom Fenster aus beobachtet er, wie Mike in den Porsche sprang und Vollgas gab. Mit vier gebrochenen Fingern musste das Fahren höllisch geschmerzt haben.

Wir haben nie wieder offiziell von Mike gehört. Angeblich soll er nach Thailand ausgewandert sein. Er konnte auch nicht wissen, dass die

Schwarze Liste unsere Erfindung war und es sich bei dem Programm auf Jans Laptop um ein Demoprogramm gehandelt hatte.

Petra ist wieder eine treusorgende Hausfrau und auch Sabine hat ihren Nebenerwerb aufgegeben. Die Ehemänner haben nichts von ihren „Abenteuern" mitbekommen.

JaHe kann jetzt alleine stehen und hat gestern sein erstes Wort gesagt: „Papa." Jan ist ganz stolz darauf und ich bin, so muss ich gestehen, ein wenig eifersüchtig auf ihn.

Christine

Es war gerade fünf Uhr zehn, als der Wecker loslegte. Wie immer ließ Christine ihn weiter scheppern, während sie die Nachttischlampe einschaltete, ihr Oberbett zu Seite schob und sich setzte.

„Christine, bitte!", stöhnte Tim, „schalte doch diesen Krachmacher aus. Wie kannst du dir das bloß anhören?" Er zog das Kopfkissen über seinen Kopf. Doch das half nicht. „Bitte! Ich bin doch wach."

Ihn hatte das schrille Geräusch aus dem Tiefschlaf gerissen und er bemühte sich, seine Augen aufzubekommen. Er hasste den Wecker und er hasste es, dass seine Frau ihn bewusst so lange lärmen ließ.

„Steh auf!", war ihre Antwort.

Tim lag auf der Seite und beobachtete, wie seine Frau sich erhob. Ihr Nachthemd hatte sich hochgeschoben und hing ihr wie eine Wurst um die Hüften.

„Mein Gott!", dachte er. „Was ist bloß mit deinem Hinterteil passiert? Nichts als Falten und die Arschbacken kaum größer als zwei alte, verschrumpelte Semmeln. Was hast du doch damals, als ich dich kennenlernte, für einen kleinen, knackigen Hintern gehabt."

Während ihm die Gedanken durch den Kopf gingen, zerrte sie ihr Nachthemd runter, tappte zum Fenster hinüber, zog die Rollläden zur Hälfte hoch und schaute hinaus.

„Scheiß Wetter!", war ihr Kommentar.

Ihr Mann hatte nichts anderes erwartet.

Draußen war es noch nicht richtig hell und Tim war sich sicher, dass sie überhaupt nicht erkennen konnte, wie es mit dem Wetter ausschaute. Es war typisch für sie: Alles kommentierte sie negativ und Freundliches kam ihr erst gar nicht über die Lippen. Hätte sie gesagt: „Das Wetter ist richtig schön draußen. Heute könnten wir doch in die Stadt gehen und uns am Haidplatz einen netten Sitzplatz suchen. In Ruhe einen Kaffee trinken ...", dann wäre Tim vor Staunen die Kinnlade runtergefallen und er hätte sich erst einmal ernsthafte Gedanken darüber gemacht, welche ihrer ständigen Boshaftigkeiten hinter diesem an sich verlockenden Angebot stecken könnte.

„Stell doch bitte den Wecker aus, Christine", bat er erneut.

„Steh auf!"
Der Wecker lärmte weiter.
Seufzend und stöhnend drehte er sich auf den Bauch, rutschte über ihre Bettseite und drückte auf den Knopf. Der Krach verstummte. Seine Frau war ein Teufel! Sie stand am Fenster und beobachtete ihn, wie er sich setzte, seine Hausschuhe suchte und aufstand.

Erst jetzt machte sich Christine auf den Weg in die Küche und Tim schlich ins Bad. Bevor er die Tür hinter sich schloss, hörte er sie noch sagen: „Beeil dich. Brauchst sogar länger als diese aufgetakelten Weiber."

Tim stützte sich mit beiden Händen aufs Waschbecken und schaute in den Spiegel. Müde, verquollene Augen schauten ihn an und er konnte kaum glauben, dass es sein Gesicht war. Er gähnte ausgiebig.

„Neunundvierzig bin ich", dachte Tim. „Schau aus wie neunundfünfzig. Aber kein Wunder bei dieser Frau und ihren dauernden Gemeinheiten." Nach einem Moment murmelte er: „Ich hasse dich! Aber wahrscheinlich hasst du dich selbst am meisten."

Deprimiert schüttelte er den Kopf, zog den Schlafanzug aus und ging unter die Dusche.

Eine halbe Stunde später kam Tim ins Esszimmer. Die heiße Dusche, eine Rasur, teures Aftershave und eine Anti-Aging-Lotion für den Mann hatten ihn wieder tageslichttauglich gemacht.

Christine erschien. Sie knallte einen Teller mit zwei Toasts und zwei Spiegeleiern auf den Tisch und stellte eine große Tasse Kaffee dazu. Abschließend rollte sie einen fahlen Apfel über den Tisch, der gegen die Tasse stieß und den Kaffee auf die Untertasse schwappen ließ. Tim hasste *Kaffee mit Fußbad*, wie er es nannte.

Christine trug ihr altes Nachthemd mit den Rüschen am Hals, das eine Handbreit über dem Knie endete und ihr eigentlich viel zu kurz war. Tim bemühte sich, nicht auf ihre dünnen, weißen Beine zu starren, die von blauen Krampfadern überzogen waren.

„Hast schon wieder so lange gebraucht", knurrte sie und verschwand in Richtung Bad.

Der Kaffee war wirklich genießbar, aber bloß, weil Christine selbst ganz versessen darauf war und mindestens zehn bis fünfzehn Tassen davon am Tag trank. Kaffee kochen, das konnte sie.

Aber der Toast: labbrig und kein bisschen knusprig. Und die Spiegeleier hatte seine Frau unten wieder zu stark anbraten lassen. Tim wurde übel vom Geruch des verbrannten Eiweißes.

„Brr. Schon wieder!" Angewidert schob er den Teller von sich und trank den Kaffee. Schwarz und heiß. So musste er sein. Den Apfel beachtete er erst gar nicht. Er aß nur rote, knackige Äpfel und keine grünen, die entweder nach nichts schmeckten oder sauer waren.

„Christine, ich fahre jetzt." Tim klopfte an die Badezimmertür.

Sie öffnete und stand vor ihm in ihrem langen, weißen Schlüpfer, durch den das schwarze Dreieck ihrer Scham schimmerte und dem steifen, schmucklosen BH, der sozusagen fast nichts mehr zu halten hatte.

„Ich wollte nur auf Wiedersehen sagen", meinte Tim.

„Kannst du dir sparen. Schau zu, dass alles du erledigt bekommst, bevor du wieder verschwindest. Und denk an mein Auto!" Sie knallte ihm die Tür vor der Nase zu.

Tim blieb noch einen Moment stehen und seufzte. Er hörte, wie im Bad der Fön ansprang.

„Am besten wäre es, du gingst mit dem laufenden Fön unter die Dusche", dachte er. „Dann hätte ich ein Problem weniger."

Tim Mulcher warf den Wagenschlüssel in den Briefkasten der Werkstatt. Der Meister würde gegen acht Uhr den kleinen Audi abholen, die neuen Reifen aufziehen, die Inspektion durchführen und bis zum Abend den Wagen in der Garage der Mulders wieder abstellen. Die wohnten in einem Neubaugebiet in Brennberg, wo sie sich ein schönes, gut ausgestattetes Einfamilienhaus mit einem tollen Blick auf die Donauebene gebaut hatten.

Es waren ideale Voraussetzungen für ein beschauliches Leben zu zweit. Aber die Realität sah anders aus. Christine hatte sich von einer hübschen, zierlichen und lebenslustigen Frau zu einem boshaften, unzufriedenen Hausdrachen entwickelt und nach fünfundzwanzig Jahren war ihre Ehe am Ende. Sie konnte keine Kinder bekommen und war von der fixen Idee besessen, Tim wäre daran schuld.

Eine knappe Stunde später betrat Tim Mulder sein Büro im Gewerbepark an der Donaustaufer Straße in Regensburg. Seine beiden Programmierer saßen bereits im Nebenraum vor ihren Großbildschirmen und arbeiteten fleißig.

„Grüßt euch", rief Tim.

„Guten Morgen, Boss."

Tim streckte seinen Kopf durch die Tür. „Wann seid ihr fertig?"

Benjamin, der Ältere seiner beiden Angestellten, schaute zu seinem Kollegen Tobias rüber. „Was meinst du?"

Der spielte mit seinem Ziegenbart und überlegte einen Moment. „Wir lassen den Test noch zwei- oder dreimal durchlaufen. Vor Mittag schätze ich."

„Das funktioniert sicher, Tim", bestätigte Benjamin.

„Das sind gute Nachrichten. Ich erledige bis um elf Uhr meinen Teil, Marie macht sich über den Papierkram her und am Nachmittag geht das Päckchen mit der Software auf den Weg. Ihr könnt den Nachmittag freinehmen. Habt genug Überstunden gemacht."

„Alles klar, Boss. Wir gehen dann ins McFit."

Tim hatte beiden Dauerkarten für die Muckibude geschenkt. Er schloss die Tür hinter sich und setzte sich an den Schreibtisch. Draußen wurde die Eingangstür aufgeschlossen und Marie de Vries kam herein. Die Holländerin war Betriebswirtin und Tim hatte sie von Siemens abgeworben. Sie erledigte die komplette Korrespondenz der Firma, erstellte Angebote, schrieb Rechnungen, verwaltete die Finanzen und kümmerte sich vor allem um die Steuern.

Vom Flur aus ging Marie zuerst in das Zimmer der Programmierer und Tim hörte sie fragen: „Wollt ihr Kaffee, Jungs?"

„Klar, Marie. Wie immer. Heiß, stark und ganz süß. Und ein paar Kekse."

Von süßem Kaffee und Keksen lebten die beiden während des Tages.

Marie warf die Kaffeemaschine an, die blubbernd ihre Arbeit aufnahm, kam in Tims Büro und zog die Tür hinter sich zu. Sie war deutlich kleiner als Tim, war ausgestattet mit weiblichen Rundungen, besaß blaue Augen und hatte auch am frühen Morgen schon ausgesprochen gute Laune.

Wortlos nahmen sich beide in den Arm und es folgte ein langer, inniger Kuss.

Während sie sich voneinander lösten, fragte sie: „Kann ich die Versand- und Zollpapiere vorbereiten?"

„Mach es bitte, Marie. Bis Mittag sind wir drei fertig und die Sendung kann am Nachmittag zu TNT."

„In Ordnung, Tim. Ich kümmere mich um alles."

„Danke, Marie. Bist ein Schatz."

Sie drehte sich um und zwinkerte mit dem linken Auge. „Das weiß ich."

Tim Mulcher hatte in seiner Heimatstadt Amsterdam Maschinenbau und Technische Informatik studiert und bekam als junger Ingenieur bei Siemens in Erlangen eine gut bezahlte Stelle. Vor gut zehn Jahren hatte er den Schritt in die Selbstständigkeit gewagt. Seine kleine Firma erstellte Software für die Fehlersuche in programmgesteuerten Produktionsabläufen und vertrieb sie weltweit, wobei die meisten Kunden in Südostasien saßen.

Der aktuelle Auftrag ging an PROTON, einen malaysischen Autohersteller, der immer wieder Probleme mit den Lackier-Robotern hatte. Der technische Direktor von PROTON hatte Tim und Marie ins Hauptwerk nach Shah Alam eingeladen und beiden eine Stelle angeboten. Sie hatten die Flugtickets nach Kuala Lumpur bereits in der Tasche.

Am Nachmittag gab er auch Marie frei und nun konnte er in Ruhe das Programm schreiben, das ihm schon lange im Kopf herumging. Er gab die notwendigen Daten ein: die voraussichtlichen Geschwindigkeiten, die Scherkräfte und Zugspannungen, die auf Metall einwirkten. Alle anderen Variablen waren bereits abgespeichert. Eine Stunde später wusste er, was er wissen wollte. Er speichert das Programm auf einen Stick und löschte es vorsichtshalber mit einem Programm namens *Eraser* von seinem Laptop.

Am Abend kam Tim spät nach Hause. Christine saß im Wohnzimmer, trug schon wieder ihr geliebtes Rüschennachthemd, darüber einen blauen, verwaschenen Bademantel, den sie schon seit zehn Jahren besaß. Die nackten Beine hatte sie auf den Couchtisch gelegt und ihre Füße steckten in grauen, verfilzten Wollsocken. Auf dem Tisch stand die obligatorische Flasche Rotwein.

„Guten Abend, Christine", sagte er höflich. Die Socken widerten ihn am meisten an. Sie trug diese auch im Bett und Tim hatte den Verdacht, dass seine Frau damit tagsüber in der Wohnung umherlief.

Widerwillig löste sie ihren Blick von DSDS. Das war ihre Lieblingssendung und sie bewunderte diesen Dieter Bohlen. Sie träumte auch von ihm und wenn Tim geahnt hätte, was sie da träumte …

„Deinen Koffer habe ich aus dem Keller hochgeschleppt", war ihre Antwort. „Packen kannst ihn selbst."

„Mache ich. Danke, Christine." Tim blieb höflich. „Ist das Auto da?"

„Ja. Der Meister von der Werkstatt ist wenigstens pünktlich. Was man von dir nicht behaupten kann." Ihr Blick verfolgte schon wieder das Geschehen auf dem Bildschirm.

Tim holte tief Luft und zwang sich ruhig zu bleiben. „Morgen, wenn du zu deiner Freundin fährst, nimmst du bitte meinen Wagen. Ich werde den Audi noch einmal waschen und innen saugen. Dann hast du ein sauberes Auto, wenn ich in Malaysia bin."

„Wird auch Zeit", war Christines Antwort. Nach einem Moment des Überlegens fuhr sie fort: „Diese de Vries nimmst du sicher auch wieder mit. Brauchst gar nicht zu denken, dass du der Einzige bist, mit dem sie es treibt. Die ist bloß hinter deinem Geld her, diese Schlampe."

„Frau de Vries kümmert sich um alles in der Firma, was nicht mit dem Programmieren zu tun hat, Christine. Das weißt du doch. Sie ist hochqualifiziert und ohne sie könnte ich zusperren. Und auch du lebst davon, dass sie sich erfolgreich um die Finanzen der Firma kümmert."

„Das gehört wohl auch zu den Finanzen, wenn sie für dich ihre fetten Beine breitmacht. Und du merkst nichts vor lauter Geilheit", giftete ihn seine Frau an. Sie griff nach dem Glas und stürzte den Rest des Rotweins runter.

Tim unterließ es, ihr darauf zu antworten, drehte sich um und verschwand in seinem Büro. Er schloss die Tür hinter sich. „Bald!", dachte er. „Bald ist alles vorbei."

Christine kam weit nach Mitternacht ins Schlafzimmer und er wachte auf, als sie die Nachttischlampe einschaltete und mit halblautem Gebrabbel den Wecker stellte. Es war wohl wieder nicht bei einer Flasche Rotwein geblieben.

Tim drehte sich auf die andere Seite und schlief ungewohnt schnell wieder ein.

Am nächsten Morgen packte er seinen Koffer, erledigte die elektronische Post und fuhr zur Bank nach Donaustauf. Nach einem faden Mittagessen, Christine war der Meinung, Gewürze verderben den Geschmack, verschwand sie mit seinem SUV nach Cham zu ihrem Kaffeekränzchen. Tim zog sich um und ging in die Garage.

Am Abend gingen sich Tim und Christine aus dem Weg und in der Nacht klingelte der Wecker bereits um drei Uhr.

Christine schaute kurz auf, als Tim sich erhob. „Brauchst mich morgen gar nicht anzurufen", krächzte sie. „Bin den ganzen Tag bei Mama." Anschließend drehte sie ihm wieder den Rücken zu und ergänzte: „Und viel Spaß mit deiner Schlampe."

„Werde ich haben, du böses Weibsstück!", antwortete Tim laut und verließ das Schlafzimmer.

Um halb vier saß Tim in seinem Wagen. Er wollte Marie abholen. Sie mussten spätestens um sechs Uhr dreißig am Münchner Flughafen sein. Flug LH093 sollte um sieben Uhr nach Frankfurt starten. Von dort aus würden sie mit Malaysian Airlines weiter nach Kuala Lumpur fliegen.

Marie wartete an ihrer Haustür schon auf Tim und zog ihn in den Flur. „Komm!", flüsterte sie.

Die Zeit reichte gerade noch für einen Quickie im Stehen.

Am Flughafen in München übergab Tim den Wagenschlüssel und die Papiere an einen Mann im blauen Werkstattdress und unterschrieb ein paar Papiere. „Danke", sagte er. „Das Geld ist hier im Umschlag."

„Alles bestens", bestätigte Tim, nahm den Umschlag und steckte ihn, ohne das Geld nachzuzählen, in seine Jackentasche.

Pünktlich um sieben Uhr hob die Lufthansa-Maschine ab.

Eine böse Überraschung gab es am Frankfurter Flughafen. Eine Wirtschaftsdelegation aus Malaysia hatte ihren Besuch in Deutschland um einen Tag verlängert und nun die komplette First Class und Business Class des Flugs Malaysian Airlines MH5 in Beschlag genommen.

„Es tut uns sehr leid, Herr Mulcher", sagte der Mitarbeiter der Fluglinie und man sah es ihm an, dass es ihm tatsächlich peinlich war. „Wir haben für Sie und Frau de Vries zwei Plätze in der Business-Class für den nächsten Flug mit der holländischen KLM nach Amsterdam gebucht und dort steigen Sie sofort in KL4103 um. Sie haben nur zwanzig Minuten Aufenthalt. Aber die Kollegen in Amsterdam wissen schon Bescheid und kümmern sich um Ihr Gepäck, das VIP-Anhänger bekommt. Außerdem erhalten Sie ein Upgrade in die First Class ab Amsterdam. Allerdings sind Sie eine Stunde früher in Kuala Lumpur als geplant. Und bitte gehen Sie rüber zu den Kollegen von der KLM, dort bekommen Sie Ihre Bordkarten."

„Macht nichts", antwortete Tim Mulcher freundlich. „Wir fahren sowieso zuerst ins Hotel und machen uns frisch. Das ist kein Problem."

Neben ihnen stand bereits ein Kofferträger, der ihr Gepäck auf einen Wagen lud und sie zu den Schaltern der Royal Dutch Airline auf der anderen Seite der Halle begleitete.

Mulcher gab ihm fünf Euro Trinkgeld, was den Mann freute.

Der Mitarbeiter von Malaysian Airlines, ein freundlicher, junger Mann asiatischer Herkunft, schaute ihnen nach und atmete tief durch. Er war sichtlich erleichtert, dass die Kunden die Umbuchung auf die KLM so gelassen hinnahmen. Da hatte er schon andere Reaktionen erlebt!

Sie saßen in der First Class, hielten sich bei den Händen und ließen sich von der persönlichen Flugbegleiterin verwöhnen. Schon vor dem Start in Amsterdam hatte diese Champagner serviert.

„Und es klappt wirklich alles?", wollte Marie wissen. Sie unterhielten sich in ihrer Muttersprache.

„Was soll schiefgehen?" Tim lachte. „Marie. Wir haben eine unbegrenzte Aufenthaltserlaubnis, zwei Arbeitsverträge auf fünf Jahre, das Firmenvermögen ist bereits vor Ort in der Filiale der Bank Negara Malaysia und den

Wagen habe ich heute Morgen verkauft. Tobias und Benjamin sind seit gestern die Inhaber der Firma und glauben, dass wir ab München mit Singapore Airlines nach Bali fliegen. Christine besitzt ein Auto, das Haus, einen vollen Weinkeller, fünfzigtausend auf dem Konto und was sie damit zukünftig macht, ist mir egal."

„Sie ahnt wirklich nichts?"

Tim schüttelte den Kopf und ein feines Lächeln umspielte seine Lippen. „Sie hat nicht die geringste Ahnung."

Marie gab ihm einen Kuss. „Ik hou van jou", flüsterte sie. Danach stießen sie mit ihren Champagnergläsern an.

„Du weißt auch nicht alles, Marie", dachte Tim. „Und das ist besser so für uns beide."

Ich saß schmunzelnd am Schreibtisch und beobachtete meine Kollegin Beate Konnert, die leise fluchend Daten in den Computer eingab. Sie hasste den Papierkrieg!

„Schon der achtzehnte Wohnungseinbruch innerhalb von vierzehn Tagen entlang der A3 zwischen Hemau und Wörth", stellte sie fest und blickte auf. „Die Typen müssten doch zu fassen sein, wenn wir…"

Das Telefon klingelte und beendete unsere Unterhaltung.

Ich hob ab. „Schmöke, Kriminaldauerdienst." Beate verdrehte ihre Augen, während ich hastig einige Notizen auf meinen Block kritzelte. „Danke, Kollege. Wir kommen raus. Mehr zwanzig Minuten dürfte es nicht dauern."

„Was gibt es?", wollte Beate wissen. „Wieder ein Einbruch?"

Ich schüttelte den Kopf. „Es war ein Kollege von der PI Wörth. Die haben einen tödlichen Unfall auf der R42 zwischen Brennberg und Wiesent. Ein Auto ist in einer scharfen Rechtskurve von der Straße abgekommen und in den Wald gerast. Der Wagen hat sich überschlagen und die Fahrerin ist tot."

„Und was haben wir damit zu tun?", wunderte sich Beate. „Das ist eine Sache für die Kollegen in Grün."

„Dem Wagen fehlt das linke Vorderrad. Der Kollege vermutet, dass jemand daran geschraubt hat. Er braucht unsere Unterstützung."

„Gehen wir", seufzte Beate. „Bis zur Mittagspause …", sie blickte auf ihre Uhr, „in fünfundsechzig Minuten haben wir den Fall sicher gelöst."

Ich durfte für zwei Wochen im Kriminaldauerdienst aushelfen, weil sich zurzeit mehrere Kollegen auf Lehrgängen befanden und einige erkrankt waren. Dazu war der KDD chronisch unterbesetzt, während sich die gegnerische Seite immer besser organisierte. Mir tat der Außendienst gut, denn die überwiegende Arbeit am Schreibtisch hing mir langsam zum Hals raus.

Die Kollegen von der PI Wörth hatten die komplette Straße gesperrt, die Freiwillige Feuerwehr aus Wiesent, ein Krankenwagen und ein Leichenwagen waren vor Ort. Gerade fuhr ein Kranwagen vom THW seine Stützen für die Bergung des verunglückten Wagens aus.

Der Kollegen aus Wörth wies uns ein. Er war noch relativ jung, bestimmt noch keine dreißig, doch erwiesen sich seine Ausführungen als knapp und präzise.
„Dort hinten, zirka fünfhundert Meter entfernt, liegt der Weiler Loidsberg. Es geht leicht bergab und die Straße ist relativ schmal. Der Audi muss bei Kurvenbeginn das Rad verloren haben. Die Schleifspuren von Metall auf Asphalt sind dort deutlich zu erkennen und von uns markiert worden. Er hat sich nach rechts in die Kurve reingedreht, ist von der Straße abgekommen, rasierte mit der Fahrerseite den Baum dort ab und hat sich anschließend überschlagen. Die Fahrerin hing noch in ihren Gurten, war bei unserem Eintreffen aber schon verstorben. Der Notarzt meinte, es sähe nach einem Genickbruch aus. Das Rad und zwei Radschrauben haben wir einhundert Meter oberhalb im Graben gefunden. Drei Schrauben fehlen, aber die finden wir bestimmt auch noch."
„Danke, Kollege", sagte Beate und wir machten uns an die Arbeit.
„Ich rufe die SpuSi an."
Beate nickte und ging in die Knie, um sich das Unfallopfer anzuschauen, das auf einer Bahre lag.

Die Identifizierung der Toten erwies sich als problemlos, da sie ihre Papiere in der Handtasche mit sich führte. Es handelte sich um die achtundvierzigjährige Christine Mulcher aus Brennberg. Der Wagen war auf Tim Mulcher, ihren Ehemann, zugelassen.

Ich wies die Kollegen von der Spurensicherung ein, die mittlerweile mit ihrem Bus erschienen waren, und wir machten uns auf den Weg nach Brennberg. Beate klingelte an der Haustür der Mulchers. Niemand öffnete uns. Die Doppelgarage stand offen und es befand sich kein Wagen darin.

„Der Mann ist sicher in der Arbeit", meinte Beate. „Fragen wir die Nachbarn."

„Da brennt Licht in einem Zimmer." Ich zeigte auf das Nachbarhaus zur Linken.

Wenige Minuten später wussten wir, dass der Ehemann eine „… Computerfirma in Regensburg im Gewerbepark" besaß und die beiden „… sich immer gestritten haben".

„Ich will ja nichts Böses über Frau Mulcher sagen", erklärte die Nachbarin, eine füllige Frau in den Fünfzigern. „Aber sie hat nie *Grüß Gott* gesagt und immer so böse geschaut. Und in die Kirche ist sie auch nicht gegangen."

„Das scheint in Brennberg der Beweis für einen schlechten Charakter zu sein", überlegte ich.

„Aber der Herr Mulcher war ein sehr netter Mensch", fuhr die Nachbarin fort. „Obwohl er Holländer war."

„Aha. Holländer." Was diese Aussage bedeuten sollte, darüber war ich mir nicht ganz im Klaren. Wir bedankten uns und gingen zum Auto zurück.

Während ich den alten BMW in Richtung Regensburg steuerte, führte Beate ein paar Telefongespräche über ihr Handy.

„Fahr in den Gewerbepark. Ich weiß, wohin wir müssen. Die Firma MEDS, *Mulcher's Error Detection Software*, hat ihre Büroräume in dem Gebäude hinter dem Hotel, direkt neben dem Job Center."

„Das Gebäude kenne ich", war meine Antwort und gab Gas.

Die beiden jungen Männer, die in der Firma vor ihren Computern saßen, schauten mich erstaunt an.

„Tim Mulcher und Marie, ich meine Frau de Vries, sind auf dem Weg von München nach Bali. Sie fliegen mit Singapore Airlines, soviel ich weiß", erklärte der Jüngere der beiden, der sich als Tobias vorgestellt hatte.

„Und wann kommen sie zurück?", war meine Frage.

„Wissen wir nicht", antwortete der Ältere. „Tim hat die Firma an uns verkauft und er hat etwas von einem neuen Job in Asien angedeutet. Genaueres ist uns nicht bekannt."

Wir bekamen noch die Handynummern von Herrn Mulcher und Frau de Vries, doch alles, was wir als Antwort erhielten, war eine Computerstimme: „Der Teilnehmer ist vorübergehend nicht zu erreichen."

Vom Büro aus rief ich Singapore Airlines in München an. Die hatten an diesem Tag keine Passagiere mit den Namen Mulcher und de Vries.

„Setze dich mit den Kollegen von der Bundespolizei in Verbindung", schlug Beate vor.

Zehn Minuten später wussten wir, dass die beiden die Sicherheitskontrollen passiert hatten. Und dann war es kein Problem mehr herauszufinden, dass sie mit Lufthansa nach Frankfurt geflogen waren.

„Kommt dir das nicht komisch vor, Beate?", fragte ich. „Er erzählt den beiden, die seine Firma gekauft haben, dass er und diese Frau de Vries nach Bali fliegen, dabei ist sein Ziel Frankfurt. Sie sind sicher von dort aus weitergeflogen."

„Das ist mehr als komisch. Und wie durch einen Zufall verliert der Wagen seiner Frau ein Rad und kommt bei dem Unfall ums Leben." Beate wackelte mit dem Kopf. „Zufälle gibt es, die gibt es gar nicht …"

Das Telefon klingelte und ich nahm das Gespräch an, während Beate sich mit dem Flughafen in Frankfurt in Verbindung setzte.

Es war der Kollege aus Wörth. Er teilte mir mit, sie hätten jetzt alle Radschrauben gefunden, sie eingetütet und die würden noch heute auf den Weg zu uns gebracht werden. Die tote Frau Mulcher sei bereits in der Rechtsmedizin.

Ich bedankte mich und hörte Beate sagen: „Das ist ja ein Ding."

„Welches Ding?"

„Die sind mit der KLM nach Amsterdam geflogen und von dort aus mit der KLM weiter nach Kuala Lumpur. Sie sind seit gut drei Stunden in der Luft. Die Flugnummer ist KL4103."

Ich überlegte. „Wir sollten den Direktor informieren und uns die Erlaubnis holen, die Polizei in Kuala Lumpur zu kontaktieren."

„Die Ermittlungen werden schwierig und langwierig werden", vermutete Beate.

Der Fall wurde schneller gelöst, als wir es uns hätten vorstellen können. Am Abend des siebzehnten Juli 2014 saß ich mit Jan vor dem Fernseher und wir schauten uns voll Entsetzen die ersten Berichte über den Absturz des Malaysian Airlines Flug MH17 im ukrainisch-russischen Grenzgebiet an. Fassungslos erfuhren wir von den ersten Gerüchten, dass die Maschine von einer Rakete abgeschossen worden war.

„Die armen Leute", sagte Jan. „Wer rechnet denn damit, dass jemand die Maschine, in der er sitzt, über Europa abschießt?"

Plötzlich juckte mein linkes Ohr, etwas klingelte in meinem Hinterkopf und mich traf die Erkenntnis wie ein Faustschlag.

„Das gibt es doch nicht!" Ich sprang auf und holte den Laptop, während mir Jan verständnislos nachblickte. Drei Minuten später wusste ich, dass KL4103 ein sogenannter Codesharing-Flug war. Tim Mulcher und Frau de Vries hatten in der malaysischen Maschine gesessen. MH17 und KL4103 waren der gleiche Flug.

Die Auswertung aller Spuren ergab, dass die Radschrauben vorsätzlich gelockert worden waren. In Mulchers Garage fanden die Ermittler einen Drehmomentschlüssel und einen Satz Nüsse. Winzige Microkratzer an den Radschrauben passten zu einer 17er Nuss.

Tim Mulcher hatte seine Frau in den Tod geschickt und wollte sich mit seiner Geliebten nach Malaysia absetzen. Aber der nervöse Zeigefinger eines Soldaten an der Abschussrampe einer Boden-Luft-Rakete bereitete seinen Plänen ein jähes Ende.

Als nach etwas mehr als drei Wochen die Namen Tim Mulcher und Marie de Vries offiziell auf den Listen der Opfer auftauchten, wurden die Ermittlungen im Mordfall Christine Mulcher eingestellt, denn gegen Tote kann man nicht ermitteln.

Nie wieder!

Ihr Auftritt im Fürstlichen Brauhaus in der Waffnergasse war ein Erfolg gewesen. CANTAMUS, wir singen, nannten sich Manuel Pfreitner und seine drei Freunde. Die hatten schon im letzten Jahr das Abitur am Gymnasium der Regensburger Domspatzen gemacht und Manuel in diesem Jahr. Das war ihr erster öffentlicher Auftritt gewesen und trotz der bescheidenen Akustik hatten sie direkt nach dem einstündigen A-Capella-Konzert Angebote für weitere Auftritte bekommen.

Ein Herr hatte Manuel seine Visitenkarte mit den Worten „Rufen Sie mich am Montagmorgen an", in die Hand gedrückt. Erst später, erst beim Anziehen, registrierte Manuel das Label von *Jupiter Records,* dessen Besitzer Ralph Siegel war.

Manuel musste sich beeilen, damit er am Bahnhof den letzten Bus noch erreichen konnte. Es war kalt, stürmisch und feucht in Regensburg und dementsprechend waren die Straßen kurz nach zweiundzwanzig Uhr fast menschenleer. Unter einer Laterne schaute er auf die Uhr. Zweiundzwanzig Uhr vier. Der Bus fuhr in fünfundzwanzig Minuten und das musste reichen. Er beschleunigte seinen Schritt und bog in die Fürst-Anselm-Allee ein, die sich am südlichen Rand des Schloss Emmeram Parks entlangzog. Als er den dunklen Weg vor sich sah, zögerte er einen Moment, aber dann lief er weiter. Wer sollte ihm hier etwas tun? Er neunzehn Jahre alt, einsfünfundachtzig groß, sportlich und ein ausdauernder Läufer. Wer von ihm etwas wollte, der musste ihn erst einmal einholen können.

Der böige, kalte Westwind blies die ersten Blätter raschelnd über den asphaltierten Weg und über ihm knackte es in den Baumkronen. Ein Radfahrer kam ihm entgegen, der bei dem Gegenwind mächtig in die Pedale treten musste. Manuel hörte ihn keuchen, als er vorbeifuhr.

Vor sich, gegen den hellen Hintergrund der Lichter, die vom Bahnhof herüberstrahlten, erkannte Manuel den Umriss des Obelisken, der zu Ehren von Karl Anselm von Thurn und Taxis dort aufgestellt worden war. Der Weg gabelte sich dort und links und rechts standen vor den Büschen Parkbänke, auf denen sich an warmen Abenden Typen rumtrieben, mit denen die Regensburger nicht gerne zu tun hatten. Obdachlose tranken in kleinen Gruppen ihren Fusel, Drogen wechselten gegen Bares den Besitzer, Joints gingen herum, auch Crystal wurde geraucht oder gespritzt und in dunklen Ecken trafen sich Männer mit anderen Männern.

Heute schien das schlechte Wetter alle die vertrieben zu haben, die an diesem Platz sonst rumlungerten. Nur auf einer Bank erkannte Manuel eine dunkle Gestalt, die sich dort zum Schlafen niedergelegt hatte. Er atmete tief durch. Noch knapp einhundert Meter und dann lag rechts der Bahnhof.

Das Mädchen stand urplötzlich vor ihm. Sie war deutlich kleiner als er, trug dunkle Sachen und hatte die Kapuze der Jacke über ihren Kopf gezogen. „Eh, Alter. Hast du einen Euro für mich?"

Manuel wollte wortlos um sie herumgehen, aber sie machte einen Schritt zur Seite und versperrte ihm den Weg. „Gib mir 'nen Euro. Oder gib mir einen Zwanziger, dann blase ich dir einen."

„Danke", sagte Manuel. „Aber ich muss zum Bus. Ich habe einfach keine Zeit." Er wollte weitergehen, aber das Mädchen stellte sich ihm wieder in den Weg.

„Eh, Erkan. Komm mal her. Der blöde Typ hat gesagt, ich soll ihm einen blasen. Dafür will er mir einen Euro geben."

Dieser Erkan tauchte aus der Dunkelheit neben dem Mädchen auf.

„Was willst du, Mann?" Er hatte einen deutlichen Akzent und seine Stimme klang hart und aggressiv. „Warum machst du meine Freundin an, du Arsch?"

Er trug ähnlich dunkle Sachen wie das Mädchen und eine Baseball-Cap mit dem weißen, übereinanderliegenden Buchstaben N und Y, dem Symbol der *New York Yankees*.

„Ich habe deine Freundin nicht angemacht. Sie wollte einen Euro und hat mir angeboten, sie würde mir für zwanzig Euro einen blasen. Ich will nichts von ihr."

„Der Typ lügt, Erkan."

„Leute." Manuel versucht ruhig zu bleiben. „Ich muss zum Bus. Das ist alles ein Missverständnis. Ich gehe jetzt besser."

Er wollte an Erkan vorbeigehen, doch der baute sich vor ihm auf. „Eh, du Arsch. So einfach geht das nicht. Du rückst den Zwanziger raus, sonst haue ich dir eine in deine deutsche Scheißfresse."

Manuel reichte es jetzt. Dieser Erkan war einen Kopf kleiner als er und schien nicht älter als siebzehn oder achtzehn zu. Energisch und mit aller Kraft schubste er den Jungen zur Seite, der wohl mit der Aktion nicht gerechnet hatte und verblüfft auf dem Hosenboden landete.

„Der Wichser schlägt mich!", brüllte Erkan.

Der Angriff von hinten traf Manuel völlig überraschend und unvorbereitet. Jemand trat ihm mit aller Kraft in die linke Kniekehle, worauf das Bein umknickte und er nach links fiel. Instinktiv streckte er seine Hand aus, um den Fall aufzufangen. Die Handfläche schlug auf den rauen Asphalt auf, er hörte das Knacken, fühlte den brennenden Schmerz, der durch sein Handgelenk und den linken Arm raste, und wusste sofort, dass da etwas gebrochen war.

Manuel lag auf dem Rücken. „Scheiße!", stöhnte er. „Mein Arm ist gebrochen."

Dann setzte er sich auf, zog seine linke Hand an die Brust und schaute hoch. Ein dritter Typ war aufgetaucht. Der stand neben ihm und sah zu ihm runter. Im Gegensatz zu den beiden anderen trug er eine hellgraue Kapuzenjacke. Das Gesicht konnte Manuel nicht erkennen, aber auffallend waren die langen, ungepflegten Haare mit den hellen Strähnen."

„Hilf mir hoch. Ich muss zum Arzt. Bitte."

Manuel versuchte, den Schmerz zu unterdrücken und seine Stimme unter Kontrolle zu halten.

„Der Typ hat mich angemacht und Erkan angegriffen, Ben. Hau ihm eine in seine Visage!", forderte das Mädchen und trat dem Sitzenden gegen die rechte Hüfte.

Der stöhnte auf und krümmte sich vor Schmerz.

„Hör auf, Janice! Lass mich das machen." Ben ging neben Manuel in die Hocke. „Hör zu, du Wichser. Du gibst mir jetzt deine Geldbörse. Dann kannst du meinetwegen zum Arzt gehen."

Sein Atem roch sauer, irgendwie nach Chemikalien.

„Sie ist in der rechten Jackentasche. Komme nicht dran."

Der Schmerz wurde immer größer und Manuel musste mit aller Macht seine aufsteigende Übelkeit im Zaum halten.

Eine Hand zog den Reißverschluss seiner Jacke runter, sie fuhr unter den Stoff, tastete nach der Innentasche und zog die Geldbörse hervor.

„Aha. Wenn nichts drin ist, du Wichser, breche ich dir auch die andere Hand."

Ein Feuerzeug flammte auf und Ben durchsuchte die Geldbörse. Er fand den Hunderter, das Honorar für den Auftritt, zwei Zehner und die Bankcard der Sparda-Bank.

„Das ist zu wenig, du Wichser. Wie ist die PIN für Karte?"

Als Manuel nicht sofort antwortete, schlug er ihm mit aller Kraft auf die Nase.

Für den Sitzenden kam der Schlag völlig überraschend und sein Kopf wurde so stark nach hinten geschleudert, dass er umfiel.

Ben beugte sich zu ihm runter. „Die PIN!"

Manuel kämpfte mit dem Blut, das aus seiner Nase in den Rachen lief und brachte kein Wort heraus.

Ben erhob sich und trat zu. Der Tritt traf den Liegenden unter dem linken Arm in die Seite und trieb ihm die Luft aus den Lungen.

Manuel gurgelte, dann erbrach er sich und rang keuchend nach Luft.

Ben ließ ihn einen Moment gewähren, dann beugte er erneut runter. „Die PIN!"

„2663", stöhnte Manuel. „Aber die Polizei wird euch kriegen, Ben."

„Der Arsch will uns bei den Bullen verpfeifen, Ben. Wir machen ihn alle!", schrie Erkan und trat zu.

Das war das Letzte, was Manuel hörte, bevor sich seine Welt in Schmerz und Todesangst verwandelte, als ihn die Tritte gegen seinen Körper und den Kopf trafen. Die Luft blieb ihm weg und er fiel in ein schwarzes, dunkles Loch.

„Hör auf, Ben! Es reicht, Erkan!" Das Mädchen zog die Rasenden weg. „Der hat genug. Gehen wir zur Bank. Die Sparda ist da hinten."

Die drei Jugendlichen ließen Manuel auf dem Boden liegen und liefen fort, ohne sich noch einmal umzudrehen.

Es begann zu regnen und Manuels Blut vermischte sich mit dem Wasser.

Der Obdachlose auf der Bank hatte sich nicht gerührt.

„Dem hamse es aber gegeben", murmelte er. „Scheiß Regen." Er richtete sich auf, zog den Einkaufswagen mit seinen Habseligkeiten aus dem Gebüsch und schob ihn zu dem Liegenden hin.

Er beugte sich runter. „Eh. Lebste noch?"

Er erhielt keine Antwort.

Murmelnd und brabbelnd schob er den Wagen in Richtung Maxstraße. Ein Mann kam ihm entgegen. „Da hinten hamse einen verprügelt. Der liegt da und blutet. Der braucht 'nen Doktor."

„Wo?", fragte der Mann.

„Da hinten. Bei de Säule, da."

Der Mann rannte los.

Während der Obdachlose in der Maximilianstraße im Eingang eines Schuhgeschäfts Schutz vor dem immer stärker werdenden Regen fand, vernahm er das auf- und abschwellende Heulen des näherkommenden Rettungswagens.

„So 'ne arme Sau", murmelte er. „Hat doch nix gemacht." Er kramte in seinen Sachen umher und fand die Flasche mit dem Rest Schnaps. „Scheißkalt!", fluchte er und nahm einen kräftigen Schluck.

„Herr Winter, schildern Sie bitte noch einmal, was da abgelaufen ist", bat ihn der Polizist.

Georg Winter arbeitete als Kellner im Regensburger Weißbräuhaus. Er hatte einen langen Tag hinter sich und war todmüde. Trotzdem hatte er sich bereiterklärt, noch in der Nacht mit zur PI in die Bajuwarenstraße zu kommen und auszusagen.

„Mir kam dieser Penner auf dem Weg durch den Park kurz vor dem St.-Peters-Weg entgegen. Er schob einen Einkaufswagen vor sich her und hat mir gesagt, da hinten läge jemand. Ich bin schnell hingelaufen und habe den jungen Mann auch gleich gefunden. Weil er nicht antwortete, habe ich ihn in die stabile Seitenlage gelegt und die 112 gewählt. Das war alles."

Der Polizist machte sich Notizen. „Wie sah der Obdachlose aus? Können Sie ihn beschreiben?"

Winter überlegte. „Er war halt bekleidet wie ein Penner. Es war ja dunkel. Aber ich glaube, er trug einen Bundeswehrparka. So einen mit Flecken. Und eine Strickmütze mit 'nen Bommel oben drauf. Und er sprach kein Bayerisch." Dann fügte er hinzu: „Der Einkaufswagen war ziemlich voll."

Der Polizist druckte das Protokoll aus und ließ es Winter unterschreiben. „Danke, Herr Winter. Sie haben vorbildlich gehandelt und dem Verletzten vielleicht das Leben gerettet."

Das Lob schien Winter peinlich zu sein. „Ist schon gut", murmelte er.

Der Polizist in Zivil, der der Vernehmung zugehört, aber bisher nichts gesagt hatte, erhob sich.

„Sie wohnen in der Bischof-Konrad-Straße, Herr Winter?"

Der nickte.

„Ich bringe Sie heim. Kommen Sie." Er hielt Winter die Tür auf. Bevor er hinausging, drehte er sich zu seinem uniformierten Kollegen um. „Ferdinand, schicke bitte einen Streifenwagen durch die Maxstraße und die Nebenstraßen. Vielleicht finden die den Obdachlosen. Bei dem Regen ist der nicht mehr weit gelaufen."

„Alles klar. Mache ich."

Um kurz nach ein Uhr fand die Besatzung eines Streifenwagens den Gesuchten im Eingang eines Schuhgeschäfts. Er hatte zwei Lagen Kartons unter eine Plane gelegt und schnarchte leise vor sich hin.

Die Polizistin schüttelte ihn. „Hallo. Sie da. Aufwachen!"

Der Mann fuhr hoch und griff nach seinem Wagen. Dann erkannte er die Polizistin. „Ich hab nix gemacht. Will doch bloß hier pennen", protestierte er. „In der Früh verschwinde ich ja wieder."

Aber es half nichts. Die Polizisten schoben ihn und seinen Wagen in den VW-Bus und fuhren los. Während der Fahrt kurbelten sie die Seitenfenster runter, weil der Mann ziemlich streng roch.

Kriminalhauptmeister Schmied hörte sich an, was der Obdachlose zu sagen hatte. Der erwies sich als erstaunlich guter Zeuge. Er schilderte seine Beobachtung, konnte brauchbare Hinweise auf das Trio geben und unterschrieb zum Schluss das Protokoll.

„Wollen Sie bei uns schlafen?", fragte ihn der Polizist zum Schluss. „Morgen früh dürfen Sie duschen, bekommen Kaffee und eine Käsesemmel. Vielleicht will der Chef noch mit Ihnen reden."

„Bin ich verhaftet?"

„Nein. Sie können gehen. Aber wir haben neue und trockene Zellen und jede hat eine Toilette. Das ist besser als draußen schlafen."

„Dann bleibe ich", sagte der Obdachlose. „Besser hier im Knast als draußen im Regen.

Schmied musste lachen.

Kriminaloberkommissar Zumricht leitete in der Woche kommissarisch das K1. Der Leiter war auf einem Lehrgang und sein Stellvertreter hatte Urlaub. Am nächsten Morgen unterhielt sich Zumricht noch kurz mit dem Mann.

„Wie kann ich Sie finden? Vielleicht brauchen wir Sie für eine Gegenüberstellung."

„Im Park oder am Bahnhof. Oder bei der Caritas. Sie müssen schauen. Weiß ich vorher nicht." Dann bekam er seinen Wagen zurück und schob ihn davon.

Anschließend machte sich Zumricht auf den Weg zum Uni-Klinikum. Der Krankenwagen hatte Manuel Pfreitner in einem kritischen Zustand in die Klinik gebracht und die Ärzte hatten sich zuerst um das Schädel-Hirn-Traumata kümmern müssen. Bei einem CCT hatte man Hirnblutungen diagnostiziert, die eine sofortige Operation notwendig gemacht machten.

Zumricht traf die fassungslosen Eltern vor der Intensivstation.

„Wer tut so etwas?", fragte Manuels Vater. „Er hat doch niemandem etwas getan." Max Pfreitner war ein großer, kräftiger, durchtrainiert wirkender Mann, der ein Jahr zuvor seinen Dienst als Berufssoldat beendet hatte und nun mit seiner Frau eine Obstplantage in Oberisling betrieb. Elli Pfreitner, die Mutter, eine kleine, rundliche Frau, hatte noch kein Wort gesagt. Sie weinte ununterbrochen und zog ein Papiertaschentuch nach dem anderen aus ihrer Handtasche, in die sie hineinschnäuzte.

Der Leiter der Klinik für Unfallchirurgie, ein großer, schlanker, älterer Herr mit ausgeprägter Stirnglatze, erschien zusammen mit einem zweiten

Arzt. Die schüttelten den Eltern die Hände, danach Zumricht. Die Ärzte und der Polizist kannten sich vom Sehen.

„Ich bin Professor Wunderlich. Ich leite die Unfallchirurgie. Man hat mich heute Nacht geholt und ich habe Ihren Sohn operiert. Mein Kollege, Oberarzt Dr. Münz, wird mit Ihnen reden und Ihnen alles erklären. Ich muss leider zu einer dringenden OP."

„Der Herr Oberkommissar darf mitkommen. Herr Dr. Münz, Sie dürfen ihm jede medizinische Auskunft erteilen", erklärte der Vater.

„Das ist sehr vernünftig von Ihnen", meinte der Oberarzt. „Sie helfen der Polizei damit sehr."

Das Büro von Dr. Münz erwies sich als ein kleiner, länglicher Raum, ausgestattet mit hellen Möbeln, bequemen Stühlen und einem Bücherregal, das mit Fachliteratur vollgestopft war. Der Arzt nahm hinter einem halbkreisförmigen Schreitisch Platz, den Stapel von Krankenakten sowie aufgeschlagene Bücher und Zeitschriften bedeckten. Hinter ihm hingen Kunstdrucke von Miro in dünnen Stahlrahmen.

Rechts vom Schreibtisch, direkt über einem kleinen, runden Tisch, steckten Ausdrucke des CCT und Röntgenaufnahmen in einer Lichtleiste.

„Ihr Sohn hatte Einblutungen im Gehirn, die wir operativ haben stillen und entfernen können. Eine akute Lebensgefahr von dieser Seite her besteht im Augenblick nicht mehr und er liegt in einem künstlichen Koma, in das wir ihn versetzt haben. Wir konnten mehrere Brüche feststellen. Das Handgelenk links, vier Rippen rechts und drei auf der linken Seite. Dort hatte eine Rippe hat das Brustfell durchstoßen und den rechten Lungenflügel verletzt, der zusammengefallen war. Das wurde erfolgreich behandelt. Außerdem ist das Nasenbein komplett zerstört, aber das kann die Gesichtschirurgie heute weitgehend wiederherstellen. Das Stirn- und das Jochbein sind linksseitig angebrochen, weiter hat er einen Oberkiefer- und zwei Unterkieferbrüche sowie Frakturen an drei Fingern der rechten Hand. Dazu kommen Riss- und Quetschwunden und großflächige Hämatome am ganzen Oberkörper. Das alles hört sich im Moment schlimmer an, als es ist. Aber wir müssen davon ausgehen, dass sein Augenlicht auf der linken Seite stark beeinträchtigt bleibt oder er es sogar verliert. Eine direkte Lebensgefahr besteht nach meiner Meinung nicht mehr. Aber Ihr Sohn wird mehrere Wochen hier im Universitätsklinikum bleiben müssen und stellen Sie sich hinterher auf langwierige Reha-Maßnahmen ein."

Die Mutter schluchzte und krümmte sich zusammen, während Manuels Vater auf die Lichtleiste starrte. Seine Kiefer mahlten.

„Wird unser Sohn wieder ganz gesund?", wollte er wissen.

„Das wird sich zeigen. Wir tun unser Bestes", erklärte der Arzt. „Versprechen kann ich Ihnen nichts. Bei solchen Verletzungen kann immer mit Folgeschäden gerechnet werden. Und für das linke Auge besteht nach Angaben der Kollegen von der Augenheilkunde wenig Hoffnung."

Oberkommissar Zumricht hatte sich fleißig Notizen gemacht.

Später saß er mit Manuels Vater in einem der Schwesternzimmer, das man ihnen zur Verfügung gestellt hatte. Frau Pfreitner lag nach einem Schwächeanfall in der Notaufnahme und hing am Tropf.

Herr Pfreitner zog Manuels blutige, schmutzige Sachen aus einem großen Leinenbeutel. „Seine Brieftasche fehlt. Da waren Geld, seine Papiere und die Bankcard drin."

„Die wollten die Karte und die PIN …", dachte Zumricht laut. „Und er hat ihnen die nicht geben wollen."

Es klopfte. Eine junge Ärztin kam herein. „Herr Pfreitner, Ihre Frau hat von uns ein starkes Beruhigungsmittel bekommen und sie schläft jetzt. Sie sollte bis morgen hier in der Klinik bleiben."

„Toll", war Pfreitners Antwort. „Aber es ist wohl besser so."

Zumricht erhob sich. „Kommen Sie nach vierzehn Uhr in mein Büro. Hier ist meine Karte." Er reichte Max Pfreitner seine Visitenkarte. „Wir können dann zusammen zur Bank fahren."

Einer der drei Vorstände der Sparda-Bank Ostbayern sorgte dafür, dass das Überwachungsvideo des Geldautomaten, an dem mit Manuels Karte Geld abgeholt worden war, dem Polizisten umgehend zur Verfügung gestellt wurde. Darauf war ein Mann in einem grauen Kapuzenpulli zu sehen, der um dreiundzwanzig Uhr elf mit der Karte vierhundert Euro von Manuels Konto abgehoben und um ein Uhr dreiunddreißig noch einmal zweihundertfünfzig Euro hatte. Das Gesicht war unter der Kapuze nicht zu identifizieren, aber links ließ sich deutlich eine lange Haarsträhne erkennen.

„Ich danke Ihnen." Zumricht und Pfreitner schüttelten ihm die Hand. „Auf Wiedersehen."

„Was machen Sie mit dem Filmausschnitt?", wollte Pfreitner wissen, als sie wieder im Auto saßen.

„Wir haben Spezialisten, die ihn genau analysieren. Danach sehen wir weiter."

Im Besprechungsraum spielte Zumricht seinen Kollegen die Aufnahme mehrfach vor. Der Verzerrungsfaktor durch das Weitwinkelobjektiv war bekannt und anhand von Vergleichsbildern ließ sich die Größe des Täters auf eins fünfundsiebzig bis einsachtzig eingrenzen. Beim Täter, so war man sich sicher, schien es sich um einen schlanken Mann im Alter von maximal dreißig Jahren zu handeln. Die Erkenntnisse deckten sich mit den Angaben des Obdachlosen, der von zwei Jungen und einem Mädchen geredet, und auch auf eine helle Jacke hingewiesen hatte.

„Stopp! Zurück, bitte", sagte Kriminalkommissarin Jenny Andreesen plötzlich.

Zumricht ließ den Film bildweise rückwärts laufen.

„Dort. Seht euch die Spitze der Kapuze an."

Zumricht zoomte die Kapuze heran und trotz der schlechten Auflösung konnten die Beamten deutlich erkennen, dass sich dort ein drei Zentimeter langer Riss befand, der grob zusammengenäht worden war.

Nach Rücksprache mit der Staatsanwaltschaft lief die Fahndung nach den drei jungen Leuten wegen schwerer Körperverletzung, Beihilfe zu schwerer Körperverletzung und anderer Delikte an.

Die Zeitungen berichteten am folgenden Tag bayernweit über die Tat und bald kamen die ersten Anrufe von BILD und von öffentlichen und privaten Fernsehsendern. Daraufhin gab das Polizeipräsidium der Oberpfalz die Bilder des Täters und die Beschreibung der Mittäter in ihrem Internetauftritt frei. Mit den Medien musste sich der Pressesprecher des Polizeipräsidiums auseinandersetzen. Den ermittelnden Beamten wurde ausdrücklich untersagt, mit der Presse und den Fernsehsendern zu sprechen.

Am Nachmittag stellte Jenny Andreesen ein Telefongespräch zu Peter Zumricht durch. Es war ein Beamter vom Jugendamt, der eine Datei von Kids verwaltete, die sich regelmäßig im Bereich des Bahnhofs aufhielten und bereits straffällig geworden waren.

„Herr Zumricht, ich glaube, ich kenne den Jungen."
„Warten Sie, ich benötige etwas zum Schreiben."

Innerhalb von zwanzig Minuten waren alle verfügbaren Streifenwagen und zivilen Polizeiautos in Regensburg unterwegs.

Um siebzehn Uhr kontrollierte eine Streife Jugendliche auf den Treppen vor dem Dom. Darunter waren zwei der Gesuchten: Benjamin Steinberg, siebzehn Jahre alt und Janice Weinmann, sechzehn Jahre alt. Die beiden ließen sich ohne Widerstand zu leisten verhaften.

„Rede bloß nicht mit den Bullen!", war der Ratschlag, den Benjamin dem Mädchen gab, als sie ins Präsidium gebracht wurden.

Der Obdachlose hatte den Namen des Dritten verstanden: *Erken* oder *Erhan* oder so ähnlich.

In der Bajuwarenstraße ließ Zumricht die beiden Festgenommenen erkennungsdienstlich behandeln und sie mussten ihre Taschen ausleeren. Jenny Andreesen brachte das Mädchen in einen Vernehmungsraum.

Janice war zierlich und wirkte jünger als siebzehn. Sie trug Piercings in den Augenbrauen, in der Nase und der Oberlippe. Sie wirkte ungepflegt und ihre durchgehend schwarzen Kleidungsstücke hätten dringend einer Reinigung bedurft.

„Wo seid ihr vorgestern gegen zweiundzwanzig Uhr zwanzig gewesen?"
Keine Antwort.

„Wir wissen, dass ihr zu dritt gewesen seid und dass ihr einen Jungen zusammengeschlagen habt. Wer war der Dritte?"

Janice kaute ihr Kaugummi und starrte an der Polizistin vorbei.

Jenny Andreesen nahm sich das Handy des Mädchens vor.

„Gib mir die PIN zum Entsperren, Janice."

Die schüttelte ihren Kopf. „Versuchs doch selbst, Bullenschlampe."

Die Polizistin ließ sich nicht provozieren und telefonierte mit einem Kollegen. Der holte das Handy ab. „In zehn Minuten bin ich wieder da, Jenny."

Er hielt sein Wort. Mit der passenden Software ließ sich die PIN problemlos ermitteln.

Auf Janice' Handy waren eine Menge SMS zwischen Ben, einem Erkan und ihr hin- und hergegangen.

Die Polizistin las:
(Janice) „… man war das geil!!!"
(Janice) „… dem hat der Ben die Fresse poliert."
(Erkan) „… der hat mich angegriffen."
(Ben) „die Schweine haben leider die Karte gesperrt."
(Janice) „… hätten mehr abholen sollen."
Und in dem Ton ging es weiter.

Wer Erkan war, bekamen die Polizisten schnell heraus.

Als Erkan Önal um achtzehn Uhr zehn die Wohnung seiner Eltern in Neutraubling verließ, wartete auf ihn schon eine Einsatzgruppe der Polizei und die Handschellen klickten um seine Gelenke. Das war eine Woche nach seinem achtzehnten Geburtstag.

Erkan fluchte wie verrückt und beschimpfte die Polizisten auf Deutsch und auf Türkisch. Als er einen Beamten, der ihn über den Gang führen wollte und ihn dabei an den Oberarm fasste, heftig wegstieß, legte man ihm Handschellen an. Sein Gezeter ließ die Polizisten kalt. Sie waren an Beschimpfungen gewöhnt.

Als Erkan sich nicht setzen wollte und immer wieder aufsprang, meinte Kriminalhauptmeister Schmied ganz ruhig: „Setze dich, sonst ketten wir dich mit den Füßen an den Stuhl und mit den Handschellen an den Tisch." Er sprach zufälligerweise ein paar Sätze Türkisch und fügte dann hinzu: „Und ich trete dir in deinen schwulen Arsch."

Dass der Polizist Türkisch sprach, schockte Erkan dermaßen, dass er ab sofort seinen Mund hielt.

Die drei Jugendlichen hockten nun seit einer Stunde in separaten Vernehmungsräumen. Man ließ sie erst einmal schwitzen.

Als Zumricht den Raum betrat, in dem Benjamin Steinberg saß, blickte der den Polzisten trotzig an und meinte ganz ruhig: „Ich bin nicht volljährig und will sofort meinen Vater anrufen. Und Sie dürfen nichts auf Ihrem Gerät ...", er deutete auf die Fernbedienung für die Sprach- und Bildaufzeichnung, „aufnehmen, wenn nicht mein Vater oder unser Rechtsanwalt die Erlaubnis dazu geben."

Zumricht nickte. „Du kennst dich ja gut aus." Er schob ihm sein Diensthandy rüber.

Der Junge machte es kurz. „Papa, die Bullen haben mich verhaftet. Ich bin in der Bajuwarenstraße." Danach gab er das Handy zurück, kreuzte die Arme vor der Brust und starrte in Nichts.

Der Vater erschien fünfzehn Minuten später.

„Ich bin Professor Dr. Johann Steinberg und Dozent für Psychiatrie und Psychotherapie an der Universität Regensburg. Wieso haben Sie meinen Sohn verhaftet?"

Zumricht erklärte es ihm.

Plötzlich gab einen Schlag. Benjamin war von seinem Stuhl gefallen, lag auf dem Boden, zuckte mit den Gliedmaßen, verdrehte seine Augen und es bildete sich Schaum vor dem Mund.

„Wir brauchen den Notarzt!", schrie der Vater aufgebracht. „Er hat einen Anfall. Telefonieren Sie endlich!"

Als der Notarzt kam und nach einer kurzen Behandlung der Junge auf die Bahre gelegt wurde, hatte Jenny Andreesen noch die Geistesgegenwart, die hellgraue Kapuzenjacke zu beschlagnahmen, die über der Stuhllehne hing. Der Riss an der Spitze der Kapuze war wirklich dilettantisch genäht worden.

„Die wird als Beweismittel einbehalten", erklärte sie.

Professor Steinberg protestierte dagegen vergebens.

Bei den Vernehmungen von Janice und Erkan verstrickten sich beide schnell in Widersprüche. Jenny musste zugeben, Manuel Pfreitner auch getreten zu haben. „Aber nur einmal und ganz leicht", erklärte sie. „Erkan und Ben haben ihn so zugerichtet."

Erkan verpfiff Janice und versuchte, die ganze Schuld auf Benjamin zu wälzen. „Ich habe nur so gemacht, als trete ich. Und die Sache mit der Bank haben Ben und Janice durchgezogen."

Benjamin wurde in die Klinik für Kinder- und Jugendpsychiatrie, Psychosomatik und Psychotherapie am Bezirksklinikum Regensburg eingewiesen worden und durfte nach dem Gutachten eines renommierten Sachverständigen nicht vernommen werden, da er unter einer „Persönlichkeitsentwicklungsstörung in Verbindung mit einer posttraumatischen Belastungsstörung" litt.

Der Prozess gegen die drei Jugendlichen fand zwei Monate später vor dem Jugendschöffengericht in Regensburg statt. Der erste Prozesstag begann mit einem Paukenschlag. Professor Steinberg legte zwei Gutachten renommierter Psychiater vor. Sein Sohn war immer noch psychisch erkrankt und nicht verhandlungsfähig. Er befand sich in einer betreuten Wohngemeinschaft auf Lanzarote und würde frühestens in einem halben Jahr nach Deutschland zurückkehren.

Daraufhin wurde vom Jugendschöffengericht das Verfahren gegen Benjamin Steinberg abgetrennt.

Drei Tage später verurteilte das Jugendschöffengericht Janice Weinmann wegen verschiedener Straftaten zu zwei Jahren Jugendhaft. Da sie mehrfach vorbestraft war und keinen festen Wohnsitz nachweisen konnte, wurde ihr eine Bewährung versagt.

Erkan Önal erhielt, unter Einbeziehung einer bestehenden Bewährungsstrafe, eine Gesamtstrafe von drei Jahren und vier Monaten. Er musste sechs Monate davon absitzen, dann wurde er in die Türkei abgeschoben und gegen ihn ein Einreiseverbot in die Bundesrepublik verhängt. Wegen seiner mangelnden Türkischkenntnisse und einer fehlenden Berufsausbildung kam er im Heimatland seiner Eltern überhaupt nicht zurecht und landetet nach mehreren Straftaten in einem türkischen Gefängnis.

Benjamin Steinberg kam nach sieben Monaten nach Deutschland zurück und stellte sich im Beisein seines Vaters und zwei Rechtsanwälten der Staatsanwaltschaft.

Vor Gericht sagte der Junge kein einziges Wort und ließ seine Verteidiger und Gutachter reden.

Der Jugendrichter berücksichtigte Benjamins psychische Probleme, das geordnete soziale Umfeld und seine Bestrebungen, einen Schulabschluss zu erreichen und einen Beruf zu erlernen. Er verurteilte ihn zu sechs Monaten auf Bewährung und einhundert Stunden Sozialarbeit.

Der Vater verweigerte eine finanzielle Entschädigung an Manuel Pfreitner ab und verwies auf seine Versicherung. Die überwies fünftausend Euro und lehnte weitere Zahlungen ab, da dem „… Geschädigten eine Mitschuld trifft, indem er dem Mädchen ein unsittliches Angebot gemacht hatte …"

Manuels Eltern waren sich schnell im Klaren darüber, dass sie sich eine Klage gegen die Haftpflichtversicherung von Professor Dr. Steinberg nicht würden leisten können.

„Wie kann so ein Urteil gefällt werden, Peter?" Pfreitner schüttelte fassungslos seinen Kopf. „Der bringt unseren Sohn fast um und muss noch nicht einmal einsitzen. Das verstehe ich nicht. Elli ist prompt wieder zusammengeklappt und ich musste den Notarzt holen."

Er saß mit Zumricht in einer kleinen Kneipe in der Regensburger Innenstadt. Die beiden hatten sich in den letzten acht Monaten privat näher kennengelernt und kamen gut miteinander aus.

Zumricht kannte den Wirt und der reservierte ihnen alle vierzehn Tage den kleinen Tisch in einer Nische, in der sie sich ungestört unterhalten konnten. Er trank einen großen Schluck Bier. „Das ist der Unterschied zwischen Recht und Gerechtigkeit, Max. Das erleben wir Polizisten fast, das muss ich leider sagen, Tag für Tag." Er drehte sich um und zeigte dem Wirt zwei Finger. „Zwei Bier!"

Der verstand und stellte zwei Gläser unter den Zapfhahn.

„Was macht Manuel?"

„Es geht aufwärts. Wir sind zufrieden. Zurzeit ist er Zuhause, aber in drei Wochen muss er wieder nach Murnau. Meine Frau wird ihn wieder begleiten. Sie hat sich dort ein möbliertes Zimmer gemietet. Wir hoffen, dass er im November soweit gesund ist, um sein Jura-Studium beginnen zu können. Auf dem einen Auge bleibt er blind. Das lässt sich nicht reparieren."

„Und deine Frau?"

Pfreitner seufzte. „Die bemuttert Manuel. Sie weint bei dem kleinsten Problem und ihre Haare sind schneeweiß geworden. Sie ist nicht mehr die starke Frau, die sie früher gewesen ist. Ich war fünfmal in Afghanistan und sie hat jedes Mal die Familie am Laufen gehalten. Jetzt dreht sie fast durch, wenn ich nur mit dir ein Bier trinken gehe. Es ist schlimm."

„Und was machst du, wenn du alleine bist?"

Pfreitner zuckte mit den Schultern. „Tagsüber spiele ich Hausmann, kümmere mich um die Obstbäume und abends glotze ich in den Fernseher. Ich habe ein Demand-Abo für Spielfilme bei Sky abgeschlossen und schaue mir immer Filme an. Mache also genau das, was ich nach meiner Pensionierung nicht tun wollte."

„Prost!" Zumricht erhob sein Glas.

Sie tranken ihre Gläser leer und der Wirt erschien mit dem Nachschub.

„Was ich dich immer schon fragen wollte, Max. Du hast gesagt, du bist fünfmal in Afghanistan gewesen. Was hast du denn da gemacht?"

Pfreitner schwieg einen Moment. „Peter. Auch wenn wir uns gut kennen. Das darf ich dir nicht sagen. Ich habe unterschrieben, dass ich über meine dienstlichen Tätigkeiten und Aufträge schweige. Bei dir ist es ja ähnlich. Sorry."

„Kein Problem", meinte Zumricht. „Ich darf auch nicht über alles reden."

Nach diesem Abend sahen sich die beiden aus den verschiedensten Gründen eine ganze Zeit nicht mehr.

Der Schwarzgekleidete beobachtete sein Opfer, einen jungen Mann, jetzt schon seit mehreren Wochen und kannte dessen Tagesabläufe ganz genau. Tagsüber hielt dieser sich in den Räumen einer privaten Schule auf, gegen sechzehn Uhr kam ein Taxi und brachte ihn in die Villa der Eltern nach Graß, die er an fünf Tagen in der Woche abends nicht mehr verließ. Am Freitag- und Samstagabend ging er aus und er kam oft erst am frühen

Sonntagmorgen wieder nach Hause. Er wirkte dann betrunken oder zugedröhnt und ließ sich für den Rest des Tages nicht mehr vor der Tür blicken.

Es war Samstagabend und der Beobachter saß in einem dunklen, vergammelten Golf IV, den er vor drei Stunden auf dem Parkplatz vor der Metro gestohlen hatte. Der Wagen stand schon seit drei Tagen dort vor dem Großmarkt und die Besitzer waren anscheinend mit einem Leihwagen von der gegenüberliegenden Leihwagenfirma fortgefahren.

Der Junge verließ das Haus, schaute nach oben und zog sich die Kapuze über den Kopf. Er trug jetzt eine modische Kurzhaarfrisur und hatte alle Gesicht-Piercings entfernen lassen. Er wirkte auf den ersten Blick wie ein ordentlicher, junger Mann, der während der Woche sich gewissenhaft auf die mittlere Reife vorbereitete und am Wochenende einen draufmachte.

Aber der Beobachter wusste es besser. Er vervollständigte seine Notizen und wartete, bis der Junge in den Bus eingestiegen war. Dann startete er den Golf, folgte dem Bus und überprüfte, ob sich der Junge an seine Samstagsroutine hielt, was der auch tat. Danach brachte er den Golf zurück auf den Parkplatz bei der Metro. Dem Besitzer würde es wahrscheinlich gar nicht auffallen, dass der Wagen benutzt worden war, so vermutete der Mann.

Am folgenden Samstagabend stahl der Mann einen dunklen Audi A6 der Baureihe C5 auf einem Großparkplatz der Siemens AG. Das war für jemanden, der sich auskannte, mehr als einfach. Er legte eine Schablone auf das linke Rücklicht und bohrte an einer bestimmten Stelle mit einem Drei-Millimeter-Bohrer ein Loch in das Glas. Er trieb den Bohrer durch den hinteren Teil des Rücklichts und traf zwei dahinterliegende Kabel genau in der Mitte, was zu einem Kurzschluss führte. Die Zentralverriegelung und das Lenkradschloss entsperrten sich und er huschte in den Wagen. Alle Relais wurden mit Strom versorgt und ihm genügte ein sogenannter Werkstattschlüssel, um den Wagen zu starten.

Ruhig steuerte der Mann den Audi in Richtung Universität. Er floss im Verkehr mit und hielt sich penibel an die Verkehrsvorschriften. In der Albertus-Magnus-Straße parkte er vor dem Lieferanteneingang zur Universitätsbibliothek. Von dort aus beobachtete er die Bushaltestelle an der Galgenbergstraße.

Im Licht einer Straßenlaterne erkannte er sein Opfer sofort, als es aus dem Bus stieg. Wie an jedem Samstagabend lief der Junge auf der linken Straßenseite, um dann am zweiten Eingang in die Tiefgarage der Universität einzubiegen. Dort würde er fünf bis zehn Minuten an einer bestimmten Stelle warten, bis sein Dealer kam und ihm ein paar bunte Pillen verkaufte.

Den kurzen Zeitraum musste der Mann nutzen. Er startelten den Audi, fuhr unter der Uni durch und bog in die Tiefgarage ab. Er blieb auf der ersten Ebene und parkte den Wagen direkt neben dem Aufzug mit der Aufschrift *Universitätsbibliothek* auf einer Parkfläche, die für den Hausmeisterdienst reserviert war und außerhalb des Sichtfelds der wenigen Überwachungskameras lag. Dann überprüfte er den Sitz der dunklen, reißfesten Kunststoffhandschuhe und der Kopfhaube aus dem gleichen Material. Sein schwarzer Overall war für den Umgang mit Patienten mit hochansteckenden Erkrankungen geeignet und luft- und wasserdicht. So gekleidet verschmolz er mit dem Halbdunkel der fast leeren Tiefgarage.

Benjamin Steinberg erschien eine Minute später, stellte sich neben den Aufzug und schaute auf seine Uhr. Der Dealer musste bald kommen.

Der Mann trat lautlos hinter ihn, legte ihm die linke Hand auf den Mund und zog den Kopf mit aller Kraft an sich. Gleichzeitig drückte er ihm einen Elektroschocker gegen den Hals. Der Körper des Jungen bäumte sich unter den Stromstößen auf, dann zitterte er und erschlaffte. Der Mann zog den Bewusstlosen zum Auto, öffnete den Kofferraum und faltete sein Opfer hinein. Bevor er den Kofferraumdeckel wieder zuschlug, schoss er dem Ohnmächtigen mit einer Infiltrationspistole eine massive Dosis aus einem Schmerz- und Beruhigungsmittel unter die Haut und band mit stabilen Kabelbindern die Fuß- und die Handgelenke zusammen. Als der Wagen leise und unauffällig die Tiefgarage verließ, waren weniger als eineinhalb Minuten vergangen.

Es hatte zu regnen begonnen und über den Himmel jagten dicke, dunkle Wolken. Der asphaltierte Parkplatz direkt am Waldrand westlich von Regensburg war menschenleer.

Der Mann zog den Jungen ohne große Anstrengung aus dem Kofferraum und legte ihn auf den nassen Asphalt.

Der Junge stöhnte und röchelte. Der Mann beugte sich zu ihm runter. „Du wirst nie wieder jemanden schlagen!", zischte er. „Nie wieder!"

Er griff in den Kofferraum und zog ein schweres Nageleisen, einen sogenannten Kuhfuß, hervor. Er zielte genau und begann mit beiden Sprunggelenken, danach zerschlug er mit dem Eisen die Hände und zum Schluss die Ellbogen. Anschließend verfrachtete er den schlaffen Körper seines Opfers auf den Rücksitz des Wagens und fuhr zügig zum Parkplatz des Universitätsklinikums, wo er den Audi gleich in der ersten Reihe auf einem Behindertenparkplatz abstellte.

Er hatte seinen eigenen Wagen unterhalb des Klinikums auf einem Pendlerparkplatz geparkt. Bevor er einstieg, zog er den Overall aus und steckte ihn in einen großen, reiß- und säurefesten Plastiksack. Danach folgten die Sturmhaube, die Handschuhe, die gummierten Arbeitsschuhe, die Infiltrationspistole und alle Sachen, die Benjamin Steinberg in seinen Taschen getragen hatte. Anschließend rief er die Uniklinik an und ließ einen vorbereiteten Text ablaufen. Danach verschwand auch das alte Handy in dem Sack, den er in den Kofferraum warf. Er überlegte noch einmal und fuhr dann los.

Als der Mann die Donau erreichte, steckte er drei Betonplatten zu je zwanzig Kilo in zu den Sachen und goss zwei Flaschen Salpetersäure hinterher. Er drückte vorsichtig die Luft aus dem Sack, band ihn oben zu und warf ihn von einem Steg in die Donau. Der Sack ging sofort unter und der Kuhfuß folgte ihm in einem weiten Bogen. Es platschte kurz und dann war wieder alles still.

Der Mann drehte sich um und fuhr nach Hause. Er schaute einen Film zu Ende, trank dabei eine Flasche Rotwein und anschließend ging er ins Bett.

Er schlief so gut, wie lange schon nicht mehr.

Nur wenige Minuten nach dem Anruf fanden die alarmierten Ärzte das Auto und den Jungen. Es war einundzwanzig Uhr sieben, als man ihn in die Notaufnahme schob. Die Ärzte kämpften bis zum nächsten Morgen um sein Leben und versetzten ihn dann in ein künstliches Koma. Die Polizei benötigte bis zum Mittag, um herauszufinden, wer der junge Mann war, den man so brutal misshandelt hatte.

Kriminaloberkommissar Zumricht war auf dem Weg zu einem Brand, dem achten, der in dem gleichen Wohnblock gelegt worden war.
Das Handy klingelte. „Ja?"
Es war Jenny. „Peter. Komm bitte sofort zurück. Wir haben hier eine ganz große Sache. Hier ist die Hölle los. Ein Kollege vom Kriminaldauerdienst übernimmt deine Arbeit."

Im Präsidium war tatsächlich die Hölle los. Professor Dr. Steinberg war in Begleitung von zwei Anwälten erschienen und schrie Zumricht an, der nur andeutungsweise wusste, um was es überhaupt ging.
„Sie und ich, wir beiden wissen genau, wer meinen Jungen so zugerichtet hat. Das ist Mordversuch und ich will …", er schlug wütend mit der Faust auf den Tisch, „dass Sie den Pfreitner sofort verhaften und einsperren. SOFORT!" Dabei sprühte er dem Polizisten seinen Speichel ins Gesicht.
„Bitte beruhigen Sie sich, Herr Professor. Ich muss erst wissen, was im Detail passiert ist."
„Was?", brüllte Steinberg. „Sie sind für den Laden hier verantwortlich und wissen nicht, was passiert ist? Ich werde mich an den Polizeidirektor wenden und meine Anwälte hängen Ihnen eine Dienstaufsichtsbeschwerde an den Hals. Ihre jämmerliche Karriere ist vorbei!"
Der Professor ballte seine Fäuste und machte Anstalten, auf den Polizisten loszugehen. Seine Anwälte hielten zurück. „Lassen Sie uns das bitte machen, Herr Professor Steinberg", forderte ihn der Ältere auf. „Bitte setzen Sie sich."

Zumricht saß mit den Kriminalkommissarinnen Andreesen und Konnert im Konferenzraum. Vom Kriminaldauerdienst waren zwei Beamte abgeordnet worden. Die Polizisten warteten auf den Leiter des Einsatzkommandos. Der erschien fünfzehn Minuten später.

Zumricht erhob sich. „Wir sollten uns bereit machen. Er rollte ein Whiteboard mit einem Lageplan vor die Tische und teile an jeden eine Skizze aus. „Vom Unterislinger Weg aus gesehen ist die Einfahrt zu der Obstplantage nur zwanzig Meter lang. Das doppelflügelige Metalltor ist immer geöffnet. Das Wohnhaus liegt zirka einhundertfünfzig Meter weiter hinten am Ende der Plantage …"

Die Polizisten ergänzten ihre Skizzen und trugen ihre Standorte für den Zugriff ein.

„Nach Informationen der Bundeswehr war Maximilian Pfreitner beim KSK gewesen und hat an fünf geheimen Einsätzen in Afghanistan teilgenommen. Er war Sprengstoffexperte und Scharfschütze. Wir sollten vorsichtig sein. In den letzten fünf Dienstjahren tat Oberstabsfeldwebel Pfreitner Dienst als Wehrdienstberater in Regenburg und in Landshut. Noch Fragen?"

Es gab keine Fragen mehr.

Der Einsatz erwies sich als problemlos. Max Pfreitner schnitt Obstbäume und als er die Polizeiautos sah, legte er die Baumschere weg und kam direkt auf die Polizeiwagen zu. Höflich erkundigte er sich, was denn passiert sei. Obwohl ihn die Beamten des Einsatzkommandos zu Boden drückten und fesselten, blieb er ruhig und beherrscht.

„Ich weiß nicht, warum Sie mich festnehmen. Aber ich werde selbstverständlich alle Ihre Fragen beantworten und kooperieren", erklärte er.

„Führt ihn ins Haus!", ordnete Zumricht an.

Er ahnte, dass sie nichts finden würden.

Später saß er mit den Kriminalpolizisten im Wohnzimmer des Hauses. Alles war penibel aufgeräumt, die Pflanzen an den Fenstern sahen gesund aus und auf dem Tisch stand eine Vase mit frischen Schnittblumen.

Beate Konnert konfrontierte Pfreitner mit dem Sachverhalt und dann folgte die Frage, die kommen musste: „Was haben Sie gestern zwischen achtzehn und zweiundzwanzig Uhr gemacht, Herr Pfreitner?"

Der überlegte kurz. „Ich habe nachmittags in der Plantage gearbeitet. Gegen achtzehn Uhr bin ich zurück ins Haus, habe geduscht. Anschließend habe ich aufgeräumt, gesaugt und gebügelt, denn Elli und Manuel kommen morgen nach Hause. So gegen einundzwanzig Uhr habe ich bei Sky den Film *Avatar – Aufbruch nach Pandora* gebucht und ihn angeschaut. Dort liegt die Stereobrille für den Fernseher." Er zeigte auf den Wohnzimmerschrank. „Der Film dauerte bis kurz vor zwölf. Ich habe eine Flasche Wein dabei getrunken und bin kurz nach Mitternacht ins Bett gegangen."

„Zeugen hast du keine?", wollte Zumricht wissen.

Pfreitner schüttelte den Kopf. „Nein. Aber ich habe ja den Film eingeschaltet. Und später kann man auf der Monatsrechnung von Sky genau sehen, wann ein Film eingeschaltet wurde und wann er zu Ende war."

Jenny Andreesen überlegte. „Das könnte man auch mit einer Zeitschaltuhr machen, Herr Pfreitner."

Der erschien verblüfft. „Aber ich besitze überhaupt keine Zeitschaltuhr. Sie dürfen sich ruhig hier umsehen."

„Das werden wir", sagte sie und legte den Durchsuchungsbeschluss auf den Tisch. „Wir nehmen auch das Auto mit."

„Bekomme ich eine Quittung dafür?", wollte Pfreitner wissen.

Die Polizisten fanden nichts, absolut überhaupt nichts Belastendes. Die Sache mit dem Film wurde von Sky Deutschland bestätigt. In der Garage fanden die Polizisten eine Eisenstange, aber die gehörte zu einem kleinen Trecker. Eine gründliche Untersuchung ergab, dass die Stange auf keinen Fall die Tatwaffe gewesen sein konnte. Auch im Auto war nicht der geringste Hinweis darauf zu finden, dass Pfreitner etwas mit der Tat zu tun hatte.

Der gestohlene Audi wurde von Spezialisten des LKA zerlegt und jeder Quadratmillimeter nach Spuren untersucht. Es fanden sich massenhaft Fingerabdrücke, Haare, Körperschuppen und andere Hinweise. Keiner einziger konnte Pfreitner zugeordnet werden.

Nach einem halben Jahr wurden die Ermittlungen gegen Maximilian Pfreitner eingestellt.

Es war ein schöner, warmer Tag im Vorsommer. Manuel Pfreitner ging mit seinen Eltern einen Weg an der Donau entlang. Die Narben in seinem Gesicht waren verblasst und er hatte in der Physiotherapie und im Training wieder fast zu seiner alten Form zurückgefunden. Er trug immer getönte Brillen, um das erblindete Auge zu verdecken und das gesunde zu schonen.

„Geht vor. Ich muss kurz meine Blase entleeren", sagte Max Pfreitner. Er trat ans Wasser, während Elli mit dem Jungen vorausging. Nachdem er sein Geschäft erledigt hatte, griff er in die Tasche, holte etwas hervor und warf es im weiten Bogen in den Fluss.

Seine Frau und Manuel hatten das Platschen gehört und drehten sich um.

„Was hast du denn da in die Donau geworfen?", fragte sie.

Max grinste. „Da lag ein dicker Stein und ich habe ihn aufgehoben und ins Wasser geworfen. Das habe ich als Junge auch immer gemacht.

„Kindskopf", war ihr Kommentar.

Dass es eine neuwertige Zeitschaltuhr gewesen war, brauchte sie nicht zu wissen, befand Max Pfreitner.

Wer früher bei einer Rauferei seinen Kontrahenten zu Boden schickte, der hatte gewonnen. Heute gilt das nicht mehr. Auch wenn der Gegner auf dem Boden liegt, wird er weiter geschlagen und getreten. Er wird, so nennt man das, „gestiefelt".
Leider fallen die Urteile der Gerichte oft erstaunlich milde aus, weil der Täter „drogenkrank ist", eine „schreckliche Kindheit hatte" oder „provoziert" wurde. Selbst altgediente Polizisten, so erzählen sie hinter vorgehaltener Hand, schütteln darüber ihren Kopf.
Er habe oft den Eindruck, Täterschutz sei wichtiger als Opferschutz, sagte einmal ein mir bekannter Polizist.
Haben Sie Verständnis dafür, dass ein Vater Rache übt?

Knapp mangelhaft

Nico Bildstein nutzte die Zeit, um Deutschprobearbeiten der 10A zu korrigieren. In der vierten Stunde hatte er eine „Freistunde", also eine Lücke zwischen dem Deutschunterricht in der 10A und der Elternsprechstunde in der fünften. Bei Lehrern waren solche „Löcher" im Stundenplan nicht beliebt. Allzu oft mussten sie dann in anderen Klassen vertreten, vor allem in den Zeiten, in denen Lehrer und Schüler häufig an grippalen Effekten erkrankten. Das passierte verstärkt im Winterhalbjahr.
Jetzt, eine Woche nach den Osterferien, fehlte nur eine Kollegin, die sich auf einem Lehrgang befand.

Bildstein richtete sich auf und drückte seinen schmerzenden Rücken durch. Was man den Lehrern als Schreibtisch und Sitzgelegenheit anbot, war ein Witz. Überhaupt war das ganze Klassenzimmer ein Witz: Dreißig Schüler hockten in einem Raum, der für maximal vierundzwanzig vorgesehen war. Die Tafel war an einigen Stellen nicht beschreibbar, weil die Beschichtung sich abgelöst hatte und die Neonröhren an der Decke verströmten an dunklen Tagen ein dermaßen kaltes und fahles Licht, das die Schülerinnen und Schüler wie Zombies aussehen ließ. An den Wänden befanden sich Klebereste von Generationen von Plakaten, die Schüler dort aufgehängt hatten. Und der Kreidestaub lag in allen Ecken der Tafel, wo er vor sich hingammelte. Auch der Schwamm hätte dringend ausgewechselt werden müssen. Die Schule, die Private Mittelschule Regensburg, litt unter chronischem Geldmangel, weil die zugesagten Zuschüsse des Ministeriums immer noch ausstanden.

Seufzend nahm sich Bildstein die nächste Arbeit vor. Er schaute auf den Namen: Denise Schalk.

„Oh Gott", dachte er. „Das wird wieder etwas werden."

Denise war die schwächste Schülerin der Klasse. Sie hatte eine der typischen Schulkarrieren hinter sich, mit der die Lehrer an dieser Schule ihre Probleme hatten: Nach mehreren Schulstrafen war Denise von einem Gymnasium in Bremen verwiesen worden. Danach folgte ein halbjähriges Intermezzo auf einer Realschule, die die unbequeme Schülerin schnell weiterschob. Nach einem dreimonatigen Aufenthalt in einem Heim zog

Denise zu ihrer Mutter, die mit ihrem damaligen Lebensgefährten in Regensburg wohnte. Die hatten sich nach Intervention des Jugendamtes bereiterklärt, Denise aufzunehmen und sich um sie zu kümmern.

So kam das Mädchen kurz nach Schuljahresbeginn in Bildsteins Klasse. Ihre schulischen Leistungen waren katastrophal: Mathe ungenügend, Englisch und Deutsch vier minus und in den anderen Fächer lagen die Noten zwischen drei und knapp vier.

Der Lehrer beendete die Korrektur und zählte die Punkte zusammen: fünfeinhalb von dreißig. Das ergab eine Sechs. Er überlegte einen Moment. Mit dieser Note rutschte sie auch im Fach Deutsch auf ein Mangelhaft ab und damit würde sie die Schule ohne Abschluss verlassen müssen, denn sie wurde bald achtzehn und hatte in Bremen zwei Klassen wiederholt.

Bildstein holte tief Luft, überprüfte den Text ein zweites Mal und konnte, indem er beide Augen heftig zudrückte, an zwei Stellen noch einen halben Punkt dazugeben. Er malte oben, in die rechte Ecke der ersten Seite, eine dicke 5-, das bedeutete knapp mangelhaft. Zum Schluss unterschrieb er die Schulaufgabe.

Die nächste Arbeit war die von Claudia Finkenstein, deren Leistungen in allen Fächern im mittleren Bereich lagen. Das dickliche, unsichere Mädchen bewunderte Denise und ließ sich von ihr in jeder Hinsicht beeinflussen. Sie saß in der Bank neben ihr.

Es klopfte.

„Herein!", rief Bildstein. Er erwartete eine Mutter, die zur Elternsprechstunde kam, aber es war Denise, die hereinspazierte.

„Darf ich Sie kurz sprechen, Herr Bildstein?"

„Das darfst du." Er wies auf den Stuhl, der vor seinem Pult stand. „Hast du keinen Unterricht?"

„Die anderen haben katholischen Religionsunterricht. Ich bin doch evangelisch und habe montags Reli."

Denise setzte sich. Sie war hübsches, wohlgerundetes Mädchen mit langen, geblondeten Haaren, stets auffallend geschminkt und sie stellte immer ein Dekolleté zur Schau, das für die Schule eigentlich zu tief und offenherzig war und zu Unruhe unter den Jungen der Klasse führte. Heute war ihr der Ausschnitt besonders ausgeprägt und zufälligerweise noch ein zusätzlicher Knopf der Bluse geöffnete.

„Was gibt es, Denise?"

„Herr Bildstein. Haben Sie meinen Aufsatz schon korrigiert?"

„Ja. Bin gerade fertig geworden."

„Und was habe ich?" Sie beugte sich weit vor, als der Lehrer ihre Arbeit vom Stapel der bereits korrigierten Aufgaben zog.

Er drehte das Deckblatt so, dass Denise die Note lesen konnte. Als sie die dicke 5- sah, wurde sie blass und ihre Augen begannen, sich mit Tränen zu füllen.

„Jetzt bekomme ich in Deutsch ein Mangelhaft und erreiche keinen Abschluss, Herr Bildstein."

Der nickte. Was sollte er jetzt sagen? Denise tat ihm leid. Das Mädchen war am wenigsten verantwortlich für die desolate Familiensituation, in der sie in den letzten Jahren gelebt hatte. Seitdem sich ihre Mutter und der Freund getrennt hatten, ertränkte die Mutter ihren Kummer im billigen Rotwein.

Das weinende Mädchen legte ihr Handy, welches sie die ganze Zeit in der Hand gehalten hatte, auf das Pult, als ihr der Lehrer ein Papiertaschentuch reichte.

„Danke, Herr Bildstein", schluchzte sie. „Können Sie mir nicht einfach eine Vier geben? Das weiß und merkt doch niemand. Bloß wir beiden wissen das. Und ich bekomme einen Abschluss. Was soll ich sonst machen?"

Die Tränen liefen jetzt in Strömen und der Lehrer reichte ihr das ganze Päckchen mit den Tempo-Taschentüchern.

„Du weißt, Denise, dass ich das nicht machen kann. Ich würde eine Straftat begehen und mich ungerecht gegenüber den anderen Schülern verhalten. Wir müssen eine passende Lösung für dich finden Denise, falls du keinen Abschluss bekommst."

Plötzlich schlug das Mädchen mit der Faust auf den Tisch. „Sie sind schuld, wenn ich durchfalle. Sie ganz alleine!"

„Ich?", fragte Bildstein leise. „Du hast die Arbeit geschrieben. Du machst in der Regel deine Hausaufgaben nicht. Du bist oft müde im Unterricht und montags schläfst du im Informatik-Unterricht regelmäßig ein. Das hat mir die Kollegin erzählt, Denise. Und ich soll an deinen Noten schuld sein?"

Das Mädchen schwieg einen Augenblick. Dann beugte Sie sich weit vor. „Herr Bildstein", flüsterte sie. „Ich tue alles für Sie. Alles, was Sie wollen."
Denise öffnete einen weiteren Knopf der Bluse. „Ich schlafe auch mit Ihnen. Am Nachmittag bin ich immer alleine zu Hause. Bitte, Herr Bildstein!"
Der Lehrer lehnte sich zurück, schuf Distanz zwischen ihm und dem Mädchen. „Denise gehe jetzt bitte, sonst muss ich dem Rektor und deiner Mutter von unserer Unterredung erzählen. Gehe bitte SOFORT!"
Denise wurde schneeweiß im Gesicht. „Das werden Sie noch bereuen!"
Sie schnappte ihr Handy und sprang voller Wut auf. Dabei stieß sie den Stuhl nach hinten weg, der scheppernd über den Boden rutschte. Und dann lief sie zur Tür. Dort verhielt sie einen Moment und fummelte an ihrer Bluse herum.
„Mach dir besser die Knöpfe zu", dachte Bildstein.
Was sie dort genau tat, konnte er nicht erkennen. Und dann rauschte sie hinaus und knallte die Tür von außen zu.
Nico Bildstein schüttelte den Kopf, atmete tief durch und nahm sich Claudias Schulaufgabe vor.

Am nächsten Morgen ließ er eine Erörterung in der 9B schreiben. Um halb neun klopfte es an der Tür und Georg, der Klassenleiter, kam herein.
„Nico. Du sollst zum Chef kommen. Ich mache hier für dich weiter."
„Danke, Georg. Was will der?"
„Keine Ahnung. Die Sekretärin kam ins Lehrerzimmer und sagte mir, ich solle dich holen und meine Klasse übernehmen."

Bildstein klopfte kurz an und trat ins Zimmer des Rektors. „Guten Morgen, Walther. Was …?"
Ein Mann und eine Frau saßen neben dem Rektor am runden Tisch und schauten ihn an. Walter Neumann, der Leiter der Schule, stellte die beiden vor. „Nico. Das sind Kriminaloberkommissar Zumricht und Kriminalkommissarin Andreesen von der KPI Regensburg. Bitte setze dich." Er wies auf den freien Stuhl.
Bildstein nahm Platz.
„Herr Bildstein", fragte der Oberkommissar. „Sie haben eine Schülerin mit Namen Denise Schalk in der Klasse?"

Bildstein nickte. „Ja. Hat Denise etwas angestellt?"

Die Kommissarin übernahm nun die Gesprächsführung. „Nein. Denise nicht. Sie kam gestern am Nachmittag im Beisein ihrer Mutter zu uns und hat Anzeige gegen Sie wegen sexueller Belästigung und Sachbeschädigung erstattet."

„Soll das ein Witz sein?", fragte der Lehrer völlig fassungslos.

„Wegen eines Witzes wären wir bestimmt nicht hier, Herr Bildstein", antwortete die Kommissarin sachlich und kühl. „Sie haben dem Mädchen angeboten, wenn sie mit Ihnen schläft, ihr eine bessere Note im Aufsatz zu geben, damit sie einen Abschluss erreicht. Sie haben ihr an den Busen gegriffen und dabei zwei Knöpfe ausgerissen, als sie sich wehrte. Denise Mutter hat uns gestern die Bluse gezeigt."

Bildstein merkte, wie er blass wurde. „Das stimmt nicht. Ich möchte Ihnen erklären, was genau passiert ist. Ich ..."

„Nico. Sage besser nichts!" Neumann wollte seine Aussage verhindern. „Rede erst mit deinem Rechtsanwalt. Lass den reden, denn ..."

Bildstein unterbrach den Rektor. „Walther. Das ist eine infame Lüge. Ich werde dir und den Polizisten genau sagen, was gestern abgelaufen ist."

Der Rektor zuckte mit den Schultern. „Wenn du meinst."

„Also. Ich saß gestern im Klassenzimmer bei Korrekturarbeiten. Da ..."

Bildstein erzählte den Vorfall und bemühte sich, möglichst sachlich zu bleiben.

Der Oberkommissar machte sich Notizen, während die Kommissarin schweigend zuhörte.

„Gut, Herr Bildstein. Das ist ihre Version. Aber es gibt eine Zeugin. Mit der haben wir schon gesprochen und sie hat den Vorfall in allen Punkten bestätigt."

„Das kann nicht sein!" Jetzt war Bildstein empört. „Ich war mit Denise alleine im Klassenzimmer. Da war keine Zeugin anwesend."

„Doch", antwortete die Kommissarin. „Denise hatte ihr Handy eingeschaltet und es mit dem einer gewissen ...", sie schaute zu ihrem Kollegen Zumricht rüber.

„Claudia Finkenstein", ergänzte der.

„... verbunden, die die ganze Zeit vor dem Klassenzimmer gesessen ist und der Unterhaltung zugehört hat. Sie hat alles bestätig. Wir haben sie getrennt vernommen und sie haben identisch ausgesagt."

Jetzt war Bildstein sprachlos. Nach einem Moment meinte er: „Die lügen. Die lügen beide."

„Das werden wir ermitteln", sagte die Kommissarin. Sie zog eine Visitenkarte aus ihrer Jackentasche. „Hier ist meine Karte. Kommen Sie heute um fünfzehn Uhr in die Bajuwarenstraße. Wir werden Ihre Aussage protokollieren und Sie müssen unterschreiben."

Die Polizisten erhoben sich. „Auf Wiedersehen. Bitte seien Sie pünktlich, Herr Bildstein", sagte der Oberkommissar.

Mit diesen Worten verließen sie das Rektorat.

Eine ganze Weile herrschte Schweigen.

„Wie konntest du so dumm sein, Nico? Du kennst unsere eiserne Regel. Sei NIE mit einer Schülerin alleine in einem Klassenzimmer. NIEMALS!"

„Glaubst du der Denise, Walther?", fragte Nico entsetzt.

Der schüttelte den Kopf. „Nein. Ich glaube dir voll und ganz. Aber was ich glaube, tut hier nichts zur Sache. Gehe bitte ins Lehrerzimmer und warte dort. Ich muss mit dem zuständigen Schulrat sprechen."

Zehn Minuten später kam der Rektor ins Lehrerzimmer.

„Nico. Der Schulrat will sofort mit dir reden. Lass alles liegen. Ich kümmere mich um deine Vertretung."

Bildstein erhob sich. „Was soll die ganze Scheiße bloß?", fragte er laut. Aber er erhielt keine Antwort.

Der Schulamtsdirektor und Nico Bildstein hatten zusammen studiert und duzten sich, wenn sie alleine waren. Der stellvertretende Leiter des Staatlichen Schulamts hörte sich Nicos Version der Geschichte an. „Nico, du weißt, was du falsch gemacht hast."

Bildstein nickte verzweifelt.

„Ich kann wenig für dich tun. Du weißt, wie sensibel die Öffentlichkeit auf solche Geschichten reagiert. Spätestens morgen in der Früh muss ich dich auf Anweisung der Regierung vom Dienst suspendieren. Mit allen negativen Folgen, die dir ja bekannt sein sollten. Wobei es momentan unerheblich ist, ob die Mädchen lügen oder die Wahrheit sagen."

Bildstein starrte seinen Vorgesetzten stumm an und schüttelte den Kopf.

„Ich kann dir nur einen privaten Rat geben, Nico. Gehe sofort zu deinem Arzt und lasse dich krankschreiben. Am besten auf unbestimmte Zeit. Solange du krankgeschrieben bist, kann man dich nicht suspendieren. Alles andere muss das Gericht entscheiden. Und ich habe nichts gesagt. Klar?"

Bildstein atmete tief durch. „Danke, Georg. Du bekommst du Krankmeldung noch heute."

„Und nimm dir einen guten Rechtsanwalt. Den Besten, den du bekommen kannst. Den wirst du brauchen. Morgen früh erstattest du mir vor Dienstbeginn privat Bericht. Meine Nummer hast du ja."

Bildstein nickte. „Vielen Dank, Georg."

Der Schulamtsdirektor übersah die ausgestreckte Hand des Lehrers.

Es kam alles, wie es kommen musste. Ein befreundeter Arzt schrieb Nico Bildstein bis zum Schuljahresende krank und am nächsten Tag erhielt er ein Einschreiben vom Staatlichen Schulamt, in dem stand „... dass Ihnen mit sofortiger Wirkung bis zum Ende Ihrer Erkrankung untersagt wird, das Gelände Ihrer Stammschule zu betreten. Sie werden angewiesen, alle schulischen Unterlagen Ihrer Vertretung zugänglich zu machen. Außerdem dürfen Sie sich zu den Ihnen gegenüber erhobenen Beschuldigungen weder in der Öffentlichkeit noch Dritten gegenüber äußern, noch ist es Ihnen erlaubt, sich mit Schülern der Schule in Verbindung zu setzen. Sollten Sie gegen diese Anweisungen verstoßen, wird gegen Sie ein weiteres Disziplinarverfahren eingeleitet. Außerdem ..."

In diesem Ton ging es noch drei Seiten weiter.

Die Ermittlungen der Polizei dauerten bis zum Ende des Schuljahres. Die Staatsanwaltschaft verzichtete auf einen Haftbefehl, da Bildstein einen festen Wohnsitz im Landkreis Regensburg besaß. Der Verhandlungstermin wurde auf den fünften Oktober festgelegt.

Nach langen Diskussionen beauftragte Nicos Rechtsanwalt einen Privatdetektiv mit der Beschaffung von Unterlagen und Informationen. Der erledigte seinen Auftrag hundertprozentig.

Nico Bildstein wurde zum ersten August vom Dienst suspendiert, gleichzeitig sein Gehalt um vierzig Prozent gekürzt und unter Vorbehalt weitergezahlt.

Am gleichen Tag bekam die Presse einen Hinweis und in der größten deutschen Boulevard-Zeitung erschien am nächsten Tag das Bild des Lehrers auf der ersten Seite mit der dazu passenden Überschrift:

Verkaufte Lehrer gute Noten gegen Sex?

Die lokale Presse berichtete zwar differenzierter, aber der unterschwellige Vorwurf, er habe das Mädchen sexuell genötigt, blieb im Raum stehen.

Die Verhandlung vor dem Regensburger Schöffengericht begann mit der üblichen Verfahrensweise. Nico Bildstein musste aussagen und blieb bei seiner Version der Geschichte. Nach ihm trat Denise Schalk in den Zeugenstand. Ihre Angaben wirkten routiniert und für einen Außenstehenden glaubhaft.

Bevor Claudia Finkenstein ihre Aussage machen musste, erhob sich Dr. Detlef Urmann, der Verteidiger von Nico Bildstein.

„Herr Vorsitzender, ich möchte für meinen Mandanten eine Erklärung abgeben. Er hat mich ermächtigt hier auszusagen, dass er homosexuell ist und an sexuellen Kontakten zu Frauen kein Interesse hat. Seinen Kollegen gegenüber hat er sich nicht geoutet und immer angegeben, seine Verlobte sei kurz vor der Hochzeit bei einem Unfall ums Leben gekommen, damit er unbequemen Fragen zu seiner Partnerschaft aus dem Weg gehen konnte."

Durch den Zuschauerraum, in dem auch ein Vertreter der Schulaufsicht anwesend war, ging ein Raunen.

„Aha", sagte der Vorsitzende Richter. „Finden Sie nicht auch, Herr Verteidiger, dass Ihr Mandant diese Information hätte früher vorbringen können? Wie will er beweisen, dass seine Behauptung stimmt?"

Dr. Urmann blickte zu Boden, sah zu Nico Bildstein rüber und räusperte sich. „Herr Vorsitzender. Ich kann das beweisen. Herr Bildstein und ich sind seit elf Jahren ein Paar und wir leben in einer harmonischen, vertrauensvollen Beziehung zusammen. Es ist für mich nicht vorstellbar, dass Herr Bildstein der Denise Schalk sexuelle Angebote gemacht hat."

Diese Information saß!

Der Vorsitzende musste mehrmals die Zuhörer auffordern ruhig zu sein, sonst würde er den „... Saal räumen lassen."

Denise Schalk flüsterte mit ihrem Verteidiger und beide schienen von der Aussage des Dr. Urmann mehr als überrascht zu sein.

„Ich bitte eine weitere Aussage machen zu dürfen, Herr Vorsitzender."

Der nickte und sofort kehrte Ruhe im Saal ein.

„Ich habe im Namen meines Mandanten einen Fachmann beauftragt, der sich mit den Handys der Mädchen beschäftigt hat. Die Klägerin besaß an dem Tag, an dem der Vorfall stattgefunden haben sollte, ein Handy mit einer Prepaid-Karte, die nur ein Guthaben von 20 Euro-Cent aufwies. Sie hätte auf keinen Fall ein Telefongespräch von mehr als zehn Minuten führen können. Und die Zeugin Finkenstein hat nachweislich an dem Tag nur einige SMS verschickt und keine Telefongespräche geführt. Wie will sie dann mitgehört haben? Unter diesen Umständen muss davon ausgegangen werden, dass die Vorwürfe fälschlicherweise erhoben und untereinander abgesprochen worden sind. Ich beantrage, die Zeugin Finkenstein entsprechend zu befragen."

„Wie kommen Sie an die Informationen?", wollte der Vorsitzende wissen.

„Nach dem Gesetz über die Datenspeicherung dürfen, wenn ein Verdacht auf ein Verbrechen vorliegt, von den Providern die Daten angefordert werden. Wir haben beim Amtsgericht die Einsicht in die Daten beantragt und die Genehmigung erhalten. Die Daten wurden legal beschafft. Hier ist die gerichtliche Genehmigung."

Dr. Urmann legte dem Vorsitzenden ein Schreiben vor, das der zu den Akten nahm.

Die Zeugin Finkenstein wurde aufgerufen. Claudia erschien mit ihrer Mutter und das Mädchen nahm im Zeugenstand Platz.

„Ich möchte etwas sagen." Ihre Stimme klang leise, fast kläglich. „Ich habe jetzt eine Lehrstelle und möchte sie auf keinen Fall verlieren. Und darum will ich heute die Wahrheit sagen. Denise hat sich das alles ausgedacht, weil sie sich an Herrn Bildstein rächen wollte. Ich habe nichts mitgehört. Ich habe gelogen ..."

Nico Bildstein wurde von allen Vorwürfen freigesprochen. Es war ein Freispruch erster Klasse.

Zwei Tage später saß er mit Dr. Urmann im Büro des Leitenden Regierungsschuldirektors an der Regierung der Oberpfalz. Ebenfalls anwesend war der Justitiar der Regierung.

„Sie werden nicht an die *Private Mittelschule Regensburg* zurückkehren, Herr Bildstein. Die Leitung der Schule hat Ihre Planstelle mit einem anderen Lehrer besetzt. Und wir können denen nicht vorschreiben, wenn sie beschäftigen."

Dr. Urmann ergriff das Wort. „Mein Mandant hat auch keine Absicht geäußert, an diese Schule zurückzukehren. Er möchte eine Planstelle im Landkreis oder in der Stadt Regensburg besetzen."

Der Justitiar schüttelte seinen Kopf. „Wir haben in der gesamten Oberpfalz keine freie Planstelle. Und an Schulen von freien Trägern werden Sie wegen Ihrer sexuellen Orientierung nicht eingestellt. Das sagt Ihnen zwar niemand ins Gesicht, aber man hat das von verschiedenen Seiten durchblicken lassen. Ich weiß, dass dies dem Grundgesetz widerspricht. Aber solange das niemand laut sagt, können Sie nichts machen. Das Kultusministerium hat Ihnen eine Planstelle in Unterfranken, im Landkreis Aschaffenburg, zugeteilt. Sie werden am kommenden Mittwoch dort Ihren Dienst antreten."

Das hatte Nico Bildstein nicht erwartet, obwohl ihn sein Freund vorgewarnt hatte.

„Ich bin ein Regensburger und gehe doch nicht nach Unterfranken!", sagte er erregt. „Das können Sie mit mir nicht machen."

„Doch, wir können", erklärte der Justitiar bestimmt. „Sie sind Beamter auf Lebenszeit und Sie sind verpflichtet, dort Ihren Dienst anzutreten, wo Sie Ihr Dienstherr einsetzt. Wenn Sie das nicht wollen, müssen Sie den Dienst quittieren, Herr Bildstein."

Dr. Urmann packte seinen Freund am Arm. „Nico, wir können im Moment nichts tun. Lass uns in der Kanzlei darüber reden."

(Mittelbayerische Zeitung am 10. Oktober, Lokales)
Jogger macht schreckliche Entdeckung
(lr) Gestern Morgen machte ein Jogger, der in aller Früh seine Runde um den Sarchinger Weiher drehte, eine schreckliche Entdeckung. Bei einem geparkten Auto führte ein Schlauch vom Auspuff in das Innere des Fahrzeugs. Auf dem Rücksitz saß eine leblose, männliche Person. Obwohl der Jogger, ein Mitarbeiter der Stadtverwaltung Neutraubling, sofort den Rettungsdienst alarmierte, konnte der Notarzt nur noch den Tod des Autoinsassen feststellen.
Nach Angaben der Polizei handelt es sich um den ehemaligen Lehrer N. B., der vor ein paar Tagen von der Anklage wegen sexueller Nötigung freigesprochen worden war. (Die MZ berichtete darüber.)
Über den Grund seines Selbstmords liegen keine Informationen vor ...

Diese Geschichte beruht auf einer wahren Begebenheit. Ein Lehrer wurde von zwei Mädchen beschuldigt, sie sexuell belästigt zu haben. Er wurde verurteilt und aus dem Staatsdienst entlassen. Später gab ein Mädchen zu, dass sie beide gelogen hatten. Das Verfahren wurde neu aufgerollt und der Lehrer freigesprochen. Er kämpfte lange darum, wieder in den Staatsdienst übernommen zu werden.
Er starb, bevor ihm das gelang.

Stinkefinger

Es war einer dieser Tage, an dem alles schiefging. Am Morgen wurde uns mitgeteilt, dass ein Kunde Konkurs angemeldet hatte. Für uns hieß das, wir blieben auf einer Rechnung von über zweiundzwanzigtausend Euro sitzen. Ich ließ zwar einen Titel erwirken, aber der Insolvenzverwalter teilte uns vorsichtshalber mit, dass „... mangels Masse" kaum mit einer Begleichung des ausstehenden Betrags zu rechnen war.

Jetzt ging es auf der Autobahn zwischen Rosenhof und Wörth-Wiesent nur im Schritttempo voran. In der Baustelle zwischen der Donaubrücke und Wörth-Ost war, wie fast täglich, ein Unfall passiert. Und an einem Freitagnachmittag, an dem die A3 sowieso immer ziemlich voll war, wirkte sich die Sperrung der rechten Spur auf den fließenden Verkehr mehr als katastrophal aus.

Ach so. Ich sollte mich erst einmal vorstellen. Ich heiße Jakob Saalmann und bin der kaufmännische Leiter von JWS-Sicherheitstechnik. Wir sprechen das JaWeSa aus. Ja für Jakob, We für Werner und Sa für Saalmann. Werner Saalmann ist mein jüngerer Bruder und er hat Informatik studiert, während ich Betriebswirt bin.

Wir haben unseren Sitz im Gewerbepark an der Donaustaufer Straße. Dass Sie uns nicht kennen, ist mir vollkommen klar. Wir werben nicht mit unseren Produkten, über uns gibt es keine Zeitungsartikel und Interviews geben wir nie. Unsere Firma hat sechs Räume im dritten Stock eines der anonymen Gebäude im Gewerbepark gemietet und auf dem Briefkasten steht nur JWS-ST. Das alles ist so von uns gewollt.

Neben Susanne, unserer Sekretärin, beschäftigen wir sechs Mitarbeiter, alles erstklassige Fachleute auf ihrem Gebiet. Unsere Angestellten sind Hacker. Sie hacken sich in fremde IT-Systeme ein.

Bevor Sie empört die Polizei anrufen: Wir machen das legal. Eine Firma tritt an uns heran und beauftragt uns, die Absicherung ihrer Netzwerke zu überprüfen. Jetzt versuchen unsere Mitarbeiter, die Firewall und anderen Sicherungssysteme zu knacken und ein kleines Programm im Firmennetzwerk zu installieren. Wenn uns das gelingt, und wir schaffen es in über achtzig Prozent aller Fälle, hat der Administrator plötzlich unser Firmenlogo auf seinem Bildschirm und weiß, dass seine Absicherung von uns überwunden wurde. Jetzt setzen wir uns mit ihm und der Firmenleitung zusammen und erarbeiten Hard- und Softwarelösungen, die ein zukünftiges Eindringen in das Netzwerk fast unmöglich machen.

Fast sage ich bewusst, denn NSA und Konsorten kommen überall rein.

Damit verdienen wir unser Geld und ich kann Ihnen versichern, wir verdienen richtig gut.

Wer unsere Kunden sind? Verschwiegenheit ist unser oberstes Gebot und die Namen unserer Kunden geben wir nie preis. Ich kann Ihnen bloß sagen, dass sie in der Regel aus dem Mittelstand stammen. Aber auch einige ganz große Firmen aus dem Raum Regensburg gehören zu unserem Kundenkreis.

Ich beobachtete den großen, schwarzen SUV schon seit einiger Zeit im Rückspiegel. Er fuhr auf das vor ihm fahrende Auto auf, blinkte und hupte und schon dreimal hatten sich die Fahrer kleinerer Autos erschrocken zwischen die LKW gequetscht, die auf der rechten Seite in einer endlosen Kolonne dahinkrochen. Die mussten dann fast bis zum Stillstand abbremsen und hupten nun ihrerseits die vor ihr fahrenden Kleinwagen an, dessen Fahrern wahrscheinlich der Schweiß in dicken Tropfen auf der Stirn stand.

Dann zog der SUV urplötzlich nach rechts in eine Lücke zwischen den Lastwagen, überholte einen Kombi und scherte vor ihm wieder ein, was dessen Fahrer mit wütendem Hupen quittierte. Jetzt hing der SUV hinter mir.

Ich fahre einen BMW 135i, obwohl ich mir ein viel dickeres Modell leisten könnte. Aber für mich war der kompakte Wagen völlig ausreichend. Er hatte eine Menge PS unter der Haube, war mit allen ausgestattet, was gut und teuer war und besaß noch einige Gimmicks, die man auch in größeren Fahrzeugen weder für Geld noch gute Worte serienmäßig bekommen konnte.

Ich erkannte den Wagentyp: Es war ein Range Rover mit, wie ich erkennen konnte, österreichischem Kennzeichen. Der kroch mir fast in den Kofferraum, blinkte, hupte und wollte vorbei. Ich kann Ihnen sagen, das ist ein blödes Gefühl, wenn einem solch ein Monstrum im Nacken hängt und den Rückspiegel völlig ausfüllt. Ich hatte in diesem Moment überhaupt keine Möglichkeit, nach rechts rüberzufahren, denn die LKW standen alle und selbst für mein Auto waren die Lücken zwischen den Lastern zu klein. Ich setzte den Blinker links, um zu zeigen, dass ich auf der linken Fahrspur bleiben wollte. Ein erneutes Hupen, Dauerblinken, ein dumpfes Geräusch und ein leichter Ruck. Der Typ, der den Range steuerte, hatte mich angestoßen. Jetzt reichte es mir. Ich drückte auf die Telefontaste am Lenkrad und sagte „Sprachsteuerung", danach „Notizen". Das Smartphone nahm meine gesprochenen Notizen auf. Meine Angaben waren die Uhrzeit, die Verkehrssituation und das Verhalten des Fahrers des SUV. Der tobte hinter mir vor Wut und hätte mich am liebsten von der Fahrbahn geschoben.

Kurz vor der Ausfahrt Wörth-Wiesent tat sich rechts eine Lücke auf und ich zog rüber. Meine Anweisung „Film" aktivierte die kleine Kamera, die im Rückspiegel eingebaut war.

Der SUV erschien neben mir und hielt die gleiche Höhe. Ich schaute rüber und schüttelte meinen Kopf. Im Wagen saßen zwei jüngere Männer, die ich auf Ende zwanzig schätzte. Sie trugen weiße Hemden, dunkelblaue Krawatten, waren sorgfältig frisiert und sahen ausnehmend seriös aus. Vom Typ her waren sie Banker oder erfolgreiche Anlageberater. Verkehrsrowdys stellt man sich in der Regel anders vor.

Die Männer blickten von oben auf mich herab und an ihren Mienen konnte ich erkennen, dass sie mir am liebsten in den Arsch getreten hätten. Plötzlich machte der Fahrer einen Schlenker nach rechts, was mich dazu veranlasste, bis an die Leitplanke auszuweichen. Sie grinsten mich höhnisch an und dann zeigten mir beide gleichzeitig die Stinkefinger.

Kurz vor der Ausfahrt nahm ich Gas weg und der Range zog vorbei. Meine Kamera filmte ihn von hinten.

Anstatt nach Ettersdorf abzubiegen, wo ich mir ein Haus gekauft hatte, bog ich nach rechts in Richtung Wörth ab. Ich würde das tun, so hatte ich beschlossen, was ich noch nie getan hatte. Ich würde beide Männer bei der Polizei anzeigen.

Ich kannte den Polizeibeamten und der nahm routiniert meine Anzeige auf. Auf meine Frage, ob die auch in Österreich eine Strafe zahlen müssten, erklärte er mir, dass man alle Strafen ab siebzig Euro in den meisten EU-Staaten eintreiben würde. Und in meinem Fall käme ja eine Menge zusammen: Nötigung, Verkehrsgefährdung, Sachbeschädigung, Beleidigung … Das läge im Bereich von mehreren Hundert Euro und ein Fahrverbot sei wahrscheinlich.

„Ich werde die Anzeige an die Kollegen von der Verkehrsinspektion Regensburg weiterleiten. Die melden sich dann bei Ihnen, Herr Saalmann."

Ich dankte dem Polizisten und machte mich auf nach Hause, ins wohlverdiente Wochenende.

Am Samstagmorgen rief mich ein Kommissar der Verkehrspolizei Regensburg an. Er ließ sich noch einmal den Vorgang schildern und fragte dann: „Sind Sie sicher, dass es sich um einen Range Rover und nicht um einen VW Golf gehandelt hat?"

Ich musste lachen. Die beiden Autos kann man wohl kaum verwechseln.

„Ich weiß, die Frage klingt dumm", erklärte der Kommissar. „Aber ich muss Sie das fragen. Unter dem von Ihnen genannten Kennzeichen ist in Salzburg ein VW Golf IV gemeldet und kein Range Rover."

Das überraschte mich doch sehr. Mir fiel der Film ein, den ich von dem Wagen gedreht hatte und ich erzählte dem Kommissar davon.

„Das kann uns weiterhelfen", sagte er. „Können Sie mir den Film per Mail übersenden?"

Das tat ich und der Polizist bestätigte wenige Minuten später den Eingang.

„So", überlegte ich, als ich am Nachmittag im Garten saß und mir ein Weizen einschenkte. „Ich glaube zwar nicht, dass den Fahrer die Polizei ermitteln kann. Aber ich bin mir sicher, dass wir von der Firma aus etwas unternehmen können. Schauen wir einfach am Montag weiter."

Nach den Gedanken schmeckte mir das eiskalte Weizen noch besser.

Am Dienstagmorgen klopfte Susanne an die Tür unseres Büros. Ich war alleine, weil Werner zu einem Kunden unterwegs war. „Ein Herr von der Polizei möchte dich sprechen, Jakob."

Ich bat ihn herein und bot ihm einen Stuhl an. Der Polizist war ein großgewachsener, schlanker Mann Ende vierzig, der sehr formell mit Anzug, Business-Hemd und Krawatte bekleidet war.

„Was kann ich für Sie tun?", fragte ich freundlich und überlegte, ob ich etwas angestellt hatte. Mir fiel aber nichts ein.

Mein Besucher wartete, bis Susanne die Tür geschlossen hatte.

„Ich bin Hauptkommissar Eckert vom Landeskriminalamt Bayern." Er zeigte mir seinen Ausweis. „Es geht um Ihre Anzeige bei der Verkehrspolizeiinspektion Regensburg. Mein Kollege hat ja bereits angedeutet, dass am Range Rover falsche Kennzeichen montiert waren. Die echten Kennzeichen gehören zu einem älteren Golf, der einem Rentner aus Salzburg gehört. Und der Wagen ist nachweislich in den letzten zehn Tagen nicht bewegt worden, weil er nach einem Unfall auf dem Schrottplatz steht. Und die Nummernschilder fehlen. So ist die Sachlage."

„Sieh an", war meine Antwort. „Da kann man leicht ein Verkehrsrowdy sein, wenn man falsche Kennzeichen angeschraubt hat. Das Ticket bekommt ja der arme Fahrzeughalter."

Der Hauptkommissar lächelte. „Es geht nicht um den Verkehrsverstoß. Da laufen bereits mehrere Anzeigen gegen den Fahrer. Es hängt viel mehr dran. Ich darf Ihnen zwar nicht sagen, in welcher Sache wir ermitteln, aber ich befasse mich mit OK. Mit organisierter Kriminalität."

Anschließend klappte er seinen Laptop auf und zeigte mir einige Bilder. Leider konnte ich keinen der beiden aus dem Wagen identifizieren, obwohl ich mir bei einem, dem Fahrer, nicht ganz sicher war.

„Ich danke Ihnen", sagte der Hauptkommissar, als er sich verabschiedete. „Sie haben uns viel geholfen, mehr als Sie denken. Unsere Arbeit ähnelt einem Mosaik. Wir legen Steinchen für Steinchen zusammen und Sie haben uns mehrere Steinchen geliefert. Irgendwann ist das Mosaik fertig und dann schlagen wir zu. Danke." Als er sich erhob, gab er mir seine Visitenkarte. „Falls Ihnen noch etwas einfällt, Herr Saalmann."

Nachdem der Hauptkommissar gegangen war, saß ich eine Weile im Büro, dachte nach und machte mir ein paar Notizen.

Schließlich stand ich auf, öffnete die Tür und rief: „Lee. Hast du einen Moment Zeit für mich?"

Henry Lee ist Chinese aus Hongkong. Ich hatte ihn auf einem Flug nach Frankfurt kennengelernt. Wir saßen nebeneinander und kamen schnell ins Gespräch.

„Wie bekomme ich in Deutschland eine Arbeitserlaubnis?", fragte er mich.

„Was kannst du?", war meine Gegenfrage.

Er erklärte mir, was er studiert hatte.

Als wir in Frankfurt landeten, hatte ich ihm einen Job in unserer Firma angeboten und sorgte dafür, dass er die sogenannte „Blaue Karte EU nach § 19a AufenthG" bekam.

Lee, niemand nennt ihn Henry, ist Katholik und Christen haben es in Hongkong und China sehr schwer. Er ist unser bester Mann.

Ich erzählte ihm die ganze Story und zeigte ihm den Film.

„Schicke ihn rüber auf meinen Arbeitsplatz. Mal sehen, was ich alles rausfinden kann, Jakob."

Ich war mir absolut sicher, er würde eine Menge über das Auto rausfinden.

Kurz vor siebzehn Uhr kam er in mein Büro. Er grinste. „War ganz einfach", meinte er und klappte seinen Laptop auf. „Es handelt sich um einen Range Rover Vogue, Modell 2013, in der Farbe Santorini Black Metallic. Der hat einen Fünfliter-Achtzylinder mit über fünfhundert PS und kostet, grob über den Daumen geschätzt, mindestens hundertzwanzigtausend. Davon fahren in Österreich nicht allzu viele herum."

Das Bild zeigte den Range Rover in Großaufnahme von hinten. „Was fällt dir auf, Jakob?"

Ich zuckte mit den Schultern. „Das Nummernschild ist gefälscht."

„Das können wir momentan nicht beweisen", meinte Lee. „Aber schau her ...", er vergrößerte das Bild. „Die Schrift auf dem Nummernschildhalter ist gut lesbar: *Mohren-Garage am Attersee*. Erkennst du noch etwas?"

Soviel ich mich auch anstrengte, ich fand nichts Bemerkenswertes an dem Wagen. „Nein, keine Ahnung."

Lee schaute mich triumphierend an. „Ich habe mit unserem Programm die Farbe des Wagens mit der Farbscala verglichen. Am ganzen Wagen hat sie die Nummer dreihundertzehn auf unserer Skala, nur an der hinteren Stoßstange dreihundertfünfzehn. Und was bedeutet das?"

Wieder so eine gemeine chinesische Denksportaufgabe. Wenn ich jetzt versagte, war der Triumph der gelben Rasse über der weißen perfekt.

„Die Stoßstange wurde nach einem Unfall lackiert und der Lackierer der Mohren-Garage hat sich bei der Mischung leicht vertan. Stimmt das?"

Lee nickte. „Richtig. Ein zweiter Hinweis stützt unsere These. Schau ...", er vergrößerte das Bild weiter, bis der Nummernschildhalter in voller Größe zu sehen war. Unschärfe und Pixelfehler beseitigte unser exklusives Grafikprogramm fast in Echtzeit.

„Hier ist eine kleine Ecke von dem Plastikrahmen abgebröckelt. Wären die Lackierarbeiten in einer anderen Werkstatt durchgeführt worden, hätte man die Nummernschildhalter vorne und hinten gegen eigene eingetauscht. Aber da der leicht beschädigte weiter verwendet wurde, können wir davon ausgehen, dass der Schaden auch in der Mohren-Garage repariert wurde."

„Klingt logisch. Was weißt du über die Mohren-Garage, Lee?"

„Die gehört zu einer Kette von sieben Werkstätten in Salzburg und in Oberösterreich. Die haben die Werksvertretungen von Range Rover, Volvo und Kia. Der Internetauftritt ist professionell."

„Lee, du bist der Beste. Wir sollten rausfinden, wem das Auto gehört."

„Ich habe mir schon eine Vorgehensweise überlegt." Er erklärte sie mir.

Eigentlich war es ganz einfach. Über *Kontakt* auf der Homepage konnte man die Mohren-Garage direkt anschreiben. Wir baten höflich um eine Auskunft:

Ein Range Rover Vogue mit einem Aufkleber der Mohren-Garage habe beim Ausparken eines unserer Autos beschädigt, was der Fahrer möglicherweise gar nicht bemerkt hätte. Wir wären der Mohren-Garage sehr verbunden, wenn man mit dem entsprechenden Kunden Rücksprache nehmen würde. Im Gegenzug seien wir bereit, auf eine Anzeige bei der Polizei zu verzichten.

Lee generierte ein Logo einer Phantasiefirma und eine passende Mailadresse. Wir konnten über ein Fünfzigtausend-Euro-Programm beliebig viele Mailadressen erstellen und sie auch wieder nach der Verwendung löschen. Die entsprechenden Server standen auf Fidschi und auf Palau und waren absolut sicher.

In dem Logo versteckte Lee ein Backdoor-Virus, das uns den Zugang zum Netzwerk der Mohren-Garage ermöglichen würde, sobald die die Mail öffneten. Das Logo fügten wir am Ende unserer Anfrage ein und ließen einen fiktiven Herrn Bruno Müller unterschreiben.

Wir schickten die Mail ab. Morgen, nach der Antwort, würden wir weitersehen.

„Danke", sagte ich. „Lee, ich lade dich zum Essen ein."

„Okay. Aber bitte nicht zum Chinesen. Der Mac oder ein Italiener wären mir lieber."

Wir gingen zu meinem Lieblingsitaliener.

Der Antwort von der Geschäftsleitung der Mohren-Garage am Attersee erreichte uns, kurz nachdem ich am Morgen in mein Büro gekommen war. Sie lautete wie erwartet:

Sehr geehrter Herr Müller,
wir danken Ihnen für Ihre Anfrage vom gestrigen Tag. Leider sehen wir uns außerstande, Ihnen die gewünschte Auskunft geben zu können. Wir haben keine Kenntnis von einem Unfall eines unserer Kunden in Deutschland und können Ihnen aus Gründen des Datenschutzes keine Informationen über unsere Kunden geben.
Sicher haben Sie Verständnis für unsere Entscheidung.
Mit freundlichen Grüßen
Bruno Schwarz
Geschäftsleitung

Der Inhalt der Mail interessierte weder Lee noch mich. Interessant für uns war, dass unser Spionageprogramm sich im Netzwerk der Mohren-Garage GmbH, Österreich eingenistet hatte. Uns standen alle Daten offen.

Lee und ich saßen in unserem Büro. Mein Bruder würde für den Rest der Woche auswärts beschäftigt sein und so hatten wir Zeit und Platz genug, um unseren virtuellen Angriff zu planen.

Lee knackte den Mastercode des Administrators mit *CodeWizzZ*, einem Programm, das wir legal gekauft, weiterentwickelt und perfektioniert hatten.

Ich bekam einen Telefonanruf von Susanne durchgestellt und ließ Lee sich für ein paar Minuten im Netzwerk der Mohren-Garage austoben.

Als ich zurückkam, hielt er seinen Daumen hoch. „Die haben drei Kunden, die einen Range Rover Vogue fahren. Einer gehört der Domänenverwaltung des Fürsten von und zu Seefeld und der ist von 2010 und dunkelblau. Der zweite gehört einem Professor Dr. Michael Istvan, einem ehemaligen Dozenten für Frauenheilkunde an der Universität Salzburg. Der Mann ist Jahrgang 1932, außerdem ist der Wagen weiß. Der dritte Range ist interessanter." Lee schaute mich an „Bekomme ich eine Gehaltszulage?"

Ich verdrehte meine Augen. „Nein, eine Prämie. Zehn Gutscheine für das chinesische Restaurant hier im Gewerbepark."

„Danke. Boss sein viel großzügig."

„Jetzt mach weiter. Vielleicht bekommst du sogar fünfzehn Gutscheine."

„Einen Tag Sonderurlaub, Jakob?"

„Genehmigt."

Lee gab ein paar Befehle ein und öffnete eine Datenbank. „Hier sind die Informationen, die wir suchen", sagte er mit einem Anflug von Stolz in seiner Stimme.

Name: *Sipić Goran*
Adresse ...
Telefon- und Handynummer ...
Daten des Wagens ... Range Rover Vogue ... Bj. 2013 ... EZ 10/13
Farbe ... Fahrgestellnummer ...
Kennzeichen S-SIPIC 1
Bankverbindung ...

Lee schaute sich die Daten an und lachte plötzlich laut. „Jakob, wetten dass ich sein Passwort kenne?"

„Das glaubst du doch selbst nicht, du altes Schlitzauge."

Er schaute mich von oben herab an. Das funktionierte, denn Lee war einen Kopf größer als ich.

„Der Begriff heißt eigentlich *altes Schlitzohr*. Davon abgesehen ist es besser Schlitzaugen zu haben, als eine dieser riesigen, hässlichen, europäischen Nasen."

Jetzt hatte er es mir wieder gegeben. Dazu hatte er auch noch recht, wie wir schnell feststellten. Sipić verwendete sein Autokennzeichen als Passwort. Und das überall, bei allen Programmen.

Wie kann man nur so dumm sein?

Der Wagen war vor drei Monaten nach einem Auffahrunfall in der Werkstatt repariert worden. Man hatte die hintere Stoßstange und die Prallelemente erneuert. Die Rechnung war von der Versicherung des Unfallverursachers beglichen worden. Sipić hatte einen Leihwagen erhalten und musste deswegen seinen Führerschein vorzeigen. Der war eingescannt und ebenfalls in der Datenbank abgespeichert worden.

Eine Stunde später verfügten wir über eine Menge persönlicher Daten: Die Bankverbindung, ein Bild von diesem Sipić, dessen Originalunterschrift und wir hatten sein Master-Kennwort erfolgreich getestet.

Ich erkannte in ihm den Beifahrer, der mich so höhnisch angegrinst hatte.

„Was machen wir jetzt, Jakob?", wollte Lee wissen.

„Treten wir ihm kräftig ins Hinterteil", schlug ich vor.

Lee stimmte mir zu. „Wir übernehmen sein Handy."

Ich schrieb ihm von einer unserer Wegwerfmailadressen aus eine SMS:

„Bist du dann am Samstag um 20 Uhr bei uns, Peter? Kommt Maria mit? Wir freuen uns schon. Karel.

Die Antwort ließ nicht lange auf sich warten:

Sie schreiben an eine falsche Handynummer. Ich bin nicht Peter und kenne weder Maria noch Karel. Bitte löschen Sie mich aus Ihrem Verzeichnis.

Ich entschuldigte mich und versprach, seine Nummer zu löschen. Dass er sich eine Spionage-App eingefangen hatte, merkte Sipić nicht. Zu seinem

Pech hatte er gerade sein Smartphone per Bluetooth mit seinem Tablet verbunden. Und wir konnten es gleich mit übernehmen. Das war sehr praktisch für uns.

Er bekam davon absolut nichts mit.

Neben der bereits bekannten Bankverbindung fanden wir drei weitere Konten in Serbien, Rumänien und der Türkei. Sipić war unvorsichtig und dumm oder extrem überheblich. Wer seine elektronischen Kontoauszüge auf einem Tablet abspeichert, anstatt sie auszudrucken und wegzuschließen, der gehört bestraft.

Wir kopierten alles, übernahmen sein eigenes Mailkonto und nutzten es, um Informationen über die ausländischen Banken an die österreichische Steuerfahndung zu schicken. Danach kopierten wir alle Daten, die sich auf dem Mailkonto befanden, und löschten es endgültig. Anschließend knackten wir die Zugänge zu den drei ausländischen Konten und veränderten die Passwörter und Zugangsdaten über eine 256-Bit-Verschlüsselungssoftware.

Die konnten nur die Amerikaner, die Engländer und die Chinesen knacken. Und wir natürlich auch.

Auf den Konten befanden sich übrigens mehr als dreizehn Millionen Dollar.

Zum Schluss kopierten wir erneut die kompletten Inhalte seines Smartphones und des Tablets und speicherten alles auf dem Server in Palau ab.

Als dies erledigt war, startete Lee auf seinem Laptop eine Lokalisierungssoftware für das Betriebssystem Android. Sipić hielt sich in der Nähe des Wolfgangsees auf. Wir bekamen schnell heraus, dass es sich um ein Fünfsterne-Hotel handelte.

„Dort benötigt er doch bestimmt seine Kreditkarte?", fragte Lee. Seine Frage klang ganz ernsthaft.

„Höchstwahrscheinlich. Sperre sie doch einfach!"

Das tat er umgehend. Sipić würde Probleme bekommen, wenn er in dem Hotel mit seiner MasterCard zu zahlen versuchte.

Für die ganze Aktion hatten wir gerade mal sechs Stunden benötigt.

„Und jetzt?" Lee schaute mich erwartungsvoll an.

„Wir gehen eine Kleinigkeit essen und besprechen, was wir noch tun können."

Lee fand meine Idee, die mir bei Tomaten, Mozzarella und Basilikum, garniert mit einem Glas Rotwein einfiel, richtig gut.

Am Sonntagmorgen, kurz nach Sonnenaufgang überprüfte ein Techniker eine der automatischen Verkehrsüberwachungssysteme an einer Autobahnbrücke bei Barbing. Er installierte einen kleinen, dunklen, unauffälligen Metallkasten und verband ihn mit der Überwachungskamera. Die notwendige Energie kam von dem vorhandenen Solarmodul.

Das winzige Motherboard enthielt ein einfaches Programm, das Lee geschrieben hatte. Es verglich alle in Richtung Regensburg fahrenden Autos nach den Kriterien: *schwarz, Range Rover, österreichisches Kennzeichen, Aussehen des Fahrers* mit gespeicherten Informationen.

Drei Tage später, um elf Uhr drei, meldete die Software, dass ein Auto in den Bereich der Kamera gelangte, auf das alle Informationen passten. Der kurze Film wurde auf meinen Computer überspielt. Sipić, der am Steuer saß, war deutlich zu erkennen und er verwendete erneut das gestohlene Kennzeichen aus Salzburg.

Ich nahm die Visitenkarte, die mir Hauptkommissar Eckert gegeben hatte, und rief ihn an. Er erinnerte sich sofort an mich.

„Einer meiner Mitarbeiter hat eben auf der A3 den Range Rover mit dem geklauten Salzburger Kennzeichen gesehen. Der Wagen dürfte sich im Moment zwischen Regensburg und Neutraubling befinden und ist in Richtung Nürnberg oder München unterwegs."

„Wir kümmern uns darum", war seine knappe Antwort.

Ein Einsatzkommando der Polizei stoppte den Range eine halbe Stunde später an der Autobahnraststätte Jura und nahm beide Insassen fest. Sie leisteten keinen Widerstand.

Drei Monate später, ich hatte die Sache schon wieder vergessen, erreichte mich ein Brief vom Bayerischen Landeskriminalamt. Ich wurde für meine Mithilfe bei der Verhaftung eines international gesuchten Verbrechers belobigt und erhielt per Scheck die ausgesetzte Belohnung des LKA in Höhe von zweitausend Euro.

Als Kaufmann und Controller hatte ich natürlich die Kosten, die Lee und ich verursacht hatten, berechnet und überprüft. Sie beliefen sich nach den Sätzen unserer Firma auf über siebentausend Euro. Die Belohnung verringerte die Ausgaben auf fünftausend Euro, aber die waren es mir als Rache für die Stinkefinger wert.

Ich habe übrigens nie erfahren, warum Sipić gesucht wurde und was mit ihm geschehen ist.

Von der Staatsanwaltschaft bekam ich am Dienstag einen Brief, dass das Verfahren gegen Unbekannt wegen Nötigung und Beleidigung eingestellt wurde, weil der Halter des Wagens „... nicht ermittelt werden konnte."

Auch diese Geschichte beruht auf einer wahren Begebenheit. Ich habe sie selbst erlebt. Es war kein Range Rover, sondern ein französischer Van. Die zwei Männer zeigte mir tatsächlich den Stinkefinger und versuchten, mich von der Fahrbahn zu drängen. Meine Anzeige wurde in der PI Wörth aufgenommen, sie ging an die Autobahnpolizei in Regensburg und mich kontaktierte einige Tage später tatsächlich ein Beamter vom LKA. Die Nummernschilder waren Doubletten und gehörten zu einem VW Golf, der in Salzburg zugelassen war.
Danach habe ich nichts mehr von dieser Sache gehört.

Die Holzkästchen

Die Glocke an der Eingangstür klingelte. Ernst Gruen erhob sich, nahm die Yarmulke, die kreisrunde Mütze, vom Hinterkopf, legte sie auf die Werkbank und warf noch einen Blick auf die Taschenuhr, an der er gerade arbeitete. Er reparierte Schmuck, überholte Uhren und passte Steine in Gold- und Silberfassungen ein. Sein Käppchen trug er nur in der Werkstatt, niemals vorne in seinem Juweliergeschäft oder in der Öffentlichkeit. Nur wenige Leute wussten, dass er Jude war, zumal er am Leben der kleinen jüdischen Gemeinde, die in den Siebzigern in Regensburg existierte, nur gelegentlich teilnahm.

„Ich komme sofort!", rief er. Seine Kunden kannten das und warteten geduldig auf ihn.

Gruen war ein kleiner, unauffälliger Mann, stets freundlich zu seinen Mitmenschen und er half gerne, wenn Leute in Not waren. Sein einziger Sohn und die wenigen Verwandten, die den Terror der Nazis überlebt hatten, wohnten in Tel Aviv. Sie konnten überhaupt nicht verstehen, dass er nach dem Tod seiner Frau alleine in dem Land geblieben war, das seine Eltern, Schwiegereltern und mehr als dreißig seiner Verwandten und Freunde in Konzentrationslagern ermordet hatte.

Im Gang zwischen Werkstatt und Geschäftsraum stand der große, altertümliche Tresor, über den Gruen jedes Mal im Vorbeigehen prüfend seine Blicke schweifen ließ, ob er auch gut verschlossen war. Man konnte ja nie wissen, wer da vorne in den Verkaufsraum des kleinen Juweliergeschäfts am Rand der Regensburger Altstadt gekommen war.

Ein junger Mann stand im Verkaufsraum und schaute Gruen erwartungsvoll an. „Kann ich mich noch beraten lassen?", fragte er. „Sie schließen doch gleich Ihr Geschäft." Die große Uhr über dem Schrank mit dem Silbergeschirr und den Silbervasen zeigte achtzehn Uhr zwanzig.

Gruen lachte. „Ich wäre ein schlechter Geschäftsmann, wenn ich einen Kunden wegschicken würde. Hiermit verlängere ich für Sie die abendliche Geschäftszeit."

Während er das sagte, hatte er den Kunden bereits taxiert: mittelgroß, sportliche Figur, blonde, schulterlange Haare. Er trug Jeans, einen grünen Parker und feste Schuhe, an der linken Hand einen goldenen Ehering. Beruf? Kein Handwerker. Auch kein Büromensch, denn die gingen nicht in Jeans und Parker in die Firma. Die trugen ein Sakko und eine Krawatte. Vielleicht ein Student? Nach viel Geld sah er nicht aus.

„Womit kann ich Ihnen dienen, mein Herr?"

„Danke, das ist sehr freundlich von Ihnen, dass Sie sich noch die Zeit nehmen", sagte der junge Mann. „Ich möchte meiner Frau zu Weihnachten einen schönen Ring mit einem einzelnen Stein kaufen. Ich denke ein Weißgold."

„Aha", meinte Gruen. „Ein Ring für die Gattin. Zu Weihnachten. In Weißgold. Hm. Und wie hoch ist ihr Budget?"

Der junge Mann wurde rot im Gesicht. „Ich bin Student", sagte er leise. „Ich habe nicht viel Geld. Vierhundert, maximal vierhundertfünfzig Mark kann ich ausgeben. Vielleicht finden Sie etwas."

Gruen nickte. „Das werden wir sicher!"

Er zog ein Schubfach aus der Verkaufstheke, in der sich Ringe befanden, und ein dickes Kuvert, in dem, eingeschlagen in ein Wildledertuch, glänzende Steine lagen.

„Wie wäre es damit? Der Juwelier nahm einen Ring in die Hand. „Ich könnte Ihnen sehr einen guten Preis machen …"

Eine halbe Stunde später hatten beide auch einen dazu passenden Stein gefunden und man einigte sich auf genau vierhundertfünfzig Mark.

Zwei Tage später holte der Student den Ring ab. Gruen freute sich, als er sah, wie aufgeregt und voller Vorfreude der junge Mann war, der seiner Frau zu Weihnachten einen Ring schenken würde, der mehr gekostet hatte, als er Bafög im Monat bekam.

Erst viele Jahre später erfuhr der junge Käufer, dass alleine der Stein mehr als vierhundert Mark wert gewesen war.

Drei Tage später, einen Tag vor dem Heiligen Abend, klingelte Gruen an der Haustür seines Nachbarn. Sie wohnten im Erdgeschoss eines unauffälligen Blocks in der Nähe des Stadtparks, in der sich sechs Eigentumswohnungen befanden.

Walter Fichte öffnete die Tür. Wie immer steckte eine qualmende Zigarre in seinem Mund und in der Wohnung sah es aus wie in London bei Nebel. Der freute sich sichtlich, Gruen zu sehen. „Komm rein, Ernst. Kannst einen Kaffee haben und eine Zigarre. Und ein Rest Dujardin ist auch noch in der Flasche."

Gruen trug zwei flache Holzkästchen unter seinem Arm. „Danke, Herr Walter", antwortete er artig und trat ein.

Obwohl sie sich duzten, nannte Gruen seinen Nachbarn immer „Herr Walter". Er war eben altmodisch.

Gruen und Fichte waren fast gleich alt, beide lebten alleine und ein paar Mal im Jahr tranken sie eine Kanne Kaffee miteinander, rauchten dazu eine dicke Zigarre und der Weinbrand durfte auch nicht fehlen.

Fichte goss den Kaffee ein, während Gruen sich die Zigarre anzündete.

„Verreist du wieder, Ernst?", wollte Fichte wissen und nahm einen tiefen Zug von seiner Zigarre.

„Ja. Wie du siehst, habe ich die Holzkästchen dabei. Kannst du sie wieder aufbewahren, bis ich zurückkomme?"

„Klar, Ernst. Du weißt ja, wo sie hinkommen. Komm mit." Er erhob sich.

Gruen folgte Fichte in dessen Schlafzimmer. Der zog eine große Schublade auf, die halb mit Socken gefüllt war. Die Kästchen kamen ganz nach unten und die Socken darauf.

„Wie immer zu den Socken", meinte Gruen. „Das passt gut. Danke, Herr Walter."

Beide gingen zurück ins Wohnzimmer.

„Und ihr habt heute euren letzten Schultag im Jahr gehabt?"

„Es wurde auch Zeit", stöhnte Fichte. „Die Schüler waren kaum noch zu bändigen und auch ich brauche die Weihnachtsferien. Du kannst dir gar nicht vorstellen, wie ich mich auf die Pensionierung in drei Jahren freue. Ich werde dann …"

Am nächsten Morgen flog Gruen nach Israel und Fichte ließ die Kästchen in der Sockenschublade liegen, bis sie der Juwelier nach seiner Rückkehr wieder abholte.

Was ein Kästchen beinhaltete, wusste er, was sich in dem anderen befand, konnte er nur ahnen. Reingeschaut hatte er noch nie.

Ein Jahr später starb Ernst Gruen während seines Urlaubs im Haus seines Sohns in Tel Aviv. Kurz vor seinem Tod hatte er festgelegt, dass er auf dem jüdischen Friedhof in Regensburg neben seiner Frau beigesetzt werden wollte.

Am Tag der Beerdigung zwang eine schlimme Grippe Walter Fichte ins Bett. Jaakov Gruen, der Sohn, hatte ihn zu Beisetzung eingeladen, aber er musste absagen. Das Fieber war einfach zu hoch.

Fichte dachte über Gruen nach und das einsame Leben, dass der Mann geführt hatte, als ihn plötzlich ungewohnte Geräusche hochschreckten. Angestrengt lauschte er. Es klang wie das Klirren von Glas, dann vernahm er ein Schaben und Knirschen. Er wunderte sich. Niemand war im Haus, alle Leute in der Arbeit und Familien mit Kindern wohnten hier nicht.

„Ich schau doch besser nach", murmelte er, erhob sich mühsam. Er tastete sich an der Wand entlang in den Flur, wo er einen Moment verweilen musste, weil ihm der Schwindel und die Kopfschmerzen arg zusetzten.

Nach einer Minute wankte er hinaus ins Treppenhaus und lauschte an Gruens Wohnungstür. Drinnen musste jemand sein. Es waren deutlich Schritte zu hören, Geräusche von Schranktüren, die man öffnete und schloss, wieder ein Knirschen und Scheppern.

„Einbrecher!", dachte er. „Da wird der Mann begraben und diese unverschämten Leute brechen in die Wohnung ein."

Empört hämmerte Fichte mit der Faust gegen die Tür. „Sie da. Was machen Sie in der Wohnung? Kommen Sie sofort raus oder ich rufe die Polizei!"

Einen Moment herrschte Stille, dann wurde plötzlich die Wohnungstür aufgerissen. Entsetzt starrte Fichte den dunkel gekleideten Mann an, der sein Gesicht hinter einer Skimaske versteckte. Noch ehe er etwas sagen konnte, traf ihn etwas am Kopf und alles wurde schwarz.

Am späten Nachmittag lag Fichte wieder in seinem Bett. Der Arzt hatte die Platzwunde am Kopf mit ein paar Stichen genäht, ihm ein Päckchen Aspirin in die Hand gedrückt und ihn, versehen mit einem Krankenschein, wieder nach Hause geschickt. Die Polizei war dagewesen, aber er hatte nicht viel erzählen können. Da war der Lärm gewesen und der dunkel gekleidete Einbrecher, der ihn mit einem Nudelholz niedergeschlagen hatte. Das war alles.

Es klingelte. „Einen Moment. Ich komme!", rief Fichte und quälte sich zur Wohnungstür.

Jaakov Gruen stand draußen. „Darf ich Sie sprechen, Herr Fichte?" Sein Deutsch war korrekt, wies aber einem deutlichen Akzent auf. „Ich wollte mich bedanken bei Ihnen und mich verabschieden. Mein Vater hat mir oft erzählt, dass Sie sein einziger Freund waren und er Ihnen vertraute."

Fichte nickte. „Bitte kommen Sie herein. Ich muss wieder ins Bett."

Während er stöhnend zurück ins Schlafzimmer schlich und ächzend unter die Decke kroch, folgte ihm Jaakov Gruen. Er setzte sich auf einen Stuhl, der neben dem Bett stand, und schaute betrübt. Man sah ihm an, dass ihn der Verlust seines Vaters schmerzte.

„Hat man drüben viel gestohlen?", wollte Fichte wissen.

„Alles", sagte der Sohn. „Dokumente, Geld, Schmuck und Steine. Einfach alles, was an Wertgegenständen in der Wohnung war. Aber das Schlimmste sind die Schmierereien. *Judensau* haben sie an die Wände geschrieben. *Judensau*. Hört das denn nie auf?" Seine Augen schimmerten feucht.

Darauf wusste Fichte nichts zu sagen.

Während der Sohn ein großes, weißes Taschentuch hervorzog, sich die Augen abwischte und schnäuzte, überzog ein schüchternes Lächeln Fichtes Lippen.

„Nein", sagte er. „Sie haben nicht alles gestohlen, Herr Gruen. Dort ...", er zeigte auf die oberste Schublade der Kommode neben der Tür. „Dort, in dieser Schublade, unter den Socken. Dort liegt etwas, was mir Ihr Vater vor seiner Abreise anvertraut hat. Schauen Sie nach und holen Sie es her."

„Ich soll an Ihre Schublade gehen?" Der Sohn zögerte. „Das gehört sich doch nicht."

„Gehen Sie ruhig, Herr Gruen. Ich bin zu schwach zum Aufstehen. Es sind ja nur meine Socken drin."

Jaakov Gruen ging hinüber zur Kommode, zog die Schublade auf, kramte ein wenig umher und zog die beiden Holzkästchen hervor.

Plötzlich strahlte er. „Die hat mein Großvater selbst gemacht. Vater hat sie mir oft gezeigt, als ich noch ein kleiner Junge war. Es sind Großvaters …", er suchte vergeblich das deutsche Wort und nutzte dann den englischen Ausdruck, „… *boxes*."

Gruen öffnete das erst Holzkästchen. Es war voller alter, vergilbter Schwarz-Weiß-Fotos. Er suchte ein wenig, nahm schließlich ein Foto heraus und zeigte es Fichte. „Das bin ich. Da war ich wohl gerade zwei Jahre alt und die Frau, die mich an der Hand hält, ist meine Mutter."

Fichte nickte. „Ich kenne alle diese alten Fotos. Ihr Vater hat sie mir schon einmal gezeigt. Wir haben über die alten Zeiten gesprochen und ein paar Gläser gekippt."

Gruen nickte und öffnete das zweite Kästchen. Darin lag ein zusammengefaltetes, braunes Wildledertuch. Vorsichtig schlug er es auf. Trotz des schwachen Lichts strahlten und funkelten Hunderte von Diamanten. Und einige waren so groß wie eine Erbse.

Gruen starrte Fichte an. „Und die beiden Kästchen haben Sie immer aufbewahrt?"

„Immer, wenn Ihr Vater zu Ihnen nach Tel Aviv geflogen ist. Aber ich wusste nie, was sich in diesen Kästchen befand. Nur das mit den Bildern, das kannte ich."

Gruen schüttelte seinen Kopf. „Sie hätte die Kästchen einfach behalten können. Niemand hätte es bemerkt. Sie sind ein guter Mensch, Herr Fichte."

Dessen Antwort war: „Es muss ja auch gute Menschen geben, Herr Gruen." Dann übermannte ihn die Müdigkeit und er schlief augenblicklich ein.

Als Walter Fichte aufwachte, war es bereits dunkel. Er schaltete die Nachttischlampe ein und setzte sich. Auf seinem Nachttisch lag ein mehrfach zusammengefaltetes Stück Papier, das er aufschlug. „Danke!", stand auf dem

Blatt geschrieben und ein glänzender Diamant, größer als eine Erbse, war mit einem Stück Tesa-Band darunter geklebt.

Die Geschichte von den Holzkästchen ist wahr. Ein Kollege, mit dem ich zwei Jahre an der gleichen Schule unterrichtet habe, erzählte sie mir kurz vor seiner Pensionierung. Ich weiß natürlich nicht, ob er wirklich einen Diamanten als Belohnung erhalten hat. Ich kannte dieses Juweliergeschäft, weil ich dort meiner Frau Schmuck gekauft hatte.

Burgmann

Das Kommissariat 14, die *Vermisstenstelle*, hatte mich wieder. Auf meinem Schreibtisch stapelten sich die Akten und seufzend nahm ich die oberste vom Stapel.

Annika Hofert, ein sechzehnjähriges Mädchen aus Regenstauf, war abgängig. Nach Angaben der Eltern hatte sie einen marokkanischen Freund, mit dem sie *in den Urlaub nach Marokko* fliegen wollte, was die Eltern ihr strikt verboten hatten. Ein Koffer fehlte, ein Teil ihrer Bekleidung und ihr Reisepass. Die Eltern waren in großer Sorge und nach meiner Meinung hatten sie berechtigten Grund dazu.

Es klopfte, obwohl meine Bürotür nur angelehnt war. „Herein."

Kriminalhauptmeister Mayr, ein leicht übergewichtiger Kollege Anfang vierzig, streckte seinen Kopf durch die Tür. „Guten Morgen, Chefin. Wir beiden müssen morgen ganz früh nach München."

„Und was sollen wir dort, Georg?", war meine Frage.

Mayr kam ins Büro und setzte sich an den zweiten Schreibtisch. Dann erklärte er mir, was wir zu tun hatten. Ein angenehmer Aftershave-Duft wehte zu mir rüber.

Seit einer Woche war ich die Leiterin K14 und, wenn alles glatt lief, würde ich in einem halben Jahr zur Hauptkommissarin befördert werden. Gar nicht schlecht für mein Alter, dachte ich mir.

Die frühe Fahrt nach München bedurfte einer gewissen familiären Organisation: Jan musste Frühstück für sich und JaHe machen und unseren Sohn dann zur Oma bringen, bevor er selbst zum Dienst fuhr. Aber das ließ sich alles organisieren.

„Alles klar, Georg. Das ist eine willkommene Abwechslung." Ich reichte ihm die Akte Annika Hofert rüber. „Setze dich bitte mit der Deutschen Botschaft in Rabat in Verbindung. Du weißt schon, die üblichen Auskünfte erbitten …"

„Meine sehr verehrten Damen und Herren. Wir sind gerade in München gelandet. Bitte bleiben Sie angeschnallt, bis wir unsere endgültige Parkposition erreicht haben. Ich wünsche Ihnen eine gute Weiterreise oder einen schönen Aufenthalt in München. Und danke, dass Sie mit Lufthansa geflogen sind."

Nach einem Moment folgte die Ansage auf Englisch: „Ladies and Gentlemen.We have just landed ..."

Wolfgang Burgmann saß am Fenster auf Platz 33K. Er schaute zu den anderen Passagieren in der Reihe 33 hinüber. Einige öffneten schon ihre Sicherheitsgurte und andere hielten ihre Smartphones in der Hand oder telefonierten bereits.

„Wir sind gerade gelandet, Melissa", sagte jemand. „Ich habe den ganzen Flug geschlafen und jetzt ..."

„Oh, wie interessant für uns alle", dachte Burgmann.

Dann schweiften seine Gedanken ab nach Thailand. Er dachte an seine Freundin Prisana, die im siebten Monat schwanger war. Ihre Eltern erwarteten, dass er sie heiratet. Sie waren gut situiert, sehr traditionell eingestellt und Prisana hatte sich viel Böses anhören müssen, als ihre Eltern herausbekamen, dass sie ein Verhältnis mit einem Europäer eingegangen war. Und nun war er verschwunden, ohne ein Lebenszeichen hinterlassen zu haben. Das Mädchen verlor ihren guten Ruf und würde niemals standesgemäß heiraten können. Das bedrückte Burgmann doch sehr.

Die meisten Passagiere konnten es kaum erwarten, die Maschine zu verlassen. Burgmann wäre dagegen am liebsten sitzengeblieben und weitergeflogen. Er ahnte schon, was ihn erwartet, wenn er aus der Maschine stieg. Dabei wollte er gar nicht mehr nach Deutschland zurück, sondern wäre lieber für immer in Thailand geblieben. Das Visum ließ sich leicht für ein Jahr erneuern. Mit dem Billigflieger nach Singapur, eine Nacht im Flughafenhotel und am nächsten Morgen zurück nach Phuket. Das machte dreihundert Dollar für die Flüge und das Hotel sowie einhundertsechzig Dollar für das Non-Immigrant-Visum mit mehrfacher Einreise und einem Jahr Gültigkeit.

Die Kosten waren zu vernachlässigen im Vergleich zu dem Gewinn, den er mit dem Verkauf von erstklassig gefälschten Markenuhren an Touristen machte. Nur wenige können sechstausend Euro für eine Rolex oder Breitling ausgeben. Aber zweihundert Euro für eine Hongkong-Rolex, die so gut gefälscht war, dass selbst Experten mit ihnen ihre Schwierigkeiten hatten, die leisteten sich erstaunlich viele Urlauber. Der Gewinn pro Uhr betrug im Durchschnitt einhundert Euro. Selbst in der Nebensaison verkauften seine Straßenhändler mindestens fünf oder sechs Uhren pro Tag. Das lohnte sich!

Alles lief wie geschmiert, bis Burgmann in der letzten Woche aus Singapur zurückkehrte.

„Stay inside the plane, Mr Burgmann. Bleiben Sie im Flugzeug, Herr Burgmann", hatte ein Offizier der Einwanderungsbehörde gesagt, als er die Maschine verlassen wollte. Hinter ihm standen zwei bewaffnete Polizisten, die den Deutschen misstrauisch beobachteten.

Er musste sich vorne in die erste Reihe setzen und warten, bis alle Passagiere das Flugzeug verlassen hatten.

„Let's go. Kommen Sie!", befahl der Offizier.

Flankiert von den Polizisten wurde Burgmann in ein Nebengebäude des Flughafens geführt und landete in einer Einzelzelle. Man leerte seine Taschen aus, nahm ihm Pass, Armbanduhr und seine Reisetasche weg und ließ ihn alleine.

Am nächsten Tag musste er vor Gericht erscheinen. Von der ganzen Verhandlung verstand er kein Wort, bekam nur mit, er habe gegen die Aufenthaltsvorschriften verstoßen. Damit war wohl der Handel mit den fast echten Uhren gemeint. Scheinbar hatte er einem wichtigen Beamten nicht genug zugesteckt oder die Konkurrenz hatte ihn angeschwärzt.

Burgmann blieb weitere vier Nächte in der Zelle und dann schob man ihn sang- und klanglos über Bangkok in einem A340 der Lufthansa nach München ab.

Seinen deutschen Pass hatte man ihm erst in der Maschine ausgehändigt. Mit nur fünfzig Dollar in der Geldbörse, einem Gepäckstück und einer kleinen Reisetasche, in der sich etwas Wäsche befand, landete er im kalten Deutschland.

Fünf Minuten später lief Burgmann als einer der Letzten durch die Passierbrücke. Am Ende standen zwei Männer, die die Ankommenden interessiert musterten. Burgmann bemerkte ihre kritischen Blicke, aber sie ließen ihn anstandslos vorbeigehen.

Mit einem Mal keimte etwas Hoffnung in ihm auf. Vielleicht hatte ihn der Typ damals gar nicht angezeigt. Vielleicht war er aus der Ohnmacht erwacht und nach Hause gegangen. So besoffen, wie der gewesen war. So fest waren die Schläge doch gar nicht gewesen. Vielleicht hatte er doch Glück.

Er bog ab, folgte den anderen Passagieren in Richtung *Immigration* zur Passkontrolle.

Der Beamte der Bundespolizei nahm Burgmanns Pass entgegen und zog ihn durch das Lesegerät. Sofort leuchtete auf dem Bildschirm ein rotes Ausrufezeichen auf, was den Beamten veranlasste, mit dem Knie den Alarmknopf zu drücken.

„Sie sind Wolfgang Burgmann?", fragte er, während er die Visa-Seiten des Passes durchblätterte. „Waren Sie länger in Thailand?"

Burgmann nickte. „Drei Jahre."

„Sie haben eine Aufenthaltsgenehmigung für Thailand. Werden Sie wieder zurückfliegen oder bleiben Sie dauerhaft in der Bundesrepublik?"

„Was interessiert den, was ich vorhabe?", überlegte Burgmann.

Noch ehe er antworten konnte, erschienen wie aus dem Nichts neben ihm zwei junge, kräftige Männer, die ihn an den Armen packten. Es waren die, die eben am Ausgang der Passagierbrücke gestanden waren.

„Wir sind von der Bundespolizei", sagte der zu seiner Linken.

„Sie wollen doch kein Aufsehen erregen, Herr Burgmann. Kommen Sie mit! Wir hätten ein paar Fragen an Sie", ergänzte der rechts Stehende.

Was blieb Burgmann anders übrig, als dieser freundlichen Einladung zu folgen?

Die Überprüfung der Personendaten durch die Bundespolizei am Flughafen München folgte einer Standardprozedur: erneute Passkontrolle, Durchsuchung, Abgleich der Fingerabdrücke sowie aller Daten beim BKA und LKA Bayern.

Danach erklärte ihm einer der Beamten: „Herr Burgmann, Sie sind festgenommen. Es liegt gegen Sie ein Fahndungsersuchen der Staatsanwaltschaft Regensburg wegen Körperverletzung mit Todesfolge nach § 277 StGB und wegen anderer Straftaten vor. Die Kollegen aus Regensburg warten schon auf Sie."

„Aber ich habe doch niemanden umgebracht!", schrie Burgmann. Er war kalkweiß im Gesicht geworden.

Der Bundespolizist zuckte mit den Schultern. „Das müssen Sie mit dem Staatsanwalt in Regensburg ausmachen. Am besten nehmen Sie sich einen Anwalt."

Es klopfte an der Tür und ein Mann und eine Frau traten ein.

„Guten Morgen. Schmöke ist mein Name und das ist mein Kollege Mayr. Wir sind von der KPI Regensburg." Mit diesen Worten stellte ich uns vor. „Man hat uns ja angemeldet."

Mayr nickte den Kollegen zu von der BuPo zu, sagte aber nichts. Wir zeigten ihnen unsere Dienstausweise.

„Grüßt euch", antwortete einer der Bundespolizisten. „Das ist euer Mann."

Der Kollege deutete auf Burgmann, der wie ein Häufchen Elend auf einem Stuhl saß und uns anstarrte. Er wirkte geschockt und sah harmlos aus.

Ich musterte Burgmann. Er war groß, schlank und seine Bräune verriet, dass er längere Zeit in den Tropen gelebt hatte. Auffallend waren seine schulterlangen, blonden Haare und die hellblauen Augen. Ich konnte mir gut vorstellen, dass viele Frauen diesen Typ Mann mochten.

Nach einem Moment zog ich ein rosa Blatt Papier aus der Jackentasche und hielt es ihm unter die Nase.

„Herr Burgmann. Wir überführen Sie jetzt nach Regensburg. Strecken Sie Ihre Arme vor. Ich muss Ihnen Handschellen anlegen."

Eine Viertelstunde später saß Burgmann hinten in unserem alten VW Passat Variant. Mayr hatte es sich neben ihm bequem gemacht, während ich den Wagen vorsichtig über die Autobahn lenkte. In der Nacht waren ein paar Zentimeter Schnee gefallen und die Fahrbahn war glatt. Es war ein Sonntagmorgen im Januar und außer uns waren nur wenige Autos unterwegs.

Burgmann war auf den Weg in die Stadt, die er eigentlich für den Rest seines Lebens hatte meiden wollen.

Bis zur Autobahnraststätte Pentling an der A93 hatten wir fast zwei Stunden gebraucht. Ich setzte den Winker und bog zur Raststätte ab.
„Tut mir leid, Georg", entschuldigte ich mich bei meinem Kollegen. „Muss ganz dringend für kleine Mädchen. Es dauert nur fünf Minuten."
„Macht nix", brummte Mayr.
Er war müde und ihm fielen dauernd die Augen zu. Das hatte ich vorher schon im Rückspiegel gesehen. Nach kurzem Überlegen ließ ich den Zündschlüssel stecken und beeilte mich, zur Damentoilette zu kommen. Dort stand eine Schlange älterer Damen. Sie gehörten wohl zu dem Reisebus aus Dresden, der direkt vor dem Eingang parkte. Seufzend stellte ich mich hinten an.

Burgmann schaute der Polizistin hinterher, die in der Raststätte verschwand. Der Polizist neben ihm seufzte und atmete tief durch.
Jetzt endlich bekam Burgmann eine Chance, seine Einzige, das war ihm klar. Den Kugelschreiber hatte er zufällig zwischen den Polstern ertastet und ihn, unbemerkt von dem Polizisten neben ihm, zerlegt. Er lehnte sich zurück, schloss die Augen, tat als sei er auch müde, was nach dem langen Flug und der ermüdenden Autofahrt durchaus normal war.
Burgmanns Finger, verborgen zwischen seinen Oberschenkeln, zogen die Feder aus dem Kugelschreiber in die Länge, formten einen kleinen Haken, der genau ins Schloss der Handschellen passte. Mit langsamen, minimalen Bewegungen schloss er die linke Seite auf. Das metallische Geräusch, das entstand, als sich die Handschelle öffnete, ließ Mayr hochfahren.
„Was machen Sie da? Zeigen Sie mir …"
Der Polizist konnte den Satz nicht zu Ende bringen. Burgmanns Faust hielt die linke Handschellenseite, sein Arm fuhr hoch und mit voller Wucht traf er den Polizisten mitten auf die Nase. Es knirschte und dessen Kopf ruckte nach hinten. Kriminalhauptmeister Mayr stöhnte auf, drehte instinktiv seinen Kopf zur Seite, weg von dem Angreifer. Der zweite Schlag traf ihn an der linken Schläfe und beförderte ihn ins Land der Träume.

Burgmanns Hand fuhr unter das Jacket des Ohnmächtigen und fand unter der linken Achsel die Dienstwaffe. Er zog sie heraus und überprüfte sie. Es handelte sich um eine P7, eine Waffe, mit der er umzugehen wusste. Das Magazin war voll, die Pistole durchgeladen. Sie war schussbereit.

Innerhalb von dreißig Sekunden hatte Burgmann auch die rechte Handschellenseite aufgeschlossen und rutschte zu dem Ohnmächtigen rüber. Er zog die Kette unter dessen Oberschenkeln hindurch und klickte dann die Handschellen um die beiden Handgelenke. Er drückte sie fest zu, um dem Polizisten jede Bewegungsmöglichkeit zu nehmen.

Nach einer Weile begann der Ohnmächtige zu röcheln und seine Augenlider flackerten. Er war dabei aufzuwachen.

Burgmann beobachtete währenddessen aufmerksam die Eingangstür zur Raststätte und sah schließlich die Polizistin zurückkommen. Sie war eine relativ junge, fast zierliche Frau mit dunklen, kurzen Haaren, die ihm sicher körperlich weit unterlegen war. Er ging davon aus, dass Sie keine ernsthafte Gegenwehr versuchen würde.

Ich sah sofort, dass da etwas nicht stimmte. Mayr hatte den Kopf zurückgelegt und dieser Burgmann schien direkt neben ihm zu sitzen, während er mich beobachtete. „Da ist irgendein Scheiß passiert", dachte ich und rannte los, während ich gleichzeitig nach meiner Waffe griff. Das war ein Fehler, wie mir schnell klarwurde: Ich hätte mein Handy nehmen und Alarm geben sollen.

Als ich die Tür zum Fond des Wagens aufriss, hielt der Mann dem Kollegen eine Waffe an den Hals, während Mayr stöhnte und seinen Kopf langsam nach links und rechts bewegte. Er schien benommen zu sein. Aus zwei Wunden an seinem Kopf lief Blut auf tropfte auf den Kragen seiner Jacke.

„Was haben Sie mit ihm gemacht? Legen Sie die Waffe weg! Sie machen nur noch alles schlimmer als es schon ist."

Ich versuchte ruhig zu bleiben, doch klopfte mir das Herz bis zum Hals.

„Schlimmer geht es nicht mehr", war Burgmanns Antwort. „Steigen Sie sofort vorne ein. Sie starten den Wagen, dann geben Sie mir Ihre Waffe und Ihr Handy. Anschließend fahren Sie los in Richtung Weiden. Wenn Sie nicht machen, was ich Ihnen sage, erschieße ich Ihren Kollegen und, wenn es sein muss, auch Sie. Ich habe nichts mehr zu verlieren. Sie und ihr Kollege dagegen alles. Kapiert? Und ein bisschen dalli! Ich will hier kein Aufsehen erregen."

„Der Kollege hat drei Kinder. Tun Sie ihm bitte nichts."

Ich schloss die Tür, ging um den Wagen herum und setzte mich hinters Steuer.

„Die Waffe und das Handy, sonst …", drohte Burgmann.

Im Rückspiegel konnte ich erkennen, dass Burgmann meinem Kollegen noch immer die Waffe gegen den Hals drückte. Mayr war aufgewacht und starrte mit schreckensweiten Augen nach vorne. Aus seiner Nase lief Blut lief bis zum Kinn und fiel dann in großen Tropfen runter.

„Bitte, Anita!", flehte er. „Tu, was er sagt." Seine Stimme klang panisch.

Ich wusste, was in Mayr vorging. Er war vor einem halben Jahr angeschossen worden und erst seit gut einem Monat wieder im Dienst. Er hatte Angst, Todesangst. Mir erging es ähnlich. Ich dachte an Leo. Wie er damals auf dem Asphalt lag und sich nicht mehr bewegte …

„Hör auf deinen Kollegen, Anita", forderte mich Burgmann auf. „Deine Waffe und das Handy. Sofort!"

Ich tat, was Burgmann wollte. Der nahm Waffe und Handy und steckte sie in die Kartentasche an der Rückseite des Fahrersitzes.

„Fahr los, Anita. Wenn du genau tust, was ich dir sage, passiert ihm nichts. Und dir natürlich auch nicht."

Ich startete den Wagen und fuhr zurück auf die Autobahn.

„Denke immer dran, dass ich ihm die Waffe in die Nieren drücke, Anita. Du willst doch nicht, dass seine Kinder Ihren Papa im Sarg wiedersehen. Oder?"

Ich blickte in den Rückspiegel. Nur das blutverschmierte Gesicht meines Kollegen war zu sehen. Der Arm mit der Waffe war verschwunden, aber ich glaubte Burgmann.

„Ich tue genau das, was Sie sagen, Herr Burgmann. Wohin soll ich Sie fahren?"

Der überlegte, dann schien er einen Plan gefasst zu haben.

„Es gibt einen Stadtteil Brandlberg. Dort fahren wir hin. Ich hoffe, du weißt, wo das ist, Anita."

Burgmann erinnert sich genau an diese leeren Hallen unterhalb des Brandlbergs. In ihnen hatte er sich damals versteckt, bevor er sich über Österreich nach Thailand abgesetzt hatte. Er würde die beiden Polizisten dort mit den Handschellen an irgendwelche Eisenteile ketten und mit dem Passat Variant nach Tschechien verschwinden. Dort konnte er in Ruhe überlegen und seine weitere Route planen. Burgmann bemerkte, dass diese Anita den Rückspiegel verstellte und ihn beobachtete.

Sie näherten sich dem Autobahnkreuz Regensburg.
Burgmann grinste. „Anita fahr einfach geradeaus. Ich gebe dir rechtzeitig Bescheid."
„Wir haben nicht mehr viel Benzin im Tank. Höchstens für fünfzig oder siebzig Kilometer, Herr Burgmann. Dieser alte Karren hat vierhunderttausend runter und da geht nichts unter zwölf Liter auf hundert Kilometer".
„Fahr einfach, Anita."
Während ich mit Burgmann sprach, beobachtete ich aufmerksam den Verkehr. Auf der Westumgehung galt eine Geschwindigkeitsbeschränkung von achtzig km/h. Doch normalerweise hielten sich die meisten Autofahrer nicht daran, fuhren neunzig oder knapp unter hundert. Die Regensburger wussten, dass das von der Polizei stillschweigend toleriert wurde. Heute schlichen nur wenige Fahrzeuge mit achtzig auf der mit Schneematsch bedeckten rechten Spur dahin.

Es fing wieder an zu schneien und der Schnee blieb auf den beiden Fahrspuren liegen. Vor mir bogen zwei Fahrzeuge an der Ausfahrt Kumpfmühl ab. Nur ein Auto, ein silbergrauer Kombi, befand sich noch vor mir auf der rechten Spur. Ich gab Gas und rauschte an dem Schleicher vorbei. Fahrer und Beifahrerin schauten mich verblüfft an.
„Wohin wollen Sie genau, Herr Burgmann?", fragte ich und verstellte wieder den Rückspiegel so, dass ich den Kollegen mustern konnte.
Mayr schien Schmerzen zu haben. Er hatte die Augen geschlossen und verzog sein Gesicht. Die Wunde an seiner Schläfe hatte aufgehört zu bluten und aus der Nase lief nur noch ein dünner, roter Faden. Ich konnte mir gut vorstellen, wie in den Wunden der Schmerz pochte.

Ich beschleunigte den Wagen unmerklich weiter, hatte mittlerweile einhundertzehn auf dem Tacho.

„Wie kann ich den Typen ans Reden bringen?", überlegte ich.

Burgmann war in die Mitte des Fahrzeuges gerutscht und schaute ebenfalls in den Rückspiegel, so als wolle er herausfinden, ob ich etwas plante. So, wie er saß, konnte er nicht angeschnallt sein.

„Zum Brandlberg. Das habe ich doch schon gesagt, Anita", antwortete er.

„Sie nennen mich beim Vornamen, Herr Burgmann. Darf ich Wolfgang zu Ihnen sagen? Mein Kollege heißt übrigens Georg."

„Ist mir wurscht", war seine Antwort. „Solange du tust, was ich dir sage, kannst du mich nennen, wie du willst. Meinetwegen auch Darling."

„Gut. Ich bleibe bei Wolfgang. Wohin soll ich also genau fahren?"

„In Richtung Brandlberg. Dort zeige ich dir den Weg. Bei den alten Fabrikhallen lasse ich euch raus und verschwinde.

„Die kenne ich, Wolfgang. Wir fahren am besten durch den Pfaffensteiner Tunnel, dann biegen wir auf die B16 ab bis Haslbach und von dort aus kommen wir über Irlbach und Grünthal zum Brandlberg. Bist du damit einverstanden?"

„Klar, Anita. Aber denke immer daran, ich kenne mich in Regensburg aus. Wenn du irgendwelche Tricks versuchst, muss Georg daran glauben. Du bist verantwortlich für ihn. Klar?"

„Klar, Wolfgang."

Ich gab weiter Gas und rauschte mit einhundertvierzig durch den Pfaffensteiner Tunnel. Hinter uns war ein Wagen noch schneller als wir und schloss rasch auf.

„Mach langsamer, Anita", ermahnte mich Burgmann, als wir den Tunnel verließen und in das starke Schneetreiben hineinfuhren. „Hier darf man, soweit ich mich erinnere, nur hundert fahren. Und wir wollen doch kein Aufsehen erregen. Nicht wahr?"

„Ach so. Stimmt", meinte ich, lehnte mich zurück, nahm die Daumen vom Lenkrad, lehnte meinen Kopf an die Kopfstütze und legte eine schulmäßige Vollbremsung hin. Der Wagen hinter uns, der silbergraue BMW

Kombi, knallte voll in das Heck des Passat. Zum einen fuhr er zu dicht auf, zum anderen taten die paar Zentimeter Schnee auf der Autobahn das ihrige.

Es gab ein lautes, gemeines Geräusch und einen fürchterlichen Ruck. Ich bekam den Airbag in mein Gesicht, der mir zwei blaue Augen verpasste, was ich aber erst am Abend bemerkte. Mayr wurde zwar von seinem Sicherheitsgurt gehalten, machte trotzdem Bekanntschaft mit der Kopfstütze seines Sitzes, dann bewegte er sich vorwärts und schlug mit dem Gesicht gegen die Rückseite der Kopfstütze des Beifahrersitzes. Er wurde erneut ohnmächtig.

Am schlimmsten erwischte es Burgmann, der tatsächlich nicht angeschnallt war und in der Mitte des Rücksitzes hockte, damit er Anita beobachten konnte. Der Aufprall schleuderte ihn nach hinten, ließ ihn gegen die mittlere Kopfstütze der Rückbank knallen, danach wurde er zwischen den beiden Sitzen nach vorne geschleudert, verlor dabei die Pistole und krachte mit dem Kopf gegen das Armaturenbrett. Der Knockout war schulmäßig.

Als die beiden Insassen des BMW, der dem Passat ins Heck gekracht war, den Unfall einigermaßen verdaut hatten, sprangen sie aus Ihrem Auto und rannten zu dem anderen Fahrzeug hinüber. Dies war erst rund zwanzig Meter weiter nach einer halben Drehung zum Stillstand gekommen.

Einer der beiden, der Mann, riss die Fahrertür auf und brüllte mich an: „Sind Sie wahnsinnig geworden? Erst fahren Sie hundertvierzig bei erlaubten achtzig und dann ..."

„Ich bin eine Kollegin. Kriminaloberkommissarin Schmöke. Der Typ hinter mir hat eine Waffe und uns entführt. Kümmert euch um ihn.

„Ach du bist das, Anita", sagte die Frau, die die Beifahrertür geöffnet hatte. „Wir haben euch und den Passat nicht erkannt."

„Was machst du denn bei der Zivilstreife?", fragte ich erstaunt. „Du bist doch sonst Ermittlerin im Team vom David Bauer."

„Aushelfen. Da sind insgesamt drei Kollegen krank. Außerdem interessiert mich die Arbeit."

Ich war mit der Kollegin Jenny Andreesen befreundet. Die hielt nun ihr Handy in der Hand und forderte einen Krankenwagen und einen Streifenwagen an.

Der Kollege zog inzwischen Burgmann vom Rücksitz.

Nach Tagen in einem bewachten Einzelzimmer in der Uni-Klinik hatte man Burgmann auf die Krankenstation der JVA Regensburg verlegt. Mit einem zehn Zentimeter langen Riss in der Kopfhaut, dem Bruch des linken Jochbeins, einem Schlüsselbeinbruch, dem Verlust von vier Zähnen, einem Schleudertrauma einer Gehirnerschütterung und …, hatte er am meisten von uns abbekommen.

Es war ein Sonntagmorgen. Ich stand am Fußende seines Krankenbetts.

„Sie wären enttäuscht gewesen, Herr Burgmann, denn die Hallen am Brandlberg gibt es nicht mehr. Sie wurden abgerissen und man sieht nur noch ein paar Steinhaufen. Außerdem bemerkten Sie nicht, dass wir die Zivilstreife in dem BMW überholten hatten. Sie hätten auf das Nummernschild achten sollen: R-PR und drei Zahlen. **PR** steht für **P**olizei **R**egensburg."

Ich drehte mich um und klopfte an die Tür. Ein Beamter der JVA öffnete mir.

„Wir sehen uns vor Gericht, Herr Burgmann", sagte ich zum Abschied. „Man wird Sie für lange Zeit aus dem Verkehr ziehen."

Burgmann drehte seinen Kopf auf die Seite. Als er an Prisana dachte und an das, was sie und ihn erwartete, fing er lautlos an zu weinen.

Ich verließ den Raum, ohne auf Wiedersehen zu sagen.

Als ich nach Hause kam, strahlte mich JaHe an. „Mama, Bussi", sagte er und streckte seine Ärmchen nach mir aus.

Er bekam sein Bussi und Jan einen dicken Kuss.

Anglerglück

Es war dunkel, windig, kalt und ein leichter Nieselregen hüllte kurz vor Mitternacht den Grieser Spitz ein. Béla Babich saß vorne auf den Steinen. Er hatte sich einen alten Bierkasten mitgebracht, damit er keinen nassen Hosenboden bekam, und rauchte eine Zigarette nach der anderen. Als sie leer war, warf er die Zigarettenschachtel achtlos zur Seite.

Regelmäßig schaute er sich um, aber außer ihm trieb sich bei diesem Wetter niemand hier rum. Er wusste genau, dass das, was er hier machte, in Deutschland streng verboten war. In Ungarn übrigens auch, aber da sah man die Dinge nicht ganz so eng.

Babich angelte in der Donau. Er kannte sogar das deutsche Wort: Er war ein *Schwarzangler*. Wenn man erwischt wurde, musste man vierhundert Euro Strafe zahlen. Das war viel Geld für den ungarischen Matrosen, der umgerechnet nur sechshundert Euro im Monat verdiente.

Sein Schiff lag etwas schleusenaufwärts und von dort aus hatte er mehrfach den großen Waller gesehen, der frühmorgens träge an der Kaimauer entlanggeschwommen war. Babich wusste genau, woher der Fisch kam: von ganz vorne. Von der Spitze, wo sich der Regen, der Europakanal und der Donaunordarm vor der Halbinsel Am Gries vereinigten. Der große Fisch hatte dort in der Nacht seine Beute gejagt und morgens, bevor es richtig hell wurde, kehrte er zu seinem Schlafplatz zurück. Babich konnte sich zwar nicht vorstellen, wo in diesem gemauerten Becken das Versteck des großen Räubers befand, aber der schien hier eins zu haben, das ihm passte.

Babich dachte an das Rezept: Waller in trockenem Weißwein, gegart mit Knoblauch, vielen Zwiebeln, Wachholderbeeren und Lorbeerblatt. Dazu kleingeschnittener Lauch, Sellerie und Karotten. Ihm lief das Wasser im Mund zusammen.

Der Ruck an der Leine kam so unvermittelt, dass er fast von dem Bierkasten gerutscht wäre. „Ich habe ihn", dachte er. „Ein Goldfisch aus dem Aquarium des Kapitäns an den Haken und welcher Waller kann das schon widerstehen?"

Vorsichtig kurbelte er der Rolle. Der Fisch schien noch abzuwarten, was da passiert. Aber wenn er ihn an die Oberfläche brachte, so wusste er aus Erfahrung, würde der Waller mit aller Kraft um sein Leben kämpfen.

„Ich weiß, was du vorhast, Fisch!", dachte Babich. „Aber du bist nicht der Erste, den ich aus der Donau hole. Ich lass dich zappeln, bist du müde wirst und dann ziehe ich dich aufs Land."

Der Fisch kämpfte überhaupt nicht und, als ihn Babich auf das Land zog und sein Feuerzeug anknipste, sah er, dass er einen Toten gefangen hatte.

„Heilige Mutter Gottes!" Babich bekreuzigte sich. Wie erstarrt kniete er vor dem nassen, regungslosen Körper, bis das Feuerzeug heiß wurde und er sich die Finger daran verbrannte. Fluchend schleuderte er es fort.

„Was mache ich jetzt?" Die Gedanken rasten durch seinen Kopf. „Wenn ich den Kapitän wecke und ihm von dem Toten erzähle, fährt der ohne mich los. Er will mit den deutschen Behörden keine Schwierigkeiten bekommen. Die deutsche Polizei kann ich auch nicht anrufen. Die klagt mich wegen Schwarzfischens an und ich komme ins Gefängnis, weil ich die Strafe nicht zahlen kann."

Seinen ersten Gedanken, den Toten wieder ins Wasser zu schubsen, verwarf er sofort wieder. Dem Toten stand eine christliche Beerdigung zu und seine Angehörigen mussten wissen, was mit ihm passiert war. Babich brachte es einfach nicht übers Herz, ihn in die trübe, kalte Donau zu schieben.

Schließlich wusste er, was er tun musste: Babich riss den Haken aus den Sachen, die der Tote trug, dann packte er seine Angel, schaute sich noch einmal um, schlug ein weiteres Kreuz und lief zu seinem Schiff. Leise schlich er sich an Bord, verschwand in der winzigen Matrosenkabine vorne am Bug und kroch in sein Bett. Bei Tagesanbruch würde sein Schiff ablegen und sich auf den Weg nach Ungarn machen.

Irgendjemand würde den Toten schon finden und sich um ihn kümmern.

Als Erster Kriminalhauptkommissar Bauer und Kriminalobermeister Fred Saitler den Fundort der Leiche am Grieser Spitz erreichten, hatten die Kollegen von der PI Regensburg-Süd die Halbinsel bereits weiträumig abgesperrt. Um den Toten herum war ein Sichtschutz aufgebaut worden, während ein Arzt erste Untersuchungen vornahm, bei denen er von zwei Sanitätern beobachtet wurde. Mehrere Beamte in den typischen weißen Overalls, den Schuhüberzügen und Hauben, standen etwas abseits. Sie waren für die Spurensicherung zuständig.

„Grüßt euch", sagte der leitende Beamte der Spurensicherung und schüttelte seinen Kollegen die Hände. „Viel gibt es nicht zu sichern. Hier sind, bevor wir alarmiert wurden, eine Menge Leute rumgelaufen. Als die Frau, die hier mit ihrem Hund spazieren ging, die Leiche gefunden hat, schrie sie im wahrsten Sinne des Wortes die ganze Gegend zusammen. Ein Jogger, zwei weitere Hundebesitzer und ein Radfahrer eilten ihr zu Hilfe und einer der Hundebesitzer hat sogar die Leiche bewegt. Der wollte schauen, ob der Mann vielleicht noch lebt."

Der Beamte verdrehte seine Augen. „Mehrere Leute und drei Hunde sind hier rumgetrampelt, Zigaretten wurden geraucht und der Regen der letzten Nacht hat sein Übriges getan. Ich bezweifle, dass wir etwas Verwertbares finden."

Bauer schüttelte seinen Kopf. „Darum lieben wir unsere Arbeit! Wo ist die Frau, die den Toten gefunden hat?"

„Nervenzusammenbruch", antwortete einer der Sanitäter. „Die Besatzung eines anderen Krankenwagens hat sie ins Krankenhaus gebracht."

„Kommen Sie mal bitte her", rief der Arzt. Er trug dünne Gummihandschuhe und tastete den Hals des Toten ab. „Das sieht mir nicht nach Unfall aus."

Bauer und Saitler gingen die paar Meter zu der Leiche hinüber. Bauer bückte sich und betrachtete den Toten in aller Ruhe. Er lag auf dem Rücken, der Kopf zeigte in Richtung Donau. Es handelte sich um einen Mann, vielleicht um die fünfzig, so schätzte er. Auf den ersten Blick war der Tote nicht sehr groß, weniger als eins siebzig. Die langen Haare starrten vor Dreck und waren hinter dem Kopf ausgebreitet, reichten bis knapp an den Saum des Wassers. Das Gesicht war fahl, mit einer Tendenz zu Blau, die Lippen wirkten aufgequollen und fast schwarz. Zwischen Ihnen steckte, fast obszön anzusehen, die Spitze der Zunge, in die sich die Zähne des Toten gegraben hatten. Die Kleidung wirkte auf den ersten Blick ärmlich: Jogginghose, billige Sportschuhe vom Discounter, ein helles Hemd und ein dunkler Pullover. Er trug keine Armbanduhr, keinen Ring oder anderen Schmuck.

Bauers Blick fiel auf die rechte Hand. In der Haut zwischen Daumen und Zeigefinger waren drei Punkte tätowiert. Ein typisches Zeichen dafür, dass der Tote schon mindestens einmal inhaftiert gewesen war.

Bauer blickte nach der ersten oberflächlichen Untersuchung den Arzt an. „Guten Morgen, Doktor Meininger. Was haben Sie gefunden?"

„Schauen Sie Herr Bauer, hier", sagte der Arzt. Beide kannten sich schon lange, hatten oft miteinander zu tun gehabt, wenn es um Mord oder Totschlag ging. Er deutete mit dem Zeigefinger auf den Hals. „Da ist etwas um seinen Hals geschlungen. Ein relativ dünnes Band, aber keine Kordel. Es ist flach, nicht rund und scheint hinten verknotet zu sein."

„Also. Auf den ersten Blick kein Unfall und kein Selbstmord."

Doktor Meininger nickte. Er öffnete das linke Auge des Toten. „Sehen Sie? Rote Punkte auf dem Augapfel. Das sieht nach Tod durch Erdrosseln aus. Ich vermute, der Mörder hat den Mann in die Donau geworfen, als der bereits tot war. Genaueres müssen allerdings die Rechtsmediziner klären."

„Danke, Dr. Meininger. Ich gehe davon aus, dass die Rechtsmediziner Ihre Vermutungen bestätigen werden. Bisher haben Sie immer recht gehabt. Sie wären ein guter Polizist geworden."

Ein flüchtiges Lächeln huschte über das Gesicht des Arztes. „Danke für das Kompliment, Herr Bauer. Aber ich heile lieber Leute, als Mörder zu suchen."

Bauer atmete tief durch. „Sie haben schon wieder recht."

Der Leiter der SpuSi kam. „David. Der Leichenwagen ist da. Wir haben alles fotografiert und er kann zur Untersuchung fortgebracht werden. Wenn alle hier verschwunden sind, schauen wir uns noch einmal um."

„Klar, Sepp", meinte Bauer. „Wir sehen uns am Nachmittag im Konferenzraum."

Er winkte die beiden Sargträger heran.

Am Nachmittag war die Identität des Toten noch nicht geklärt, sodass Bauer das geplante Treffen aller beteiligten Beamten auf den folgenden Tag verschob.

Erst am folgenden Nachmittag hatten er und sein Team die wichtigsten Informationen beisammen. Die Ergebnisse der rechtsmedizinischen Untersuchung lagen vor und der Hauptkommissar berief für fünfzehn Uhr seine Mitarbeiter und den Leiter der Spurensicherung, Hauptkommissar Sepp Gessner, zu einem ersten Treffen in den Konferenzraum, der Bauers Büro gegenüberlag.

An der Stirnseite des langen Tischs nahmen Bauer und Gessner Platz, während Fred Saitler und Jenny Andreesen links von ihnen saßen. Ihnen gegenüber hockten die Kriminalhauptmeister Bernhard Graf und Herbert Bündchen, zwei Routiniers, die schon seit mehr als zwanzig Jahren im Kommissariat 1 ihren Dienst verrichteten.

Vor den Beamten standen Tassen mit Kaffee, in der Mitte des Tischs eine geöffnete Pappschachtel mit Würfelzucker und zwei Plastikkännchen mit Dosenmilch. Nur Jenny Andreesen trank Tee, den sie aus einer großen Thermoskanne in ihre Tasse goss.

Bauer ergriff das Wort. „Zuerst besten Dank für eure bisherige Arbeit. Gestern lief es etwas zäh, aber heute haben wir schon eine Menge gesicherte Erkenntnisse."

Die Zuhörer klopften mit den Fingerknöcheln auf den Tisch.

Bauer fuhr fort. „Der Tote heißt Willi Laak, ist sechsundvierzig Jahre alt, alleinstehend, geboren am 16.12.1967 in Gronau, Westfalen. Er wohnte seit zwanzig Jahren in der Humboldtstraße 33d. Die Wohnung wurde von uns noch nicht durchsucht. Laak war Sozialhilfeempfänger, er besaß keinen Berufsabschluss und war zweimal inhaftiert. Im Jahr 1997 hat er neun Monate wegen mehr als dreißig Fällen von Leistungserschleichung bei der RVV bekommen und davon sechs Monate abgesessen. Die nächste Verurteilung erfolgte 1999 wegen Diebstahls und Erregung öffentlichen Ärgernisses. Er bekam ein Jahr und drei Monate, die er voll absitzen musste. Seitdem hat es nur Kleinigkeiten gegeben: Betrunken randaliert, Ruhestörung und einmal hat er Zigaretten geklaut. An sich ist er harmlos."

Die anderen Beamten hatten sich Notizen gemacht.

„Wer schaut sich die Wohnung an?", wollte Jenny Andreesen wissen.

„Immer der, der fragt. Du und Fred. Schaut euch um und sprecht mit den Nachbarn."

„Alles klar, Chef."

„Lasst mich weitermachen." Bauer warf die Ergebnisse der rechtmedizinischen Untersuchungen per Beamer an die Wand. „Laak war Alkoholiker und starker Raucher. Eins siebenundsechzig groß, achtundsechzig Kilogramm, ungepflegt. Seine Zähne waren kariös, der allgemeine Gesundheitszustand, wie bei vielen Alkoholikern, schlecht. Der Tod erfolgte durch Erdrosseln. Als man ihn ins Wasser warf, war er schon tot. Kein Wasser in den Lungen und den Bronchien. Der Mörder hat ihn mit einem stumpfen Gegenstand niederschlagen und dann ein zirka fünfzig Zentimeter langes, elastisches Band fest um den Hals gezogen und verknotet."

„Hat man die Herkunft des Bandes geklärt?", wollte Saitler wissen?

Gessner ergriff das Wort. „Das Band ist flach, wie schon gesagt, elastisch, zwölf Millimeter breit und zwei Millimeter dick. Die Farbe ist ein verwaschenes Schwarz."

Ein Bild erschien auf der Leinwand, eine Großaufnahme des Bandes.

Gessner fuhr fort. „Es besteht eigentlich aus zwei Lagen Baumwollstoff, zwischen denen eine Lage gummierten Stoffs liegt. Die drei Lagen sind mit einer Maschine an den Rändern zusammengenäht. Woher es kommt, wissen wir noch nicht."

Jenny Andreesen runzelte ihre Stirn, dann öffnete sie die beiden obersten Knöpfe ihre Poloshirts und schaute hinein. „Das Band schaut aus, als stamme es von einem BH."

Einen Moment herrschte Stille.

„Wenn wir dich nicht hätten, Jenny …", meinte Bauer.

„Danke", meinte Jenny. „Ihr seid ja alle verheiratet. Lasst euch heute Abend verschiedene BHs von euren Frauen zeigen. Die Träger sind alle ähnlich aufgebaut."

Keiner lachte, niemand machte eine dumme Bemerkung. Die Polizisten hatten schnell erkannt, dass Jenny die Ermittlungen um einen großen Schritt weitergebracht hatte.

Bauer ergriff erneut das Wort. „Machen wir weiter. Die Leiche wies weiter Verletzungen auf, die sich erklären lassen. Die Rechtsmediziner fanden

Abschürfungen an den Waden, am Hinterkopf und an der linken Hand. Alle sind nach dem Tod entstanden."

Die dazugehörigen Bilder erschienen auf der Leinwand.

„Eine Verletzung ist besonders interessant. Es handelt sich um eine fünf Zentimeter lange Wunde, die immer tiefer wird und am Ende einen Querriss aufweist, so als habe man etwas an ihr gerissen. Es schaut aus, als sei das von einem Angelhaken verursacht worden."

„Das erklärt die anderen Verletzungen", meinte Saitler. „Jemand angelt dort, holt aber anstatt eines Fisches eine Leiche aus dem Wasser. Er schleift sie an Land, davon stammen die Abschürfungen, reißt den Angelhaken heraus und verschwindet."

„Warum hat er nicht die Polizei gerufen?", wollte Graf wissen.

„Panik, Angst oder ein schlechtes Gewissen."

„Es wäre verständlich, wenn der Angler aus Panik weggelaufen wäre. Aber warum sollte er ein schlechtes Gewissen haben?", warf Bündchen ein.

„Er durfte dort nicht angeln", überlegte Saitler. „Ein Schwarzfischer, der Angst vor der Polizei hat. Er hätte eigentlich anonym anrufen können, tat es aber nicht. Vielleicht war er Ausländer und sprach kaum oder kein Deutsch."

Bauer wandte sich an Gessner: „Habt ihr etwas Entscheidendes entdeckt?"

„Entscheidendes nicht, aber eine leere Zigarettenschachtel der Marke West mit einer ungarischen Steuerbanderole sowie Zigarettenkippen der gleichen Marke. Und wir haben ein halbvolles, funktionsfähiges Einwegfeuerzeug gefunden mit dem Aufdruck MHRT. Das ist die Abkürzung für eine große ungarische Reederei. Und außerdem hat mir die WSV auf Anfrage mitgeteilt, dass bis gestern in der Früh das ungarische Schiff *Budapest II* dort geankert hat."

Bauer erhob sich. „Ich danke dir, Sepp."

Gessner packte seine Unterlagen in eine braune Aktentaschen und verließ mit einem knappen „Servus" den Raum.

„Bernhard und Herbert. Ihr kümmert euch um das ungarische Schiff. Wir brauchen den Angler, falls er auf dem Schiff ist, als Zeugen. Jenny und Fred, ihr macht euch auf den Weg in die Humboldtstraße. Ich rufe jetzt die

Verwaltung der städtischen Wohnungen in der Humboldtstraße an." Bauer schaltete den Beamer aus. „Bis um achtzehn Uhr will ich die ersten Infos auf dem Schreibtisch haben."

Der Hausmeister, ein älterer, korpulenter Mann Ende fünfzig, gab der Polizistin den Wohnungsschlüssel. „Was hat der denn verbrochen?", wollte er wissen. „Hat er Wein bei ALDI geklaut?"

„Da dürfen wir Ihnen keine Auskunft geben", erklärte Jenny Andreesen. „Und wir behalten den Schlüssel und Sie müssen draußen bleiben", sagte sie, als der Hausmeister mit in die Wohnung wollte."

Sie lächelte den Mann an und schlug ihm die Tür vor der Nase zu.

„Hier stinkt es!", sagte Saitler.
„Warum untertreibst du so?", fragte Jenny.

Der Geruch nach Rauch, billigem Wein und Verfaultem ließ die Polizisten erst einmal das Fenster aufreißen. Sie standen in einem kleinen Raum, der wohl das Wohnzimmer darstellen sollte. Links ging es durch einen Durchgang in eine winzige Küche, rechts lag das schmale Schlafzimmer mit einer Tür, die in ein kleines Bad führte.

Der kleine, rechteckige Tisch vor der völlig zerschlissenen, zweisitzigen Couch war voller leerer Weinflaschen, zwischen denen ein alter Topf stand, der bis oben mit Kippen gefüllt war. Auf dem Boden lagen leere Zigarettenschachteln, diverse Kleidungsstücke und große Pappkartons verstreut, auf denen die Reste von Pizzen vor sich hingammelten. In den Fächern des Wohnzimmerschranks stapelten sich Unmengen von Katalogen und Zeitschriften, ein paar ramponierte Schuhkartons und zwei Stangen Zigaretten ohne Steuerbanderole. Die drei obersten Elemente des Schranks besaßen Türen. Saitler öffnete die erste: Das Fach war vollgestopft mit Stangen von unverzollten Zigaretten. Made in Belarus stand auf den Schachteln.. Auch hinter der zweiten und der dritten Tür fand der Polizist den gleichen Typ von Zigaretten.

„Da hat dieser Laak ein illegales Tabakgeschäft betrieben", stellte Saitler fest.

Jenny Andreesen zählte die Stangen. „Genau einhundertzwanzig und die beiden, die hier rumliegen. Wir werden die Kollegen vom Zoll hinzuziehen. Vielleicht finden die die Lieferanten. Schauen wir uns weiter um."

Andreesen und Saitler gingen in die Küche, die sie aber sofort wieder verließen. Schmutziges, mit Schimmel überzogenes Geschirr, Plastiktüten mit stinkenden Abfällen, ein Spülbecken, in dem eine undefinierbare Brühe schwappte, und leere Zwei-Liter-Flaschen. Alle von der gleichen Art: Rotwein der Marke *Tyroler Adler*. Der Gestank war unbeschreiblich.

„Ich bin auf das Schlafzimmer gespannt", keuchte Jenny.

Das Schlafzimmer war drei Meter lang und maximal zweieinhalb Meter breit. Ein schmales Einzelbett mit schmutziger, zerfledderter Bettwäsche stand an der Wand. Direkt gegenüber befand sich eine Kommode, aus deren Schubladen undefinierbare Kleidungsstücke quollen. Daneben sahen die beiden einen relativ neuen, eintürigen Kleiderschrank, dessen Schlüssel im Schloss steckte. Auf der Fensterbank standen ein älteres Fernsehgerät und ein Satellitenreceiver.

Jenny öffnete den Schrank und starrte hinein. „Das gib es doch nicht! Schau dir das an, Fred." Ihre Stimme klang fassungslos.

Fred Saitler, der gerade die oberste Schublade der Kommode aufgezogen hatte und dabei angewidert das Gesicht verzog, fiel die Kinnlade runter, als er in den Kleiderschrank blickte. Die Fächer waren gefüllt mit Büstenhaltern. BHs in allen Farben und Größen, sauber eingeordnet und aufeinandergeschichtet. Einige wenige sahen gebraucht aus, an den meisten hingen Preisschilder.

Als Saitler in den Schrank greifen wollte, schlug ihm Jenny auf die Hand. „Finger weg, Fred. Wir benötigen hier die SpuSi. Aber erst schauen wir uns noch das Badezimmer an."

Während Jenny ins Bad ging, schlug Saitler die Bettdecke zurück.

„Komm schnell her!", sagten beide gleichzeitig.

Unter der Bettdecke lagen zwei BHs mit deutlichen Spermaspuren und im Waschbecken fand Jenny mehrere rote BHs, die Laak eingeweicht hatte.

Sie schüttelte den Kopf. „Laak war ein Büstenhalterfetischist. Er nutzt geklaute BHs als Onaniervorlage und wäscht sie dann wieder aus. Was es nicht alles gibt."

Saitler war genauso verblüfft. „Und jemandem hat das nicht gefallen und ihn deshalb mit einem BH-Träger erdrosselt."

Die beiden schauten sich an. „Jetzt müssen wir nur noch einen BH mit einem fehlenden Träger und dessen Besitzerin finden und schon haben wir den Fall gelöst", meinte Jenny. „Ist ganz einfach."

Es war alles andere als einfach. Insgesamt neunundachtzig BHs fanden die Kollegen von der Spurensicherung in der Wohnung: zwei im Bett, vier rote im Waschbecken und der Rest im Kleiderschrank. Dreizehn Exemplare waren schon einmal gewaschen worden, die anderen waren neu. Über die Preisschilder, die noch an den Dessous hingen, ließen sich die Geschäfte ermitteln, in den sie gestohlen worden waren. Laak hatte sich in fast allen Geschäften in Regensburg bedient: von Palmers im DEZ bis zur Galeria Kaufhof in der Innenstadt. Ob die gebrauchten von ihm gewaschen worden waren oder von ihren Besitzerinnen, dass mussten die Spezialisten des LKA erst noch herausfinden. Und das würde einige Zeit in Anspruch nehmen.

Als Jenny und Fred die Wohnung verließen, versiegelte Jenny die Tür und klebte ein Blatt Papier mit dem Aufdruck
Betreten verboten!
Bei Fragen rufen Sie bitte die KPI Regensburg an
Telefon 0941 506-0
auf die Tür.

David Bauer und die vier Ermittler, die an dem Fall mitarbeiteten, saßen zur nachmittäglichen Besprechung im Konferenzraum, intern nur *Kaffeebar* genannt, zusammen.

„Was habt ihr über das Schiff herausbekommen?", wollte Bauer wissen.

Bündchen schlug einen Notizblock auf. „Die *Budapest II* legt heute gegen vierzehn Uhr, vielleicht etwas früher, in Wien im Donauhafen Albern an. Die österreichischen Kollegen wissen Bescheid und werden die Besatzung befragen. Sie kontaktieren mich dann."

„Danke, Herbert. Alle Ergebnisse sofort auf meinen Schreibtisch. Ich werde bis zweiundzwanzig Uhr auf meinem Handy erreichbar sein."

Bündchens Handy klingelte. „Entschuldigung." Er verließ den Raum.

„Was machen die BHs?", fragte Bauer. „Jenny, das ist doch dein Fachgebiet."

„Na, na", war die Antwort. „Denke an die *Political Correctness*, David! Oder muss ich mich mal mit Beate unterhalten?"

David Bauer wurde tatsächlich rot im Gesicht. Er war seit zwei Monaten mit der frisch zur Oberkommissarin beförderten Beate Konnert verheiratet, die jetzt Konnert-Bauer hieß.

„Nein. Entschuldigung, Jenny. Das war nicht so gemeint. Es tut mir leid."

Jetzt lachten alle los und David Bauer schaute ziemlich betreten drein. Er war Jenny auf dem Leim gegangen.

Bündchen kam herein und guckte verdattert in die Runde. „Lacht ihr über mich?", wollte er wissen. „Das war nicht meine Frau, das waren die Kollegen aus Wien."

Er berichtete, dass der Matrose auf dem ungarischen Schiff zugegeben hatte, nachts in der Donau geangelt zu haben.

Bauer schaute auf seine Armbanduhr. „Ich besorge euch die Genehmigung zu einer Dienstreise. Morgen früh zischt ihr ab nach Wien und vernehmt dort den Matrosen.

Bündchen und Graf nickten.

„Das hört sich gut an", meinte Graf. „Ich mag Wien."

Mit der Frage: „Wie weit seid ihr mit der Befragung der Bewohner des Hauses Humboldtstraße 33d gekommen?" wandte sich Bauer an Jenny Andreesen und Saitler.

„Heute Morgen mussten Fred und ich in dem Fall des Totschlags am Bahnhof vor Gericht aussagen. Wir fangen nach dem Ende der Besprechung sofort mit den Befragungen an."

Bauer erhob sich. „Gut. Bis zum Dienstende helft ihr beiden noch mit." Er meinte Graf und Bündchen.

Die zwei Ermittlerpaare nahmen sich eine Wohnung nach der anderen vor. Das Haus besaß vier Stockwerke, auf jeder Etage gab es drei Wohnungen: zwei größere mit Balkon und in der Mitte, zwischen den beiden größeren, eine Miniwohnung von der Art, in der Laak gehaust hatte.

Acht der Mietparteien bestanden aus älteren Ehepaaren, die teilweise schon über dreißig Jahre in dem Block wohnten. Von den vier Kleinwohnungen waren nur zwei vermietet: Im Erdgeschoss an den ermordeten Laak und im dritten Stock an eine junge Frau, die Amira Przyck hieß.

Jenny klingelte an deren Wohnungstür.

„Ja. Wer ist da?", fragte eine Stimme hinter der Tür, ohne dass diese geöffnet wurde.

„Polizei. Wir hätten ein paar Fragen an Sie, Frau Przyck. Würden Sie bitte die Tür öffnen?"

Der Schüssel drehte sich im Schloss und die Tür wurde einen Spaltbreit geöffnete. „Haben Sie einen Ausweis?" Amira Przyck steckte ihren Kopf durch den Spalt.

Jenny hat die Frage erwartet und hielt der Frau ihren Ausweis vor die Nase. „Ich bin Kriminalkommissarin Jenny Andreesen und das ist mein Kollege …", sie deutete hinter sich, „Kriminalobermeister Saitler."

Jetzt schlüpfte die Frau durch die Tür und lehnte sie hinter an, ohne sie ins Schloss fallen zu lassen.

Amira war noch zierlicher als Jenny, vielleicht eins fünfundfünfzig groß. Sie trug ein schwarzes T-Shirt mit dem Aufdruck *WOMEN'S FITNESS*, das ihr viel zu groß war, schwarze Leggins und schwarze Socken. Ihr kurzes, gegeltes Haar war schwarz gefärbt und stand nach allen Seiten ab, in den Ohrläppchen steckten fingerdicke, schwarze Pflöcke und unter dem linken Auge waren zwei Tränen eintätowiert.

„Die kauft ihre Kleidung sicher in der Kinderabteilung ein", war Jennys erster Gedanke. Ihr zweiter: „Mensch, Mädchen, wie kann man so nach Rauch stinken."

„Was wollt ihr? Habe nichts verbrochen!", sagte Amira mit heller, trotzig klingender Stimme.

„Das haben wir auch nicht behauptet", versuchte sie Jenny zu beschwichtigen. „Frau Przyck. Wir möchten nur wissen, ob Sie den Herrn Laak aus dem Erdgeschoss kannten."

„Nee. Nicht richtig. Das ist doch ein alter Säufer und ich …" Plötzlich schwieg Amira. „Wieso *kannte*. Ist ihm etwas passiert?" Sie wirkte erschrocken.

„Herr Laak wurde vor drei Tagen tot an der Donau aufgefunden", erklärte Saitler.

„Ist er ertrunken?"

„Nein. Man hat ihn ermordet und in die Donau geworfen. Lesen Sie keine Zeitung?"

Amira schüttelte ihren Kopf. „Kann ich mir nicht leisten."

„Und Sie kannten ihn nicht näher?", wollte Jenny wissen.

Die junge Frau verneinte. „Nein. Bloß vom Sehen."

Die beiden Ermittler unterhielten sich noch eine Weile mit Amira Przyck, dann klingelten Sie an der nächsten Wohnungstür. Das Ehepaar, sie waren beide über achtzig, ließ die Kriminalbeamten eintreten und bot ihnen sogar Kaffee an.

Jenny Andreesen und Fred Saitler nahmen ihn dankend an.

Später, auf der Rückfahrt ins Präsidium, überlegte Jenny laut: „Warum hat uns diese Amira Przyck belogen?"

„Das sollten wir herausfinden", war Saitlers Antwort. „Aber wir benötigen die Hilfe einer Kollegin. Lasst uns erst mit David reden."

Das *Ratisbona Center für Spa & Fitness* lag im Westen von Regensburg. Es besaß zwei Haupteingänge: WOMEN'S FITNESS CLUB und MEN'S HEALTH CLUB. *Nur für Mitglieder* stand auf Tafeln neben den beiden Eingangstüren.

Beate Konnert-Bauer betrat den kleinen Vorraum, in der sich der Empfang befand. Sie blickte sich um. Links sah sie eine kleine Sitzgruppe, neben der ein großer Ständer mit Prospekten, vor allem für Nahrungsergänzungsmittel, Energy-Drinks und Sportbekleidung, stand. Rechts drängten sich vor einer Wand aus Glasbausteinen große und kleine Pflanzen in Containern.

Eine Frau erhob sich, die an dem Computer gearbeitet hatte, der auf dem langen Schreibtisch stand, der als Empfang diente.

„Ich bin Betty. Du bist sicher Beate."

Ihre tiefe Stimme passte zu ihrer Erscheinung. Die Frau musste Mitte dreißig sein, war über eins achtzig groß und wog mindestens einhundertzwanzig Kilo, die auf einen mächtigen Oberkörper, muskelbepackte Arme und Beine verteilt waren. Sie trug ein ärmelloses Top, unter dem sich ein mächtiger Busen wölbte. Sie hielte Beate ihre Hand hin.

„Ich bin Beate. Tag, Betty."

Beate schüttelte ihre Hand. Die war voller Schwielen und der Griff war fest wie der eines Schmieds.

„Du hast dich für das Work-out mit Amira angemeldet. Der Kurs beginnt in zwanzig Minuten. Du musst noch dieses Formular hier ausfüllen und dann zeige ich dir, wo du dich umziehen kannst …"

Jennys Beschreibung passte gut. Nur trug Amira jetzt ein hauteng es Shirt, das noch deutlicher zeigte, wie sehr ihr jegliche weibliche Rundungen fehlten.

Im Raum befanden sich vierzehn weiter Kursteilnehmerinnen, die ruhig und gespannt hinter den Aerobic Steppern standen.

„Grüßt euch", sagte Beate. Alle schauten sie an, aber niemand antwortete. „Dann eben nicht", dachte sie.

Amira stand mit dem Rücken zu den Frauen vor einer großen Spiegelwand. „Ich mache im Takt der Musik alles vor und ihr macht es bitte nach. Wir fangen ganz einfach an."

Sie drückte auf eine Fernbedienung. Das Stakkato des Techno-Sounds, garniert mit dem Flackern farbiger LEDs, dröhnte durch den Raum.

Nach fünfzehn Minuten war Beate klatschnass geschwitzt, nach einer weiteren Viertelstunde war sie fix und fertig. Als die fünfundvierzig Minuten rum waren, konnte sie kaum noch stehen und japste nach Luft wie ein Fisch auf dem Trockenen.

Sie wartete, bis die anderen Frauen dem Raum verlassen hatten.

Amira stellt die Stereoanlage ab und begann, die Stepper einzusammeln und in einer Ecke aufzustapeln.

„Warte, ich helfe dir. Ich bin die Beate."

„Danke, Beate. Das ist lieb von Dir."

Amira atmete ruhig und gleichmäßig und transpirierte leicht. Ihr schienen die fünfundvierzig Minuten nichts ausgemacht zu haben.

„Du hast ja eine tolle Kondition. Ich bin völlig fertig."

Amira lachte. „Wenn du, wie ich es tue, acht Jahre lang zehn Kurse die Woche gibst, dann bringt dich der Anfängerkurs auch nicht außer Atem."

„So fit wie du möchte ich auch sein, Amira", lobte sie Beate.

„Danke für das Kompliment. Ich gehe raus, eine Zigarette rauchen. Rauchst du?", fragte Amira.

Beate nickte. „Ich rauche nur selten, aber jetzt kann ich eine gebrauchen. Wohin gehen wir?"

„Ich gehe vor."

Amira kramte aus ihrer Sporttasche eine Schachtel Zigaretten und ein Feuerzeug hervor.

Nach dem Sauwetter der letzten Tage war endlich wieder die Sonne zu sehen. Hinter dem Gebäude umgaben Sichtschutzwände aus Holz ein kleines Freigelände, auf dem Liegen und Sitzbänke standen.

Amira bot Beate eine Zigarette an und gab ihr Feuer. Die betrachtete unauffällig die Packung und stellte fest, dass sie keine Steuerbanderole besaß.

„Was machst du so?", wollte die Fitness-Trainerin wissen.

Beate zog an ihrer Zigarette und musste mit aller Konzentration den Hustenreiz unterdrücken. Ihre letzte Zigarette hatte sie vor rund fünfzehn Jahren geraucht.

„Ach. Ich habe einen langweiligen Bürojob in der Verwaltung. Man kann davon leben, aber reich werde ich nicht."

„Bist du verheiratet?"

Beate schüttelte den Kopf. „Nix für mich. Wüsste nicht, was ich mit einem Mann anfangen sollte."

„Dann bist du hier richtig. Die meisten Frauen, die hier trainieren, mögen nur Frauen. Willkommen im Club, Beate."

Die atmete tief durch. „Darum bin ich hergekommen. Ich mag nicht, wenn mich Männer beim Sport und in der Sauna anglotzen. Und …"

„Amira, komme bitte!" Betty stand in der Tür, über der das Schild *Kein Zutritt. Privat* hing. „Und du sollst doch hier nicht rauchen!"

„Ja, Betty." Sie drückte hastig ihre frisch angezündete Zigarette, aus. „Wir sehen uns am Freitag, Beate."

„Bis dann. Freue mich."

Beate machte sich auf den Weg zurück ins Gebäude. Sie spürte Bettys Blicke auf ihrem Rücken.

Am Freitag bot Beate Amira an, sie im Auto mitzunehmen. „Ich muss zur Metro und fahre quer durch Regensburg."

Amira schaute sich um. „Wir gehen nicht zusammen raus. Betty darf das nicht wissen. Sie ist so entsetzlich eifersüchtig."

„Seid ihr ein Paar?", fragte die Polizistin.

„Ja. Seit zwei Jahren. Ich will eigentlich nicht mehr. Aber Betty ist mit Vorsicht zu genießen." Sie wechselte abrupt das Thema. „Wie hat dir die Zigarette am Dienstag geschmeckt?"

„Stark, aber würzig. Ich könnte mich daran gewöhnen."

„Ich kann sie dir stangenweise besorgen. Vierunddreißig Euro die Stange. Und es sind zwanzig Stück drin. Also echte zweihundert Zigaretten pro Stange. Du sparst glatte zwanzig Euro."

„Hört sich gut an. Ich nehme zwei Stangen. Wann bekomme ich die Zigaretten?"

„Sofort. Du kannst da vorne anhalten. Ich bin in ein paar Minuten zurück."

Amira stieg aus und trabte los.

Nach fünf Minuten war sie wieder zurück und warf die beiden Stangen auf den Rücksitz. Beate gab ihr das Geld.

„Wir sehen uns am Dienstag, Amira."

„Pass auf Betty auf!", warnte sie Beate. „Wenn die merkt, dass wir uns gut verstehen, wird sie böse. Und ich möchte nicht, dass sie dich auch schlägt."

„Steig noch mal ein und erzähl mir, was los war. Vielleicht kann ich dir helfen."

Die beiden Frauen unterhielten sich eine gute halbe Stunde.

„Ich muss jetzt gehen. Betty kommt gleich. Die darf uns nicht zusammen sehen." Mit diesen Worten verschwand Amira in der Dunkelheit.

David Bauer hatte die Konferenz für zwanzig Uhr in der *Kaffeebar* angesetzt. Bündchen berichtete von der Vernehmung des ungarischen Schiffers in Wien. „Er hat sofort zugegeben, die Leiche an Land gezogen zu haben. Er hatte Angst, dass ihn die deutsche Polizei deswegen einsperrt und darum hat er niemandem davon erzählt."

Graf ergänzte: „Er klang sehr glaubwürdig und wir hatten das Gefühl, dass er die Wahrheit sagt. Eine Straftat hat er nicht begangen und die österreichischen Kollegen haben ihn weiterziehen lassen.

„Danke", meinte David. „Die Sache geht an das Ordnungsamt und er bekommt ein Bußgeld, wenn er wieder nach Deutschland kommt."

„Wenn er jemals wieder nach Deutschland kommt", brummte Bündchen.

„Beate, jetzt bist du dran."

Beate Konnert-Bauer berichtete von Betty und von Amira, die von Betty geschlagen wurde und die neben der Arbeit im Fitness-Club einen Handel mit geschmuggelten Zigaretten betrieb.

„Da passt alles zusammen", erklärte Bauer. „Wie ihr ja wisst, wurden in der Nacht nach der Befragung der Bewohner die Siegel durchtrennt und die Zigaretten aus dem Wohnzimmer entwendet. Jetzt wissen wir, wo sie sich befinden. Ich rufe das Gericht an und beantrage einen Durchsuchungsbefehl." Er blickte seine Frau an. „Du kommst nicht mit, Beate. Du hältst hier die Stellung."

„Aber David ..."

„Du kennst du Regeln, Beate."

Die nickte. Es durften niemals Ehepaare gemeinsam an einem Einsatz teilnehmen.

Der Hausmeister, der den Polizisten bereits den Schlüssel für Laaks Wohnung ausgehändigt hatte, wurde kurz nach Mitternacht aus dem Bett geholt. Entgeistert schaute er die Schwarzgekleideten an. „Muss das sein?"
„Es muss", war Bauers Antwort.

Die Polizisten schlichen die Treppe hoch, ohne das Licht im Hausflur einzuschalten. Sie klingelten erst gar nicht an der Tür, sondern Graf versuchte, sie zu öffnen. Innen steckte kein Schlüssel und die Tür ließ sich relativ lautlos öffnen.

Als Amira hochschreckte, standen vier vermummte Polizisten vor ihrem Bett.

„Frau Amira Przyck. Sie sind verhaftet. Wir werfen Ihnen nach § 373, Abgabenordnung, gewerbsmäßigen Schmuggel vor. Außerdem verdächtigen wir Sie der Beihilfe zum Mord nach § 27, StGB." Er hielt ihr ein rosa Blatt Papier vor die Nase. „Hier ist der Durchsuchungsbefehl."

Die winzige Wohnung war sauber und aufgeräumt. Nur der strenge Geruch nach Tabakrauch trübte den ordentlichen Eindruck. Sie fanden die Zigaretten in sechs flachen Kartons unter Amiras Bett. Es waren genau einhundertzwanzig Stangen.

Protokoll der Vernehmung
Vernehmende Beamte: KK Andreesen, KOM Saitler
AP = Amira Przyck
E = Ermittler
Samstag, 13. September, 08:15 Uhr.

E: Guten Morgen, Frau Przyck. Wir zeichnen die Vernehmung auf und legen Ihnen hinterher das Protokoll vor. Sie können einen Anwalt hinzuziehen, falls Sie einen haben.
AP: Nein. Ich habe keinen. Ich kann mir keinen leisten.
E: Wir möchten Sie darüber belehren, dass alles, was Sie hier aussagen, gegen Sie verwendet werden kann. Außerdem dürfen Sie die Aussage verweigern. Haben Sie das verstanden?
AP: Ja. Ich werde Ihnen alles erzählen.
E: Gut. Frau Przyck. Wir hatten Sie gefragt, ob Sie den Ermordeten gut kannten. Das haben Sie verneint. Aber die Nachbarn haben ausgesagt, dass Sie regelmäßig in seine Wohnung gegangen sind und Laak manchmal auch zu Ihnen gekommen ist.
AP: Ja. Ich habe Zigaretten von dort geholt. Manchmal hat er sie gebracht.
E: Hat dieser Laak die Zigaretten verkauft?
AP: Nein. Ich habe sie dort gelagert, weil ich in meiner Wohnung keinen Platz für Zigaretten habe.
E: Und was hat Laak dafür bekommen?
AP: Eine kostenlose Stange pro Woche. Und …

E: Was meinen Sie mit „und"?
AP: (Fängt an zu weinen.) Ich habe Durst. Und ich brauche Tempos.
E: (KK Andreesen holt eine Flasche Wasser und eine Packung Papiertaschentücher.)
AP: Danke.
E: Was haben Sie also mit „und" gemeint.
AP: Ich ... ich habe für ihn geklaut.
E: Was haben Sie gestohlen?
AP: BHs. Er war ganz scharf drauf. Er hat mir für jeden BH fünf Euro gegeben. Er konnte ja nicht in die Abteilungen für Wäsche gehen. Da wäre er als Mann aufgefallen.
E: Gut. Mit den Diebstählen beschäftigen wir uns später. Das ist momentan nicht so wichtig. Wir haben in Ihrer Wohnung rund zwanzigtausend Tabletten gefunden.
AP: Anabole Steroide. Ich nehme die aber nicht. Ich habe sie nur aufbewahrt.
E: Für wen?
AP: (Zuckt mit den Schultern, antwortet nicht. Weint erneut.)
E: Für diese Betty Krumm, die Besitzerin von WOMEN'S FITNESS CLUB?
AP: Ja. (weint) Wenn die rausbekommt, dass ich das hier erzähle, bringt sie mich um.
E: Keine Angst, Frau Przyck. Hier sind Sie sicher. Und wenn wir es ihr erzählen, sitzt diese Betty hinter Gittern.
AP: Komme ich auch ins Gefängnis?
E: Das entscheidet ein Richter. Aber da Sie nicht vorbestraft sind, gibt es wegen dieser Zigarettensache und den Anabolika in der Regel eine Bewährungsstrafe.
AP: Darf ich aufs Klo gehen?
E: Wir machen eine Pause und Sie dürfen auch eine Zigarette rauchen.

(Pause von 09:05 Uhr bis 09:15 Uhr)

E: Nun die entscheidende Frage, Frau Przyck. Was wissen Sie über den Tod von Willi Laak?

AP: Betty hat ihn ermordet.
E: Bitte schildern Sie uns genau, was vorgefallen ist.
AP: Betty war immer sehr eifersüchtig. Am Abend war dieser Willi bei mir in der Wohnung. Er wollte gebrauchte *BHs haben, die nach Frau riechen*, so sagte er immer. *Unbenutzte BHs riechen so komisch, so neu*, meinte er. Ich hatte Betty einen ihrer Sport-BHs gestohlen. Und gerade als ich ihn an den Willi gab, kam Betty rein. Sie sah, dass er daran roch.
E: Hatte Betty einen Schlüssel?
AP: Ja.
E: Bitte schildern Sie, was dann vorgefallen ist.
AP: Betty hat ihn mit einer Limoflasche niedergeschlagen und dann den Träger von dem BH um seinen Hals gewickelt. Es war schrecklich. Der Mann hat so geröchelt und gestrampelt und sich in die Hose gemacht. Es hat nichts genutzt, denn Betty ist ja so stark. Es hat lange gedauert, bis er tot war.
E: Erzählen Sie weiter. Wer hat den Toten in die Donau geworfen und …?
AP: Es war Betty. Wir haben den Laak nachts runtergetragen und in Bettys Auto zur Schleuse gefahren. (weint, ist sehr blass). Mir wird schlecht …

(Die Vernehmung wurde um 10:15 Uhr abgebrochen, weil Frau Przyck einen Kreislaufkollaps erlitt. Sie wurde vom Notarzt in ein Krankenhaus eingewiesen.)

Die Polizisten saßen in ihrem Auto und beobachteten den Eingang des WOMEN'S FITNESS CLUB, der sonntags ab neun Uhr geöffnet war. Sie wussten, dass Betty Krumm in der Regel bereits kurz nach acht kam und den privaten Eingang benutzte.

„Da ist sie", sagte Beate Konnert-Bauer, als der ältere Golf vor den Club rollte. „Schauen wir, was sie macht."

Die Fahrerin stellte den Wagen auf einem reservierten Parkplatz ab, stieg aus und öffnete die Hecktür.

„Los!", befahl Beate. Ihr Mann hatte ihr die Leitung der polizeilichen Maßnahme übertragen.

Kriminalhauptmeister Graf gab Gas und stoppte den Passat Variant direkt neben dem Eingang, den Betty gerade aufschloss. Er blieb im Auto sitzen, während die beiden Kolleginnen und Fred Saitler aus dem Auto stiegen und die zwei Stufen zu Betty Krumm hochstiegen.

Beate zückte ihren Ausweis. „Kriminalpolizei. Ich bin Oberkommissarin Konnert-Bauer und das sind meine Kollegen Andreesen und Saitler. Wir hätten da ein paar Fragen an Sie."

„Wir dürfen doch?", meinte Jenny und drückte die Tür auf, während Betty entgeistert Beate Konnert-Bauer anstarrte.

„Du bist bei den Bullen? Machst dich an die Amira ran und horchst sie aus, du blöde Kuh."

Noch ehe jemand reagieren konnte, hatte Betty Beate an ihrer Jacke gepackt und schleuderte sie die Stufen hinunter. Beate knallte mit dem Rücken auf das Pflaster und ihre Kollegen hörten sie aufstöhnen.

„Lassen Sie das!", rief Saitler und versuchte, die Frau gegen die Wand zu drücken und ihr den Arm auf den Rücken zu drehen. Er hatte auch gegen einen Gorilla kämpfen können.

Betty schüttelte ihn ab wie ein paar Wassertropfen, holte aus und traf den Polizisten mit einem wilden Schwinger in den Magen. Saitler knickte gurgelnd zusammen, knallte mit dem Kopf gegen die Wand und sackte zu Boden.

„Bleiben Sie stehen und heben Sie Ihre Hände hoch!", schrie Jenny.

Sie stand im Flur und zielte mit ihrer Dienstpistole auf Betty, die herumfuhr wie eine gereizte Tigerin.

„Du traust dich sowieso nicht", knurrte Betty und machte einen Schritt auf Jenny zu.

„Hände hoch, stehenbleiben, sonst schieße ich!", rief Jenny.

„Du traust dich nicht." Betty setzte ihre Masse in Bewegung.

Jenny traute sich wohl und schoss Betty in den Oberschenkel. Völlig überrascht blieb Betty stehen, ging dann brüllend vor Wut zu Boden. Sie griff an ihr Bein, aus dem dickes, rotes Blut quoll.

Dann übermannte Betty der Schmerz. „Nicht mehr schießen", keuchte sie. „Ich gebe auf."

Saitler kam wieder auf die Beine und starrte auf das vor ihm liegende Monsterweib. Draußen stolpert Beate die Stufen zum Eingang hoch, während Jenny immer noch auf die Liegende zielte.

Graf erschien hinter Beate; er hatte seine Dienstpistole gezückt.

„Was ist passiert?", brüllte er.

„Alles klar, Bernhard", antwortete Saitler. „Wir brauchen einen Arzt.

Zwei Minuten später trug Betty Handschellen und der Notarzt war unterwegs.

„Ich verhafte Sie wegen des Mordes an Willi Laak und anderer Straftaten", sagte Oberkommissarin Beate Konnert-Bauer. „Alles, was Sie sagen, kann gegen Sie verwendet werden …"

Das war der Spruch, den alle Ermittler beherrschten, und den sie dann sagten, wenn ihre Arbeit fast getan war.

Betty Krumm schwieg während der Vernehmungen und sagte auch während des Prozesses nichts. Sie gab weder zu, dass sie Hunderttausende Zigaretten und große Mengen Anabolika auf Schiffen aus dem Osten schmuggeln ließ und diese in ganz Deutschland an Kunden verkaufte, noch dass sie den Willi Laak erschlagen hatte. Aber die Indizien waren lückenlos. Sogar den BH mit dem fehlenden Träger fanden die Polizisten noch in ihrem Umkleideraum im Club. Ihr überfordert wirkender Anwalt plädierte erfolglos auf Totschlag.

Amira Przyck gab zu, am Verkauf der Zigaretten und Tabletten beteiligt gewesen zu sein und mitgeholfen zu haben, den toten Willi Laak in die Donau zu werfen.

Der Prozess gegen die beiden Frauen dauert vier Tage. Der Richter verurteilte Betty Krumm wegen Mordes und andere Taten zu lebenslänglich und betonte die besondere Schwere ihrer Tat.

Amira Przyck wurde zu fünfzehn Monaten auf Bewährung verurteilt. Sie verließ Regensburg am Tag nach ihrer Verurteilung.

Beate Konnert-Bauer versuchte noch, Amira Przyck zu kontaktieren, aber die junge Frau blieb verschwunden.

Jenny

Peter Macholdt drückte auf die Sprechtaste. „Frau Hohlbrügge kommen Sie bitte." Er wartete die Antwort nicht ab. Sonja würde sofort kommen, das wusste er.

Es klopfte an der Tür und Sonja Hohlbrügge trat ein. Sie schloss die Tür hinter sich.

„Ja? Was gibt es, Peter?"

Wenn sie alleine waren, duzten sie sich. Vier gemeinsame Jahre, an die Peter nur selten zurückdachte, die sie aber nicht vergessen konnte. Macholdt ahnte, dass Sonja immer noch nicht darüber hinweg war, dass er mit ihr Schluss gemacht hatte.

Eigentlich passte alles zwischen ihnen. Sie liebten die Natur, sie mochten Italien und italienisches Essen, sie wollten Kinder haben und heiraten. Das heißt, Peter wollte Sonja heiraten und nicht gleichzeitig ihre Eltern mit. Sonja weigerte sich strikt, aus ihrem Elternhaus auszuziehen.

„Wir haben zwei Stockwerke für uns, insgesamt zweihundertzehn Quadratmeter. Ich kann Mama und Papa nicht alleine lassen. Ich will sie auch nicht alleine lassen", waren ihre Argumente.

Mama besaß einen Schlüssel für Sonjas Wohnung, die sich über das erste und zweite Stockwerk des Hauses in Lappersdorf erstreckte. Und den würde sie nicht hergeben. Zu allem tat Mama ihre Meinung kund und Sonja hing an ihren Lippen.

Es kam immer öfter zum Streit, Peter verließ die Wohnung, zog sich in sein Junggesellenapartment zurück und machte Schluss mit Sonja. Dann lernte er in einer Filiale von McFit Jenny kennen und sie verliebten sich ineinander.

Nach drei Monaten hielt er um ihre Hand an und sie sagte „Ja".

Sonja schickte Blumen, weiße Chrysanthemen, zu ihrer Hochzeit.

„Es kommt noch ein Kunde. Er hat sich für sechzehn Uhr dreißig angemeldet. Bleibe bitte, bis er kommt, führe ihn in mein Büro und dann kannst du gehen."

„Das mache ich. Ein schönes Wochenende, Peter." Sonja blieb vor seinem Schreibtisch stehen.

Peter schlug einen dünnen Ordner auf.

„Dir auch ein schönes Wochenende, Sonja." Er sah nicht auf. „Entschuldige mich bitte, ich habe noch zu arbeiten."

Sonja drehte sich wortlos um und verließ das Büro.

Peter Macholdt leitete die Filiale der MBL, einer exklusiven Luxemburger Privatbank. Die war vor achtzehn Monaten in einem unauffälligen Gebäude in der Obermünsterstraße, das dem Bistum Regensburg gehörte, eröffnet worden war. Man hatte ihn von der Sparkasse Regensburg abgeworben und Sonja war gleich mitgegangen. Da waren ihre Welt und ihre Liebe noch in Ordnung gewesen.

Das Geschäft lief gut. Immer mehr Kunden zogen ihr Vermögen aus der Schweiz ab und transferierten es nach Luxemburg. Die Luxemburger arbeiteten noch nicht in allen Bereichen mit den deutschen Steuerbehörden zusammen, was sich positiv auf Geldanlagen und Transfers auswirkte. Außerdem bot die MBL in Regensburg einen Service, der nicht mehr selbstverständlich war. In ihrem Tresor lagen große Mengen ausländischer Valuta. Wer fünfhunderttausend Dollar in bar benötigte, bekam sie. Und zwar sofort. Man musste nur ein gut gefülltes Konto bei der Bank besitzen.

Der Kunde, ein gewisser Michael Kocz, den Macholdt erwartete, wollte mehr als zwei Komma zwei Millionen Euro auf das kürzlich eröffnete Konto einzahlen. Außerdem, so hatte er bei seinem letzten Anruf erklärt, benötigte er einhundertfünfzigtausend Dollar in bar.

Es war sechzehn Uhr. Peter Macholdt ging vor in den Kundenbereich und verabschiedete die vier Mitarbeiter ins Wochenende.

„Sie wissen ja Bescheid, Frau Hohlbrügge", sagte er freundlich und begab sich zurück in sein Büro.

Pünktlich um sechzehn Uhr dreißig brachte Sonja Holbrügge den Kunden in Macholdts Büro.

„Guten Tag, Herr Kocz. Bitte nehmen Sie Platz."

Er nickte Sonja freundlich zu, die sich unauffällig zurückzog.

„Danke, das ist sehr nett von Ihnen."

Kocz war ein hochgewachsener Mann Mitte vierzig. Er war sehr gut gekleidet, trug teure Manschettenknöpfe und eine Rolex Yachtmaster. Seine schwarzen Haare, die braunen Augen, sein dunkler Teint und sein Nachname ließen auf eine südosteuropäische Herkunft schließen. Sein Deutsch war fast fehlerfrei.

Es klingelte. Jenny Macholdt legte gerade Hemden und Wäsche in Peters Koffer. Ihrer war schon gepackt und stand reisebereit im Schlafzimmer. Sie freute sich auf die gemeinsame Woche in der Toskana. Morgen, ganz früh, wollten sie losfahren. Sie schaute auf die Uhr: gleich sechzehn Uhr dreißig. Sollte Peter schon nach Hause gekommen sein? Aber warum klingelte er? Er hatte doch einen Schlüssel. Sie überlegte. Beate hatte sich angesagt, um die Bücher zurückzubringen, die sie sich ausgeliehen hatte. Doch wollte sie nach fünf kommen.

Jenny zuckte mit den Schultern und lief die Treppe hinunter. Sie öffnete die Haustür, doch anstatt ihrer Kollegin Beate standen zwei Männer draußen. Noch ehe Jenny etwas sagen oder reagieren konnte, erhielt sie einen mächtigen Stoß gegen die Brust, der sie rückwärts in den Flur schleuderte. Dort landete sie unsanft auf dem Rücken. Ihr blieb die Luft weg und für einen Moment wurde ihr schwarz vor Augen.

Als Jenny die Augen öffnete und wieder einigermaßen klar sehen konnte, standen die beiden Männer im Flur. Die Haustür war verschlossen und einer zielte mit einer Pistole auf sie.

„Steh auf und gehe ins Wohnzimmer! Wenn du nicht tust, was wir dir sagen, fesseln wir dich. Du wirst gleich telefonieren."

Die Stimme des Mannes mit der Pistole klang verzerrt.

Erst jetzt bemerkte Jenny, dass die Männer gleich angezogen waren und Masken trugen, die täuschend echten Gesichtern ähnelten. Sie rappelte sich hoch, stolperte in das Wohnzimmer und ließ sich auf die Couch sinken. Ihre Brust schmerzte beim Atmen und vor ihren Augen tanzten kleine, schwarze Sternchen.

Der mit der Pistole zielte weiter auf sie, während der andere das Telefon aus der Ladeschale nahm. Er tippte eine Nummer ein und wartete.

Michael Kocz legte zwei flache Aktenkoffer auf den Tisch.
„Ich habe das Geld dabei. Wir können gleich zum Geschäft übergehen, Herr Macholdt."
„Sie wissen, dass ich eine Meldung an das Finanzamt machen muss, Herr Kocz?"
„Das ist mir klar. Ich werde das Geld hier in Regensburg investieren und kann die Herkunft belegen, was ..."
Macholdts Telefon klingelte.
„Gehen Sie ruhig dran. Es ist sicher sehr wichtig, Herr Macholdt", meinte Kocz.

Es konnte eigentlich nur Jenny sein, überlegte Macholdt. Nur ganz wenige Leute kannten die Durchwahl für dieses Telefon nach Geschäftsschluss.

„Ja?" Macholdt hörte einen Augenblick zu. Dann wurde er blass und starrte Kocz an.

Der nickte freundlich, nahm Macholdt das Telefon aus der Hand und legte es zurück.

„Du wirst mit mir runter zu eurem Tresor gehen und mir alles Geld aushändigen. Solltest du Alarm auslösen, stirbt deine Frau. Hast du das verstanden?"

„Das geht ... nicht. Nicht möglich. Das Zeitschloss. Der Safe ist schon zu. Zu bis Montagmorgen", stotterte Macholdt.

Kocz antwortete nicht. Er nahm das Telefon und drückte eine Taste.

Der Mann mit der Pistole, Jenny nannte ihn insgeheim den Großen, weil er gut zehn Zentimeter größer und deutlich schlanker war als sein Komplize, nahm ihr das Telefon aus der Hand.

„Das hast du gut gemacht, Jenny. Hoffen wir, dass dein Mann auf dich hört."

Jenny nickte, sagte aber nichts. Sie schaute sich nach dem Kleinen um. Der inspizierte scheinbar das obere Stockwerk ihres kleinen, frisch renovierten Hauses, das sie vor einem halben Jahr unterhalb des Aberdeenparks im Norden von Regensburg gekauft hatten.

„Wenn dein Mann tut, was von ihm verlangt wird, sind wir in einer halben Stunde verschwunden. Wenn nicht …"

Das Telefon klingelte. Der Große nahm es und hörte wortlos zu. Blitzschnell griff er Jennys linkes Ohr, verdrehte es brutal und zog sie von der Couch hoch. Jenny schrie auf und versuchte die Hand ihres Peiniger von ihrem Ohr zu lösen. Der ließ los und gab ihr eine schallende Ohrfeige, die sie umwarf. Schluchzend lag sie auf dem Boden und drückte eine Hand auf das Ohr. Aus dem eingerissenen Ohrläppchen tropfte Blut.

Der Große beugte sich zu ihr runter. „Sage deinem Mann, er soll tun, was ihm gesagt wird."

Er hielt ihr das Telefon ans Ohr.

„Peter. Sie schlagen mich. Tu bitte, was dir gesagt wird", flüsterte sie weinend ins Telefon.

Noch ehe ihr Mann antworten konnte, wurde die Verbindung unterbrochen.

„Sie Schwein! Wie können Sie zulassen, dass Ihre Gangster meine Frau schlagen? Sie hat mit der Bank nichts zu tun!"

Macholdt wollte Kocz das Telefon aus der Hand reißen, das der festhielt. Es gab ein kurzes Gerangel, wobei Macholdt Kocz einen Kratzer auf dem Handrücken zufügte.

Kocz ließ das Telefon fallen, starrte auf den Kratzer, der an zu bluten fing.

„Du verkennst deine Situation, Mann", presste er zwischen seinen Zähnen hervor. Er langte mit beiden Händen über den Schreibtisch, zog Macholdt ruckartig zu sich rüber und schlug mit seiner Stirn gegen dessen Nase. Die knirschte und Macholdt fiel um, als ihn Kocz losließ.

„Wenn du noch einmal solch eine Heldentat versuchst, werden meine Männer deiner Frau beide Ohren abschneiden."

Kocz Stimme klang wieder ruhig und beherrscht.

Macholdt kam hoch und ließ sich schwer atmend in seinen Sessel fallen. Er zog aus der Schublade ein weißes Tuch und presste es auf seine blutende Nase.

„Es tut mir leid mit Ihrer Hand. Das wollte ich nicht", stöhnte Macholdt. „Sagen Sie bitte Ihren Männern, sie sollen meiner Frau nichts tun. Ich kooperiere ja."

Auf dem weißen Tuch breitete sich ein großer, roter Fleck aus.

„Dann gehen wir jetzt runter zum Safe und du gibst mir das Geld."

„Ich habe Ihnen doch erklärt, dass das geht nicht geht. Die Zeitschaltuhr hat ihn um sechzehn Uhr eins verschlossen und gibt den Eingang erst am Montagmorgen wieder frei, Herr Kocz."

Der beugte sich vor. „Willst du deine Frau umbringen, du Held? Was hättest du denn mit den zwei Millionen gemacht, die ich mitbringen wollte? In deine Schreibtischschublade gelegt?"

Kocz war ganz leise geworden. Jetzt erkannte Macholdt mit aller Klarheit, wie gefährlich dieser Mann war. Und er ahnte, dass sein Leben und das seiner Frau an einem seidenen Faden hingen.

„Es gibt eine Schleuse zum Safe. Dort ..." er zeigte auf eine Ecke zwischen Fenster und Aktenschrank, dort stehen zwei Edelstahlboxen. Da kommt ihr Geld rein und man kann sie durch die Schleuse in den Tresor werfen. Das funktioniert wie die Klappen für das Bargeld."

Kocz überlegte einen Augenblick. „Zeige mir das."

Er öffnete den obersten der beiden Aktenkoffer und zog eine Pistole hervor. Mit der dirigierte er Macholdt zur Bürotür. „Denke an deine Frau!"

Macholdt nahm eine der Edelstahlboxen und ging voran. Der Zugang zum Keller lag hinter einer Wand, die mit Holzpaneelen verkleidet war. Er drückte auf eine Art Lichtschalter und die Tür schwang nach außen auf. Das Licht sprang automatisch an und der Banker stieg die rund zwanzig Stufen hinunter. Kocz folgte ihm.

Am Ende der Treppe war neben einer weiß gestrichenen Tür ein Tastenfeld angebracht. Macholdt tippte eine sechsstellige Zahlenkombination ein und mit einem Klicken entriegelt das Schloss.

„Wie ist die Kombination?", wollte Kocz wissen.

„Bis heute um Mitternacht 347 622. Am Montagmorgen bekomme ich automatisch per SMS eine neue Kombination von der Zentrale zugeschickt."

Sie standen jetzt in einem kahlen, rechteckigen Vorraum mit den Grundmaßen vier mal drei Meter. Vor ihnen befand sich die mächtige, runde, mattglänzende Stahltür, hinter der sich der Tresorraum verbarg. Die Tür war geschlossen. Links daneben, an der Wand, hatte man ein weiteres Tastenfeld montiert. Darunter war bündig zur Wand eine Edelstahlklappe angebracht, etwa doppelt so groß die Edelstahlbox, die Macholdt sich unter den Arm geklemmt hatte.

„Es ist die gleiche Zahlenkombination."

Er tippte sie ein, die Klappe kippte nach außen. Kocz schaute hinein. Der Raum war gut fünfzig Zentimeter tief und wurde am Ende von einer Edelstahlplatte verschlossen.

„Ich kann bei Bedarf zwei der Boxen gleichzeitig hineinlegen."

Macholdt schob die Box rein und drückte die Klappe zu.

Im Hintergrund war ein rollendes, metallisches Geräusch zu hören, dann folgten ein Summen und ein Klacken.

„Die Box ist durch den Schacht gerutscht, wurde durchleuchtet und, wenn das Programm den Weg freigibt, öffnet sich hinten eine weitere Klappe, die fünfzig Zentimeter dick ist. Dann fällt die Box in einen Korb. Das war das letzte Geräusch."

„Welches Programm?", wollte Kocz wissen.

„In der Box darf sich nur Geld befinden oder sie muss leer sein. Ist etwas anderes in der Box, auch wenn es nur ein Hustenbonbon ist, bleibt sie im Schacht und alle Klappen werden gesperrt. So wäre Ihr Geld in den Safe gekommen, Herr Kocz."

Macholdt lief zur Stahltür. „Hier. Sie können das Zahlenkombinationsschloss nicht mehr drehen. Es ist gesperrt. Auch die Zuführungsöffnungen für die Doppelbartschlüssel sind gesperrt. Seit sechzehn Uhr eins. Das habe ich Ihnen doch schon erklärt. Wir können nicht in den Tresorraum."

„Gehen wir hoch!", befahl Kocz.

Seine Stimme klang mit einem Mal gar nicht mehr so selbstsicher.

Jenny saß wieder auf der Couch. Der Große hatte ihr erlaubt, ein Pflaster zu holen und es auf das Ohr zu kleben. Es blutete nicht mehr, aber es war geschwollen und der Schmerz pochte unangenehm.

„Darf ich einen Tee machen?", fragte Jenny. „Für alle natürlich."

Der Große und der Kleine saßen in den beiden Polstersesseln. „Denke daran, wir können dich beobachten!", drohte der Große.

„Schwarzer Tee. Ganz stark und mit viel Zucker", verlangte der Kleine.

Jenny kochte den Tee wie gefordert. Sie nahm aus dem Schrank drei von den großen, weißen Tassen, schüttete den Tee ein und stellte sie auf ein Tablett.

Als der Tee getrunken war, brachte sie die Tassen zurück und stellte sie in die Spülmaschine. Jetzt verfügte sie über die Fingerabdrücke der Gangster.

„Wieso ruft er nicht an?", fragte der Kleine. „Er müsste doch längst fertig sein."

Er wirkte nervös.

Der Große antwortete in einer Sprache, die Jenny nicht verstand. Aber sie wusste, es war Serbo-Kroatisch.

Kurz nach fünf bremste Beate ihren Wagen vor dem Haus der Macholdts ab. Die Garage stand offen, also war Peter noch nicht zu Hause. Jennys Wagen, ein älterer Polo, stand auf dem Nachbargrundstück unter einem Carport.

„Jenny ist da", stellte Beate fest.

Sie schnappte sich den Beutel mit den drei Büchern, die sie sich ausgeliehen hatte, und lief hinüber zur Haustür. Sie klingelte, aber niemand öffnete ihr.

„Komisch", murmelte sie. „Jenny muss doch im Haus sein. Sie wollen doch ganz früh los nach Italien."

Sie klingelte noch einmal. Sie horchte und glaubte im Haus Geräusche zu hören. „Vielleicht ist Jenny im Bad. Ich warte noch einem Moment."

Als es klingelte, fuhren die beiden Männer herum und starrten in Richtung Haustür. „Wer ist das?", wollte der Große wissen.

„Es wird meine Freundin sein. Sie wollte um fünf kommen und mir Bücher bringen."

Der Große überlegte einen Augenblick, während der Kleine auf seinem Sessel herumzappelte.

Es klingelte erneut.

„Du gehst zur Tür. Du wimmelst deine Freundin ab. Wir stehen hier an der Wand und hören zu. Wenn du etwas Falsches sagst, rufe ich an und dein Mann ist tot. Verstanden?"

Jenny nickte. „Ich tue alles, was Sie sagen."

Beate hörte Schritte im Flur. Jenny öffnete die Tür. Sie sah schrecklich aus: blass, mit dunklen Ringen unter den Augen. Ihr linkes Ohr war verquollen und auf dem Ohrläppchen klebte ein blutiges Pflaster.

„Grüß dich, Betty", sagte Jenny. „Ich habe leider keine Zeit, denn wir haben uns kurzfristig entschlossen, morgen nach Österreich zu fahren. Peter kommt gleich aus der Bank und wir müssen noch einkaufen und packen. Danke für die Bücher."

Sie nahm Beate die Tüte mit den Büchern aus der Hand. „Ich rufe dich aus dem Urlaub an, Betty."

„In Ordnung", erwiderte Beate. „Schöne Reise."

Jenny schloss die Tür.

Der Große stand hinter der Gardine und beobachtete, wie Beate in ihr Auto stieg und losfuhr.

„Hat sie etwas gemerkt?", wollte der Kleine wissen.

Der Große schüttelte den Kopf. „Die ist ganz normal in ihr Auto gestiegen und weggefahren. Vielleicht war sie etwas verstimmt, dass Jenny keine Zeit für sie hatte."

Er schüttelte seinen Kopf. „Du warst auch so kurz angebunden, Jenny. Jetzt ist Betty beleidigt."

Jenny zuckte mit den Schultern und setzte sich wieder.

Beate telefonierte mit ihrem Mann David: „… außerdem nannte sie mich Betty und sie hatte eine frische Verletzung am linken Ohr. Da stimmt vorne und hinten etwas nicht."

„Komm sofort in die Dienststelle", sagte David Bauer. „Wir sehen uns die Sache an. Am besten wird es sein, wir setzen den Lieferwagen ein."

„Was passiert, wenn an der Tresortür etwas defekt ist? Wenn sich das Schloss nicht verschließen lässt oder ein anderes technisches Problem auftaucht?", wollte Kocz wissen.

„Ich habe eine Servicenummer. Die Techniker kommen innerhalb von zwei Stunden. Es sind immer mindestens zwei Techniker und zwei bewaffnete Security-Mitarbeiter."

„Wo kommen die her?"

„Aus Nürnberg."

Kocz überlegte einen Moment. „Du rufst jetzt in Nürnberg an. Denke dir eine plausible Geschichte aus. Die sollen sofort kommen. Sage, ein Mitarbeiter ist im Tresorraum. Der muss da raus. Der Tresor muss geöffnet werden."

„Und wenn sie mir nicht glauben?", wollte Macholdt wissen.

„Erst stirbt deine Frau, dann du. So einfach ist das."

Macholdt öffnete ein kleines, schwarzes Buch, das er aus der Schublade seines Schreibtisches zog, dann wählte er eine Nummer.

Nach dem Gespräch übernahm Kocz das Telefon. Er rief in Macholdts Haus an „Es gibt hier technische Probleme", erklärte er. „Es dauert noch etwas, aber ich habe alles im Griff. Ist bei euch alles klar?"

„Sicher", antwortete der Große. „Alles im grünen Bereich. Jenny macht uns gerade etwas zu essen. Ruf uns an, wenn es etwas Neues gibt."

Jenny stand in der Küche und wurde vom Kleinen beobachtet, als sie Brot mit Butter bestrich, mit Käse belegte und kleine Tomaten halbierte, die sie mit Salz und Pfeffer würzte. Sie hatte mit Interesse zugehört.

„Was macht jetzt Beate?", überlegte sie. „Die wird sofort gemerkt haben, dass etwas nicht stimmt. Sie brauchen dreißig Minuten für das Team, zehn Minuten für die Fahrt und dann müssen sie draußen in Stellung gehen."

Sie blickte auf die Uhr. Gleich achtzehn Uhr.

Erster Hauptkommissar David Bauer stand im Konferenzraum. Er trug, wie die anderen auch, einen schwarzen Einsatzoverall und eine schwarze, schusssichere Weste. Seit Beates Anruf waren nur fünfunddreißig Minuten vergangen.

„Fred, du fährst den Wagen vom Paketdienst. Max fährt hinten mit und wartet auf meinen Befehl."

Maximilian Gstettner war neu im Team. Er war gerade zum Kommissar befördert worden. Als Einziger trug er keine schwarze Einsatzbekleidung.

„Herbert, Bernhard und ich kommen von hinten durch den Garten. Hier ist der Grundriss des Hauses."

Zum Glück waren die Bebauungspläne des Katasteramtes für die Polizei jederzeit online einsehbar.

„Max, du bringst das Paket zur Tür. Wenn Jenny öffnet, ziehst du sie zur Seite und wir brechen gleichzeitig von hinten ein. Fred kommt dir zu Hilfe. Noch Fragen?"

Alle schüttelten ihre Köpfe.

„Es geht los. Passt auf euch auf." Er blickte seine Frau an. „Mach dir keine Sorgen."

Beate senkte den Kopf. „Du hast gut reden, David."

Sie hatte Angst. Angst um ihren Mann und um ihre Freundin.

Das Team erhob sich und verließ den Raum, ließ Beate alleine zurück. Sie durfte als Ehefrau des Einsatzleiters nicht am Einsatz teilnehmen.

Kocz trommelte mit den Fingern auf Macholdts Schreibtisch. Seine Nervosität nahm merklich zu. „Rufe noch sofort an und frage nach, wo die bleiben. Sage, du befürchtest das Schlimmste für deinen Kollegen."

Macholdt nahm das Telefon und tat, was Kocz von ihm forderte. „Es gibt einen Stau nach einem Unfall zwischen Laaber und Nittendorf. Die sind aber gleich durch und brauchen dann noch fünfzehn bis zwanzig Minuten."

„Du weißt, was du zu tun hast. Wenn die Security-Typen Ärger machen, bist du derjenige, der das ausbaden muss. Also, lass dir etwas einfallen."

Kocz öffnete den zweiten Aktenkoffer und holte zwei birnenförmige Gegenstände heraus. „Das sind Eierhandgranaten. Damit werde ich meinen Forderungen Nachdruck verleihen. Bei Unstimmigkeiten steckte ich dir eine in die Hosentasche. Das gibt Rührei."

Macholdt wurde noch blasser, als er es schon war.

„Herr Kocz. Ich werde alles tun, was Sie verlangen. Ich nehme an, auch die vom Tresorservice wollen wieder sicher nach Hause kommen."

„Das hoffe ich auch. Ich überprüfe jetzt noch einmal, ob bei meinen Kollegen alles in Ordnung ist."

Kocz angelte sich das Telefon.

Die Schnittchen waren verzehrt und Jenny kochte die nächste Kanne Tee. Es klingelte an der Haustür.

„Wer ist das?", wollte der Große wissen.

„Keine Ahnung." Jenny schien überrascht zu sein.

Der Große schob die Gardine leicht zur Seite und schaute hinaus.

„Es ist ein Paketdienst. *Deutscher Paket-Schnellservice* steht auf dem Lieferwagen. Erwartest du etwas?"

„Schuhe von Zalando. Die habe ich vorgestern bestellt."

In diesem Augenblick klingelte auch das Telefon. Der Große nahm das Gespräch an und sagte: „Einen Moment".

Er deutet dem Kleinen mit dem Kopf, er solle auf Jenny aufpassen.

Die ging zur Haustür und öffnete sie.

Max, der Neue, trug einen braunen Overall mit der Aufschrift DPSS und eine dazu passende Baseball Cap. In den Armen hielt er einen Karton. Als Jenny vor ihm stand, warf er den leeren Karton beiseite, riss sie an sich und ließ sich mit ihr nach links in die Büsche fallen.

Aus dem rückwärtigen Teil des Hauses waren splitternde Geräusche zu hören und unterschiedliche Stimmen brüllten „Polizei! Hände hoch und auf den Boden legen!"

Gleichzeitig sprang Fred mit vorgehaltener Waffe aus dem Transporter und stürmte ins Haus.

Der Große ließ das Telefon fallen, während er „Bullen!" schrie, und griff nach seiner Pistole, die vor ihm auf dem Tisch lag. Noch ehe er sie in Schussposition hochbrachte, schoss ihm David Bauer zweimal in den Kopf. Er war schon tot, als er auf dem Boden des Wohnzimmers aufschlug.

Der Kleine ließ sich sofort fallen und streckte im Liegen die Arme von sich.

„Nicht schießen!", quietsche er entsetzt. „Ich habe keine Waffe."
Die ganze Aktion hatte nur dreißig Sekunden gedauert.

Kocz hörte den Tumult und schleuderte das Telefon in die Ecke.
Er drehte sich zu Macholdt um. „Du hast mich beschissen."
Dann schoss er viermal auf den Filialleiter und verließ ohne große Hast die Bank. Sein Wagen, ein älterer Mercedes C220, stand nur fünfzig Meter entfernt in der nächsten Seitenstraße.

Wenn ihn jemand beobachtet hätte, wäre er ein Mann gewesen, der aus dem Büro kam und sich auf den Weg nach Hause machte. Aber niemand achtete auf ihn.
Als Kocz in die Luitpoldstraße einbog, kamen ihm zwei Streifenwagen mit Blaulicht entgegen. Die kümmerten ihn nicht.
Sein zweiter Wagen, ein älterer, unauffälliger A4, stand in der Tiefgarage des DEZ. Er stellte den Mercedes ab und stieg um. Fünf Minuten später war er auf der Autobahn, zwei Stunden später in Österreich und, als er die Grenze zu Kroatien überquerte, konnte er aufatmen.

Jenny wirkte bei der Beerdigung wie versteinert. Sie weinte nicht, sagte nichts, starrte nur vor sich hin. Zwei Tage später erschien sie wieder zum Dienst.
„Ich will dabei sein, wenn ihr dem Mörder Handschellen anlegt", war ihr Argument, als David Bauer sie wieder nach Hause schicken wollte.
Der Kleine, Marko Babic, ein Deutscher kroatischer Abstammung aus Nürnberg, war ein kleiner Fisch, vorbestraft wegen Betrug und Diebstahl, aber nie wegen Köperverletzung oder anderer schwerer Delikte. Er war als Helfer angeheuert worden und wusste nur, dass sein Partner Josip hieß. Den anderen, der in der Bank war, hatte er nie gesehen.

Die Identifikation des Mannes, den David Bauer erschossen hatte, erwies sich als problemlos, da seine Fingerabdrücke in den Karteien beim BKA und LKA Bayern zu finden waren. Er hieß Josip Markovic, wohnte in München, wo er ein Lokal betrieb, und war als Sohn kroatischer Gastarbeiter in Fürstenfeldbruck zur Welt gekommen.

Der Dritte hinterließ selbst keine Spuren. Er musste seine Hände mit einer gummiartigen Lösung überzogen haben, denn im Raum waren nur verwischte Abdrücke zu finden, mit denen man nichts anfangen konnte.

Erst, als man den toten Peter Macholdt obduzierte, entdeckte man winzige Hautfetzen unter seinem Zeigefinger der rechten Hand, die nicht von ihm selbst stammten. Man analysierte die DNA und erhielt schnell einen Namen: Ante Markovic. Er war der Bruder von Josip.

Anfragen an die kroatische Staatsanwaltschaft verloren sich um Gestrüpp der zuständigen Behörden. Niemand wusste etwas oder hielt sich für zuständig. Ante Markovic kam auf die Fahndungsliste von INTERPOL. Das war es. Die einzige gesicherte Erkenntnis, die man bekam, war die: Markovic lebte in der Gegend von Split, betrieb dort einen Großhandel mit Wein und Olivenöl und galt als honoriger Bürger.

Ende September beantragte Jenny Urlaub. „Ich benötige ein paar Tage Ruhe."

„Du nimmst mindestens drei Wochen Urlaub", ordnete David Bauer an. „Lass dich bloß nicht vorher hier in der Dienststelle sehen, sonst versetze ich dich in die Registratur."

„Nein, David", antwortete sie. „Peter und ich hatten Urlaub in der Toskana machen wollen. Den hole ich jetzt nach."

Das, so fanden alle, war eine gute Idee.

Jenny setzte sich in ihren alten Polo und fuhr ganz gemütlich durch Österreich nach Kroatien. Ihr Ziel war Split. Sie quartierte sich in einem Hotel ein, das etwas außerhalb der Stadt lag, und verbrachte die Tage an einem der vielen Kiesstrände, wo sie sich von der Sonne des Spätsommers bräunen ließ. Abends schlenderte sie durch die Gassen der Altstadt, aß in den urigen Lokalen und probierte Slivovic in den Bars der Einheimischen.

Sie benötigte nur drei Tage, um Ante Markovic zu finden und eine weitere Woche, um seinen Tagesablauf kennenzulernen.

Am letzten Abend ihres Aufenthalts in Kroatien wartete sie an der Einfahrt zu seinem Haus. Markovic besaß ein altes Weingut, das etwas abseits der Straße lag und zu dem ein schmaler Privatweg führte.

Als sein Wagen von der Hauptstraße abbog, hatte sie die Motorhaube ihres Wagens hochgestellt und winkte ihm zu. Markovic stoppte seinen Wagen vor ihrem Polo und stieg aus. Er registrierte das deutsche Nummernschild, ein Kennzeichen aus München, und fragte galant: „Kann ich Ihnen helfen, junge Frau?"

Die trug plötzlich eine Pistole in ihrer Hand und zielte auf ihn. Er bemerkte zwei Schläge gegen seine Brust und wunderte sich, warum ihm plötzlich so schwindlig wurde. Er wollte noch sagen „Was soll das?", aber dann sackte er in sich zusammen und sank zu Boden.

„Danke! Du hast mir sehr geholfen, du Schwein!", sagte Jenny und schoss ihm zur Sicherheit noch in den Kopf. Sie klappte in aller Ruhe die Motorhaube runter, zog die Nummernschilder aus München ab, die sie mit kleinen Magneten befestigt hatte, setzte zurück und machte sich auf den Weg nach Norden.

Die Nummernschilder warf sie unterwegs von einem Parkplatz an der Küstenstraße den Abhang hinunter. Es war ihr völlig egal, ob sie jemand dort fand.

Jenny fuhr die ganze Nacht durch und erreichte morgens Slowenien. Sie blieb zwei Nächte in einer Pension in der kleinen Stadt Novo mestro und schlief zum ersten Mal seit vielen Monaten wieder tief und traumlos.

An einem Montagmorgen meldete sich Jenny zurück zum Dienst.
„Wie war es?", wollten die Kollegen wissen.

„Es war ein Traum", sagte sie und strahlte ihre Kollegen an. „Ich fühle mich wie neugeboren."

Alle atmeten tief durch. Jetzt war sie wieder die alte Jenny.

Nur David Bauer schüttelte, unbemerkt von den anderen, seinen Kopf. Am Abend recherchierte er im Internet, bei INTERPOL und in kroatischen Zeitungen. Dann wusste er, was passiert war.

„Jenny, du bist ein Teufelsbraten", dachte Bauer. Gleichzeitig schwor er sich, mit niemandem über den Mord an einem Bürger der Stadt Split zu reden. Niemals!

Außer vielleicht bei passender Gelegenheit mit seiner Beate.

Als Dank für Ihre Ausdauer beim Lesen meiner Kriminalgeschichten schenke ich Ihnen, quasi als Schmankerl, eine weitere Geschichte.

Diesmal geht es nicht um einen Kriminalfall. Ich entführe Sie aus dem schönen Regensburg in die USA, genauer gesagt nach Iowa, den man oft als den *langweiligsten Staat der Vereinigten Staaten* bezeichnet.
Es ist eine SF-Story. SF bedeutet Science Fiction.
Testleser fanden die Geschichte amüsant und lustig. Seien Sie unvoreingenommen, lehnen Sie sich in Ihren Lieblingssessel zurück und genießen Sie die Story vom „Turboschranzen-Drehmomentknarzer".

Der Turboschranzen-Drehmomentknarzer
Eine SF-Story

Mein Name ist Jamie Burriet und ich bin Farmer in Iowa.

„Mein Gott, Iowa", werden Sie sagen. „Das ist der langweiligste Staat in den USA."

Sie haben recht. Bei uns in Iowa ist wirklich nicht viel los. Das Highlight jeder Woche ist der sonntägliche Gottesdienst und die Höhepunkte meines Lebens bestehen darin, andere Farmer bei Versteigerungen zu treffen, wenn wieder einer von uns aufgegeben hat.

Ich baue Mais an. Wenn ich nach Norden schaue, überblicke ich zwanzig Meilen Maisfelder, die alle mir gehören. Nach Westen und Osten ist es ähnlich, hier dehnen sich die Felder über eine Strecke von fünfzehn Meilen aus.

Der schönste Platz auf meinem Land liegt sechs Meilen südlich. Dort erheben sich zwei sanft geschwungene Hügel, gerade mal achtzig Yards hoch, von denen aus ich das Land überblicken kann. Weiter im Süden kann man die Farm der Smithies erkennen, aber mit denen möchte ich nichts zu tun haben. Dass die mich auch nicht leiden können, ist mir durchaus bekannt.

Bei der Arbeit helfen mir zwei festangestellte Cowboys, ein jüngerer und ein etwas älterer, die miteinander verbandelt sind. Sie wohnen in einem kleinen Haus, eine halbe Meile von hier entfernt. Den Haushalt und die Wäsche und sonst alles Weitere, was es ums Haus und im Garten zu tun gibt, erledigt Jane. Früher bin ich ein oder zweimal in der Woche in ihr Bett gekrochen und auch den Job hat sie zu meiner vollen Zufriedenheit erledigt. Aber heute sei sie zu alt dazu und ich übrigens auch, meint sie.

Und dann gibt es noch den Hofhund Joey, ein paar Hühner, vier Schweine, ein paar Kojoten und eine Menge verschiedener Nagetiere, für die die beiden Katzen Missis und Sippi zuständig sind.

Gestern, in den frühen Morgenstunden, kurz vor Sonnenaufgang, gab es einen lauten Rumps, der mich fast aus dem Bett warf. Wenn man nachts nie mehr als Eulenrufe und das heisere Bellen der Kojoten hört, dann wird man schon wach, wenn Jane zu laut schnarcht.

Ich schnappte also meine Schrotflinte und rannte im Nachthemd und in Schlappen nach draußen. Auf dem Hof lag eine lange Metallröhre, vielleicht dreißig oder dreiunddreißig Fuß lang, nicht dicker als fünf Fuß, mit einer runden Spitze. Irgendwie sah das Ding aus wie ein Silo. Aber wer baut schon so kleine Silos?

Ich schlurfte in den Schlappen um die Röhre herum. Am anderen Ende bemerkte ich vier Öffnungen, aus denen es qualmte und komisch nach Flugzeugtreibstoff roch. Den Geruch kannte ich noch aus meiner Dienstzeit bei der Air Force.

Vorsichtig befühlte ich die Oberfläche der Röhre. Sie war glatt, warm und schien leicht zu vibrieren.

Im ersten Augenblick dachte ich, dass ein Flugzeug der Air Force eine Atombombe verloren hatte und die Farm gleich in ihre Moleküle zerlegt wird. Aber dann fiel mir auf, dass die typischen Aufkleber fehlten: *USAF, TOP, open here* und so weiter. Auch hatte niemand mit einem Edding *Grüße an Putin* oder *Mit den besten Grüßen an Nord Korea* draufgeschrieben. Das hatten wir früher immer gemacht, bloß lauteten die Texte damals *Für Saddam Hussein* oder so ähnlich. Die Röhre schimmerte durchgehend silbern in der aufgehenden Sonne und wies, bis auf die geschwärzten Stellen an den vier Öffnungen, keine farblichen Variationen auf.

Ich legte die Schrotflinte zur Seite und klopfte vorsichtig gegen das Metall. Zuerst passierte nichts, dann summte es innen und plötzlich öffnete sich direkt vor mir eine Klappe, von der Größe, durch die ich durchaus hätte kriechen können. Und aus der traten ein paar komische Wesen ins Licht des frühen Morgen.

So lernte ich die *Jungs* kennen. Wie sie sich in ihrer Sprache nannten, habe ich nie erfahren und so blieb vorläufig bei diesem Namen, welcher durchaus gut zu ihnen passte.

Es waren zehn und sie sahen alle gleich aus: drei Fuß hoch, schlank und zerbrechlich wirkend wie ein dreijähriges Mädchen. Ihre Haut war hell wie die einer Irin, der Kopf rund, vielleicht etwas zu groß im Vergleich zu ihrer Körpergröße. Auffallend erschienen mir ihre riesigen, grünen Augen, die winzigen Nasen, die schmalen, fast lippenlosen Münder und das völlige Fehlen einer Körperbehaarung. Sie trugen cremefarbene, enganliegende

Kleidung und knöchelhohe Stifletten von der gleichen Farbe. Knöpfe, Reißverschlüsse oder Abzeichen suchte ich an ihrer Kleidung vergebens.

So standen wir da und betrachteten uns gegenseitig. Ich in meinem Nachtzeug und die in ihren Trainingsanzügen. Einer stand vorne, drei einen halben Schritt hinter ihm und sechs wieder einen halben Schritt hinter der Dreierformation.

Der Vordere zwitscherte etwas und einer der Hinteren zog aus der Luke ein kleines Gerät von der Größe eines Smartphones, welches er auf ein dreibeiniges Stativ schraubte und vor mich hinstellte. Dann nahm er wieder seine Position ein.

Der Vordere drückte auf das Gerät, zwitscherte etwas, das Gerät blinkte, dann übersetzte es: „Bonjour, Monsieur."

„Bonjour", war meine Antwort.

Es folgte ein ausgedehntes Gezwitscher, dann bekam ich von dem Übersetzergerät eine schwungvolle Rede in Französisch zu hören. Leider ist „Bonjour" das einzige französische Wort, das ich kenne.

„Tut mir leid, aber ich spreche nur Englisch."

Das Gerät arbeitete sichtlich hart, denn es blinkte, summte, zwitscherte und piepste zum Schluss. Es verstand kein Englisch. Die Jungs schienen ratlos zu sein und flüsterten miteinander.

Erneut ein Versuch. Ein kurzer Begriff und das Gerät sagte: „Télévision." Das verstand ich. Sie wollten Fernsehen schauen.

„Kommt mit!" Ich winke ihnen zu, drehte mich um und ging voran.

Die Zehn folgten mir in der beschriebenen Formation. Plötzlich kam Joey um die Ecke getrabt. Als er die *Jungs* erblickte, wedelte er mit dem Schwanz, bellte zweimal freundlich und kam auf sie zugelaufen.

Es zischte und vor Joey spritze der Kies hoch, der auf meinem Hof lag. Der Vordere hielt eine dünne Röhre in der Hand, aus der er etwas verschossen hatte.

Joey klemmte seinen Schwanz zwischen die Hinterbeine, gab Vollgas und verschwand im Stall.

Später kamen Joey und die *Jungs* richtig gut miteinander aus.

Ich brachte sie in mein Wohnzimmer und zeigte auf die Couch und die Sessel. Die Sechserformation setzte sich auf die große Couch, die Dreier auf die kleine und der Vordere nahm, wie selbstverständlich, in meinem Lieblingssessel Platz.

Ich schaltete das alte Röhren-Fernsehgerät ein und hoffte, dass sie nicht enttäuscht sein würden, denn mit der alten Kiste und der vorsintflutlichen Schüssel auf dem Dach bekomme ich nur CNN und zwei lokale Sender rein.

Die *Jungs* bemerkten das schnell und einer machte sich mit dem Übersetzerkasten an dem Fernsehgerät zu schaffen. Er verband sie miteinander, stellte etwas ein und plötzlich hatte ich vierundzwanzig Sender gleichzeitig auf der Mattscheibe. Es waren kleine Bilder, sechs in einer Reihe und vier übereinander. So viele Sender hatte ich noch nie empfangen können. Einer hob seinen Finger, tippte demonstrativ auf eins der Bilder und der Discovery Channel war formatfüllend zu sehen. Das ist ein Bezahlsender, aber da ich bei dem nicht angemeldet bin, konnte ich davon ausgehen, dass mich das nichts kosten würde. Ein erneuter Fingerdruck und wieder waren alle Programme zu sehen. Mein Fernsehgerät war praktischerweise mit einem Touchscreen ausgestattet worden.

Die *Jungs* setzten sich und starrten auf den Bildschirm, während der Übersetzerapparat blinkte und zwitscherte. Er schaute sich alle Programme gleichzeitig an und lernte dabei Englisch. Multitasking nennt man das wohl.

„Wer sind die denn?" Jane stand in der Tür.
Ich erzählte ihr die Geschichte.
„Die schauen aus wie Kinder", stellte sie fest. „Kinder mögen Kakao. Ich koche ihnen einen."

Eine Viertelstunde später hatten alle *Jungs* eine Tasse mit Kakao in der Hand und bliesen kräftig, damit er kälter wurde. Als sie ihn getrunken hatten, machte sie Jane klar, dass sie noch eine Tasse vertragen konnten. Jane ließ sich nicht lange bitten.

Nach einer Stunde trennten sie ihr Gerät von meinem Fernseher und schalteten ihn aus. Dann nahmen sie ihre Formation ein, der Vordere erzählte etwas in seiner Vogelsprache und das Gerät übersetzte ins Englische: „Guten Morgen, Mister. Wir danken Ihnen für den vorzüglichen Drink, den die Dame uns serviert hat. Es ist schön, dass Sie uns helfen werden."

Ich wusste zwar noch nicht, wie ich ihnen helfen konnte, aber das würde sich schon zeigen. „Guten Morgen, *Jungs*. Willkommen auf der Burriet-Farm. Ich heiße Jamie, das ist Jane."

Die stand in der Tür, trank aus ihrer übergroßen Tasse schwarzen Kaffee und hörte geduldig zu.

„Und wie heißt ihr?", wollte ich nun wissen.

Der Vordere antwortete: „Ich bin 11, die hinter mir sind 21, 22 und 23 und die Techniker in der dritten Reihe heißen 31 bis 36."

„Aha." Nummer 11 war also der Boss. „Und wie kann ich euch unterscheiden?"

Sie flüsterten miteinander, dann sagte einer der 30er etwas.

Das Gerät übersetzte: „Sie können unsere Farben nicht sehen. Ich werde das erledigen."

Er lief hinaus und kam nach einer halben Minute zurück. „Geben Sie mir Ihre Durchguckdinger."

Er wollte meine Brille haben. Er klebte eine dünne Folie über die Gläser und gab mir meine Durchguckdinger zurück.

Als ich sie aufsetzte, hatte ich das dritte Aha-Erlebnis an diesem Morgen. Ihre Uniformen waren farbig und ihre Haut wies den gleichen Farbton auf. Der Vordere, also 11, trug dunkelblaue Kleidung mit goldenen Nähten und einen goldenen Stern auf jeder Schulter. 21 bis 23 waren in Hellblau gekleidet, die Nähte waren silberfarben und sie trugen, entsprechend ihres Namens, einen bis drei silberne Sterne auf jeder Schulter. Entsetzt war ich über den Farbton der sechs Techniker. Haut und Kleidung waren bonbonrosa und die Dienstgrad-Streifen auf den Schultern quietschgelb.

Auf ihrer Welt hätte ich jeden Beruf ergriffen, aber nicht den des Technikers.

Im Laufe des Morgens erfuhr ich, dass ihre Röhre, ihr „Weltallflugzeug" durch einen Defekt an den „Turboschranzen" auf „meinen verehrten Boden geplumpst" war und sie es nun „neu erzeugen und konfigurieren mussten."

Nach dem Mittagessen, sie aßen Unmengen Pommes frites und tranken literweise Kakao, gingen wir raus auf den Hof.

„Können wir diese Baustufe erhandeln?", wollte 11 wissen und zeigte auf das ausrangierte Silo, das neben dem Stall stand.

„Klar", erwiderte ich. „Ihr habt mein Fernsehgerät repariert und ich habe jetzt vierundzwanzig Programme. Ich schenke euch das Ding."

„Das ist sehr großzügig", übersetzte der kleine Kasten auf dem Dreibein. „Sie haben aber zweitausendvierhundert Programme. Sie müssen nur mit dem ... (Gezwitscher) ... durchwählen."

Nummer 11 meinte die Fernbedienung.

Die *Jungs* machten sich an die Arbeit. Sie stiegen in das Silo, nebelten es innen und außen mit einem Spray ein und spülten mit meinem Hochdruckreiniger nach. Dann bauten sie alles aus ihrer alten Röhre aus und flogen es zum Silo. Sie haben richtig gehört: Sie flogen es.

Sie besaßen eine Rolle aus dünnem, roten Kunststoff, anders kann ich das Ding nicht beschreiben, die sie wie einen Teppich ausbreiteten und dann schwebte das Ding so hoch über dem Boden, dass die *Jungs* den fliegenden Teppich problemlos beladen konnten. Einer der Techniker steuerte ihn und so brachten man alle ausgebauten Teile aus ihrem abgestürzten Raumschiff in das Silo. Diese bestanden in der Regel aus einer Art von Würfeln oder Quadern, deren eine Seite gerundet war. Die Geräte waren wohl an der Innenseite des Raumschiffs befestigt gewesen.

Nach zwei Stunden war alles erledigt. Ich kroch aus reinem Interesse in das Wrack. Es war vollkommen leer und innen picobello sauber. Die *Jungs* schienen sehr ordentlich zu sein.

Den ganzen Nachmittag, bis hinein in den späten Abend, hörte ich sie in dem Silo hämmern, schaben und bohren. Währenddessen saß 11, der Boss, in meinem Wohnzimmer, schaute sich Tierfilme an und trank Cola. Die schmeckte ihm noch besser als Kakao und er ließ das Translatorgerät übersetzen: „Die anderen bekommen dieses einzigartige Getränk nicht. Es ist nur für mich."

Ich erlaubte mir, ebenfalls eine Cola zu nehmen und zu trinken.

Später tauchte 22 auf und erstattete Bericht.

„Bis morgen", sagte 11 und verschwand im Silo.

Am nächsten Morgen bat mich 11 um ein Gespräch. „Wir benötigen Ersatzteile. Dafür belohnen wir Sie mit Hilfe."
„Welche Ersatzteile denn?", wollte ich verwundert wissen.
„Alles, was Sie nicht mehr brauchen. Wir arbeiten dafür für Sie. Was sollen wir machen?"
Ich überlegte. „Nun, das Dach müsste neu gedeckt werden. Die Dachpfannen liegen schon dort." Ich zeigte auf die vier Paletten.
„Machen wir übermorgen", sagte 11. „Können wir jetzt die Ersatzteile haben?"
„Klar. Seht euch um."

Die *Jungs* konnten wirklich alles gebrauchen: Ausrangierte Heizkörper, einen defekte Ölofen, den alten John Deere Traktor, der ohne Vorderachse im Stall vor sich hinrostete, zehn leere Dieselkanister, Nägel, Schrauben und Kunststoffrohre unterschiedlicher Längen und Durchmesser. Sie nahmen auch vier Rollen Tapeten, ein paar Tupper-Dosen, zwei uralte Computer mit den passenden Tastaturen und Bildschirmen, ungefähr zwanzig leere Konservendosen. Die Sachen verschwanden in dem Silo und ich hörte sie die ganze Nacht und den folgenden Tag dort drinnen rumoren und arbeiten.

Nummer 11 erschien zum Frühstück. Er trank zwei Flaschen Cola, aß ein paar Scheiben Weißbrot mit Peanut-Butter und eine Schachtel Würfelzucker. Die anderen *Jungs* mussten sich mit Kakao und ungetoastetem Weißbrot begnügen.
„Heute machen wir das Dach", sagte er.

Zuerst schwebten, bis auf den Boss, alle *Jungs* aufs Dach und stapelten die alten Pfannen auf ihren fliegenden Teppich, der sie nach unten brachte und irgendwie sauber aufstapelte. Wie das genau ging, konnte ich nicht erkennen. Danach flogen die neuen Dachpfannen nach oben und die *Jungs* deckten mit erstaunlicher Geschwindigkeit das Dach.
Ein Dachdecker hätte dazu drei Tage benötigt und mir achthundert Dollar in Rechnung gestellt. Die *Jungs* waren nach drei Stunden fertig.

Der Boss ritt auf Joey auf dem Hof herum und genoss es, seinen Männern bei der Arbeit zuzuschauen. Wie und wann er das Reiten auf dem Hund erlernt hatte, wusste ich nicht. Joey schien es toll zu finden, denn er wedelte ununterbrochen mit dem Schwanz.

Am nächsten Morgen, wieder beim Frühstück, sagte 11: „Wir benötigen dringend noch ein paar Sachen. Die kosten sicher viel von eurem Geld, aber wir werden uns revanchieren."

Am Vortag hatte ich achthundert Bucks gespart, da konnten sie schon noch etwas von mir verlangen.

„Was brauchst du?", wollte ich wissen.

Der Translatorkasten zählte auf: „Vierzig Gallonen Diesel, dreihundert Pfund Kunstdünger, fünf große Eimer weiße Fassadenfarbe, einen Sack Kunststoffgranulat, einen Eimer Industriekleber, sechzig Pfund Aluminiumstaub und hundert Pfund Salpetersäureester."

Mir war sofort klar, was sie damit vorhatten: Sie brauten sich Raketentreibstoff zusammen. Wozu die weiße Farbe und das Kunststoffgranulat dienen sollten, darauf konnte ich mir keinen Reim machen. Ich überschlug die Preise: Die Sachen kosteten ungefähr fünfhundert Dollar, was ich als fair empfand. Ich bestellte alles per Telefon und der örtliche Baustoffhandel versprach mir, schon am nächsten Morgen zu liefern.

„Was sollen wir tun?", wollte 11 wissen.

„Mein Traktor müsste überholt werden."

„Das machen wir."

Die neun *Jungs* fielen über meinen John Deere Bulldog her und zerlegten ihn innerhalb einer Stunde. Was mich am meisten erstaunte, war nicht das Tempo ihrer Arbeit, sondern dass sie es fertigbrachten, alle Schrauben mit der Hand zu lösen. Sie sprayten sie ein, fassen mit ihren drei Fingern zu und drehten sie aus den Gewinden.

Der Boss erlaubte sich einen Ausritt auf Joey in die nähere Umgebung. Er kam erst zurück, als es Zeit zum Abendessen war. Der Hund hatte großen Durst und fraß die doppelte Menge Hundefutter, aber er wirkte glücklich und zufrieden.

Am späten Abend sah der Traktor wieder aus wie neu. Alle Metallteile glänzten, jedes Blechstück hatten sie neu lackiert und der Motor sprang sofort an. Ich drehte eine Runde und mir kam es vor, Sie können mir glauben oder nicht, dass er doppelt so viele PS hatte wie zuvor.

Der Truck mit den bestellten Sachen kam, wie versprochen, am nächsten Morgen und die *Jungs* brachten alles mit dem fliegenden Teppich in das Silo. Nummer 11 unternahm währenddessen wieder einen Ausritt.
Am Nachmittag standen die *Jungs* vor dem Silo und redeten auf 11 ein. Irgendetwas schien nicht zu klappen. Sie wirkten alle sehr aufgeregt.

Es war schon dunkel. Ich saß ihm Wohnzimmer und sah mir ein Football Match an. Es klopfte.

„Herein!"

Ich erwartete 11 zu sehen, aber es waren die drei Techniker, die ihren Übersetzerkasten vor mir aufstellten.

„Wir haben ein großes Problem", erklärte 21.

„Und das wäre?"

„Wir benötigen dringend einen Turboschranzen-Drehmomentknarzer."

„Aha." Von dem Ding hatte ich noch nie gehört. „Und wozu braucht man den?", war meine Frage.

„Die Turboschranzen müssen mit einem Drehmomentknarzer angezogen werden. Und wenn das Drehmoment korrekt ist, knarzt er."

„Aha. Und was sind Turboschranzen?"

Die drei Techniker zwitscherten eine Weile. Dann antwortete 21: „Das dürfen wir nicht erklären."

„Gut," sagte ich. „Ich kümmere mich morgen darum."

Der Boss erschien und die Techniker zischten ab.

„Wir brauchen das Gerät sehr dringend. Wir werden wieder für Sie arbeiten. Vielleicht haben Sie jetzt eine etwas größere Aufgabe für uns."

Ich überlegte. „Der Zaun müsste neu gemacht werden. Die Pfähle und der Maschendraht liegen im hinteren Stall."

Nummer 11 atmete tief durch. „Wir machen den Zaun und Sie besorgen das Gerät." Er hielt mir seine Hand hin und ich schlug ein.

„Ich gehe schlafen. Gute Nacht", sagte er. Joey wartete vor der Haustür, 11 stieg auf und ritt zum Silo hinüber.

Was die *Jungs* nicht wussten: Der Zaun für die Zuchtmaispflanzungen war mehr als sechs Meilen lang und pro Meile waren rund hundertachtzig Zaunpfosten zu setzen. Aber das würden sie schon schaffen. Meine Cowboys und ich hatten für die Arbeit sechs Wochen veranschlagt.

Am nächsten Morgen setzte ich mich ans Telefon.

Zuerst rief ich im Zentrallager von John Deere & Company in Moline, Illinois an. Die wollten eine Ersatzteilnummer wissen. Als ich mit der nicht aufwarten konnte, bedauerten sie es, mir nicht helfen zu können.

Ähnlich erging es mir bei Ford, General Motors, Chrysler, Boing, Northrop Corporation und bei ACE Hardware Corporation, der größten Baumarktkette in den USA. Man war freundlich zu mir, aber entweder verlangte man eine Teilenummer oder das Ding, ich musste den Namen immer buchstabieren, hatte man nicht im Angebot.

Dann fiel mir der deutsche Autohersteller BMW ein. Man sagt, die bauen die besten Autos der Welt, und wenn ich den Knarzer finden wollte, musste BMW ihn sicher haben. Ich telefonierte mit BMW North America in New Jersey, aber dort fertigte man mich mit dem Kommentar „Wollen Sie uns verarschen?" kurz und bündig ab.

Es war später Nachmittag geworden und ich wusste jetzt nicht mehr weiter. Ausgelaucht vom langen Telefonieren bat ich 11 und Joey herein. Die beiden waren mittlerweile unzertrennlich.

Der Boss überlegte lange, dann übersetzte der kleine Kasten: „Die Menschen sind doch schon etwas höher geflogen."

„Etwas ist untertrieben", mokierte ich mich. „Wir sind auf dem Mars gelandet."

Der Translatorkasten lachte. „Da fliegen wir nachmittags zum Kakaotrinken hin." Nummer 11 verzog seinen schmalen Mund zu einem Grinsen und zwinkerte mir mit einem Auge zu. „Aber eure Weltraumfirma benötigt auch einen Turboschranzen-Drehmomentknarzer. Rufen Sie dort doch bitte an."

„Mache ich morgen nach dem Frühstück."

„Und wir fangen mit dem Zaun an."
Danach verließen 11 und Joey das Wohnzimmer.

Am nächsten Morgen luden die *Jungs* die Pfähle auf ihren fliegenden Teppich und brachten diese genau an den Punkt, an dem sie eingegraben werden sollten. Ein dünnes Gerät erzeugte ein exakt passendes Loch, indem es die Erde verdampfte. Ein Würfel hob einen Pfahl hoch, steckte ihn in das Loch, erzeugte Vibrationen und in weniger als einer Minute saß der Zaunpfosten bombenfest im Untergrund. Der Maschendraht wurde gespannt und mit dem gleichen Gerät unten zirka drei Inch tief im Boden versenkt. So ging das den ganzen Morgen und bald waren die ersten zwei Meilen Zaun gespannt.

Währenddessen saß ich im Wohnzimmer und ließ mich mit dem NASA Headquarters in Washington D. C. verbinden. Der Boss saß in meinem Sessel, Joey lag daneben und ließ sich von ihm kraulen, während der sich im Fernsehen einen Tierfilm anschaute.

Ich trug der NASA-Dame mein Anliegen vor und die meinte freundlich: „Einen Moment bitte, Sir. Ich verbinde Sie."

Ich landete in der Technical Division. Dort hörte sich ein Techniker meinen Wunsch an.

„Das kann ich nicht entscheiden", erklärte er mir. „Da muss ich Sie mit dem Cheftechniker verbinden."

Zum dritten Mal fragte ich nach, ob mir die NASA diesen Knarzer verkaufen konnte.

„Oh!", meinte der. „Das kann nur der Direktor entscheiden. Ich schaue nach, ob ich ihn ans Telefon bekomme."

Es klickte in der Leitung und ein Computer spielte die amerikanische Nationalhymne. Wieder klickte es und eine sonore, tiefe Stimme sagte: „Director Bolden. Was kann ich für Sie tun, Mr. Burriet?"

Ich hatte den obersten Chef der NASA am Telefon. Der hatte direkten Zugang zum Präsidenten und war nur diesem verantwortlich. Und dem Mann erklärte ich jetzt, was ich benötigte.

„Und wozu brauchen Sie dies Gerät?", wollte er wissen.

Ich hatte mir natürlich eine passende Antwort ausgedacht.

„Mein Neffe studiert in München, in Deutschland, Luft- und Raumfahrttechnik. Und er hat sich das Gerät zu seinem Geburtstag gewünscht."

„Oh." Director Bolden war überrascht. „Das ist aber ein exklusives Geschenk. Ich werde Sie mit Mr. Roe, den Chief Engineer der NASA, verbinden. Einen Augenblick."

Es klickte und ich konnte mich noch nicht einmal bei ihm bedanken. Wieder ertönte die amerikanische Nationalhymne.

„Ralph Roe hier. Director Bolden hat mir gesagt, dass Sie einen Turboschranzen-Drehmomentkarzer benötigen, Mr. Burriet."

„Richtig, Sir."

„Da gibt es ein Problem. Wir haben nur noch zwei neue Geräte, die wir nicht abgeben können."

Ich atmete enttäuscht aus. „Wo …?"

„Aber …", unterbrach er mich. „Wir haben ein Ausschussgerät mit zwei Kratzern. Das darf ich Ihnen verkaufen."

„Funktioniert das denn?", wollte ich wissen.

„Sicher", sagte er. „Es ist runtergefallen und hat jetzt zwei Kratzer. Wir bei der NASA dürfen nie ein Gerät verwenden, das schon einmal runtergefallen ist oder Kratzer hat. Der Knarzer ist nagelneu, voll funktionsfähig und liegt in der geöffneten Originalverpackung. Bis auf die Kratzer eben."

„Und was soll der kosten?" Ich überschlug im Kopf, wie viel Geld ich zusammen auf meinen Bankkonten hatte.

„Einen Moment, bitte. Ich kann Ihnen natürlich Prozente geben."

Ich hörte Mr. Roe auf einer Tastatur tippen. Er rechnete den Preis auf. Hoffentlich reichte mein Geld.

„Der Knarzer kostet Sie mit Versand über Fedex genau einundfünfzig Dollar. Der Fahrer wird das Geld von Ihnen kassieren. Ist das in Ordnung für Sie?", wollte er wissen.

„Ja, Sir. Aber sicher, Sir.

„Das freut mich. Das Gerät geht noch heute an Sie raus. Ihre Adresse habe ich in meiner Datenbank."

„Danke", sagte. „Vielen Dank, Mr. Roe. Aber eine Frage hätte ich noch. Ich weiß, wozu man den Knarzer braucht. Aber was sind diese Turboschranzen?"

Einen Moment Stille. Mr. Roe räusperte sich.

„Mr. Burriet. Das ist streng geheim. Allein der Umstand, dass Sie das Wort überhaupt kennen, genügt schon, dass ich Sie eigentlich dem FBI und der NSA melden müsste. Also vergessen Sie einfach den Namen."

„Das tue ich, Sir. Ich weiß gar nicht, worüber wir eigentlich reden. Auf Wiedersehen, Mr. Roe."

Zwei Tage später fuhr ein Lieferwagen von Fedex auf den Hof. Der Fahrer übergab mir einen großen, braunen Umschlag und kassierte einundfünfzig Dollar. Ich gab ihm vier Dollar Trinkgeld.

Die zehn *Jungs* und Joey standen im Kreis um mich herum und sahen mir zu, als ich den Knarzer auspackte. Es war ein handtellergroßes, ovales Kästchen mit einem Aus- und Einschalter und zwei LEDs. Unten gab es ein zwei Inch langes, fünfkantiges, leicht gebogenes Edelmetallstück, dessen fünf Flächen unterschiedlich groß waren. Auf der Rückseite des Kästchens fand ich tatsächlich zwei Kratzer, die man leicht hätte wegpolieren können.
Das war also der berühmte Turboschranzen-Drehmomentknarzer.

Der Zaun war fertig und die Techniker gingen wieder an ihre Arbeit zurück. Sie strichen das Silo von außen mit der Fassadenfarbe, in der sie das Alu-Pulver, den Industriekleber und noch anderes Zeug verrührt hatten.
    Nummer 11 übernahm den Knarzer mit beiden Händen und machte eine tiefe Verbeugung. Er war sichtlich beeindruckt von meinem Organisationstalent. Dann schritt er, gefolgt von 21, 22 und 23, zum Silo hinüber und sie kletterten hinein. Joey folgte ihnen.

Am Abend saßen wir ein letztes Mal im Wohnzimmer. Es gab Cola für alle, Weißbrotscheiben mit Peanut-Butter, Würfelzucker und Speiseeis.
    „Wir sind Ihnen zu großem Dank verpflichtet, Mr. Burriet", übersetzte der Übersetzerkasten. „Heute können wir wieder nach Hause zu unseren Männern und Kindern."
    Upps! Die *Jungs* waren *Mädels*. So kann man sich täuschen.
    Eine der Technikerinnen packte das Übersetzergerät mit dem Dreibein und dann marschierten sie in der korrekten Reihenfolge hinaus. Der flie-

gende Teppich brachte sie hoch zum oberen Siloeingang an der Spitze und auch Joey stieg mit ein. Mir war schon seit ein paar Tagen klar, dass ich mir einen neuen Hund würde besorgen müssen.

Das Silo rappelte, dann zischte und qualmte es unten raus. Ein Feuerstrahl erschien, der größer wurde und langsam hob es sich aus der Halterung. Die Geschwindigkeit wurde größer und nach weniger als einer halben Minute war es in den Wolken verschwunden. Jane und ich hörten noch eine Weile ein leiser werdendes Donnern und dann war es still.

„Gute Reise, *Mädels*! Mach es gut, Joey!" Ich winkte immer noch.

Hinter mir tupfte sich Jane die Tränen aus den Augen. Gleichzeitig rollte der Wagen meiner Cowboys auf den Hof. Die beiden hatten Angst vor den *Mädels* gehabt und vorsichtshalber eine Woche freigenommen.

Die Geschichte ist noch nicht ganz zu Ende.

Ich rief einen Altmetallhändler an, der sich den havarierten Zylinder vornahm. Er untersuchte ihn, machte ein paar Analysen und ich sah, wie seine Hände zitterten. „Das ist ein sehr wertvolles Material, Mr. Burriet", sagte er. „Ich kann Ihnen fünfzigtausend, nein hunderttausend Dollar dafür geben."

Meine Nackenhaare sträubten sich.

„Kommen Sie am Sonntagmorgen wieder, so gegen zehn", schlug ich vor.

Am Sonntagmorgen war er wieder da und zu seinem Erstaunen hatte ich noch zwei weitere Metallhändler eingeladen. Die übertrafen sich gegenseitig mit ihren Angeboten und am Ende bekam ich siebenhunderttausend Dollar für den Zylinder. Cash auf die Hand.

Ich habe die Farm an meine Cowboys verpachtet und mir ein Haus in Florida gekauft. Jane und ich leben dort und sind zufrieden mit der Welt. Und zu alt für das gemeinsame Bett sind wir doch noch nicht, haben wir schnell festgestellt.